U0524616

社会学与中国研究·经验研究书系

周晓虹 主编

时间焦虑感
急速社会变迁中的中国体验

TIME URGENCY
THE CHINESE EXPERIENCE IN RAPID
SOCIAL CHANGES

陈昌凯 著

中国社会科学出版社

图书在版编目（CIP）数据

时间焦虑感：急速社会变迁中的中国体验／陈昌凯著．—北京：中国社会科学出版社，2024.3

（社会学与中国研究·经验研究书系）

ISBN 978 - 7 - 5227 - 2867 - 4

Ⅰ.①时… Ⅱ.①陈… Ⅲ.①社会团体—焦虑—时间—价值论—社会变迁—研究—中国 Ⅳ.①C912.64

中国国家版本馆 CIP 数据核字（2023）第 240394 号

出 版 人	赵剑英
责任编辑	张 潜
责任校对	杜 威
责任印制	王 超

出　　版	中国社会科学出版社
社　　址	北京鼓楼西大街甲 158 号
邮　　编	100720
网　　址	http://www.csspw.cn
发 行 部	010 - 84083685
门 市 部	010 - 84029450
经　　销	新华书店及其他书店
印　　刷	北京君升印刷有限公司
装　　订	廊坊市广阳区广增装订厂
版　　次	2024 年 3 月第 1 版
印　　次	2024 年 3 月第 1 次印刷
开　　本	650×960　1/16
印　　张	21.25
字　　数	241 千字
定　　价	108.00 元

凡购买中国社会科学出版社图书，如有质量问题请与本社营销中心联系调换
电话：010 - 84083683
版权所有　侵权必究

"社会学与中国研究"经验研究书系编委会

编辑委员会主任： 周晓虹

编辑委员会委员：（以姓氏拼音为序）

陈家健	陈云松	邓燕华	范　可	冯仕政
胡　荣	金一虹	刘林平	刘亚秋	毛　丹
王春光	吴愈晓	应　星	翟学伟	张　静
张乐天	张文宏	周飞舟	周海燕	周　怡

跋：向天再借五百年

周晓虹

记得十年前，当我第一次阅读陈昌凯的博士学位论文《时间焦虑感——急速社会变迁中的中国体验》初稿时，脑子里就自然冒出了歌手韩磊为电视剧《康熙王朝》所唱的主题曲——《向天再借五百年》。一个统御四海、号令天下的帝王，昂扬抖擞地唱出"向天再借五百年"，往好里说，是心中还有雄才大略有待实现，如此走了实有不甘；说得难听一些，则无非是奴才们听话、皇上当得过瘾，内心实在想再续上几辈人生。其实，康熙帝爱新觉罗·玄烨（1654—1722）八岁登基，虽然寿命不过69岁，在今天看来不算太长，但在位61年，却是中国历史上执政时间最长的皇帝。但是，人生的怪诞之处就在，时间越长，对时间的渴慕就越是浓稠，由此产生的心理紧张或精神急迫就越是强烈。

上述怪诞，说明时间并不是一种单纯的物理或自然现象，它也是一种以经历者的个人遭遇及生活方式为底色的心理体验。据医学和心理学的研究，起码A型人格和B型人格在时间的感受上就有明显差异，进一步这种差异甚至会造成临床上的生理或病理后果——就像昌凯叙述的那样，A 型人格患冠心病的比例较高；而在现代社会中，尤其是在急剧的社会变迁状态下，时间还是一种基本的社会生活维度：它具有序列性，换言之，因为时间不仅使你的个人成长史总是青春期在前，壮年期在后，而且在社会生活包括剧烈的近代中国变革中也总是"十月革命"的那声炮响在前，接踵而至的马克思列宁主义在后；它也具有持续性，尽管在一个变迁缓慢的社会，社会事件会持续较长时间，而今天一切似乎都变得变动不居——这种变动不居如果说在古代希腊可以像赫拉克利特那样表述为"人不能两次踏入同一条河流"，那么今天你就得承认"人甚至一次都不能踏入同一条河流"。

当然，时间首先是一种心理—物理感知。作为心理—物理感知的时间，能够在它本身毫无羁绊的无休止的延展中放得进你所有的体验：对日出日落的昼夜更迭的体验，对春夏秋冬四季变化的体验，对孱弱无力到身强力壮再到风烛残年的体验，对悬梁刺股到金榜题名再到快道翻车的体验……一句话，年少时莫谈岁月静好，转眼间青丝已成白发。如果要用一句话来表达时间的心理—物理感知，我想最准确的就是"事件在时间中"（evens are in time）。换言之，我们的所有人生体验，无论微宏，无论良糗，也无论福祸，都可以纳入你由流失的岁月编织的个人生命史或编年史中，可以简要地描述为"某年某月，愚如何如何……"。

不过，我们对时间的个体焦虑，不会仅限于马齿徒增的自然烦恼，否则老子不会在《道德经》中提倡"安其所，遂其生"；潘光旦也不会沿朱熹的思路，提倡"位育"之道；费孝通更不会将这"位育"之道,视为大变革时代解决中国人心态秩序危机的"汉方"。即使是个体,因为他首先是群体或社会中的个体,因此对时间的感受尤其是因时间紧迫而形成的焦虑,不能不受到他人或他群的影响。看得出,昌凯本科时在浙江大学攻读心理学专业时所受的实验科学训练,在处理个体层面的问题时驾轻就熟。在第一尤其是第二章中,他用实验和测量手段证实了个体的时间价值和主观期望影响甚至塑造了人们的时间焦虑感:一句话,当个体花费时间所做之事没有达到自己欲求的价值,或没有达到自己的主观期望,"这两方面的压力都会最终强化个人的时间焦虑感"。[①]如果要"补刀"的话,无论是个体设定的价值,还是个体形成的主观期望,本质上也是社会生活的产物。

受过自然科学训练的人,总体上说叙事逻辑总是清晰的,昌凯也不例外。在完成了对个体焦虑感的验证之后,他知道困难的是如何实现从微观向宏观的过渡,或者说从个体生涯向社会结构的过渡。作为社会学专业的从业者,从彼得·布劳到吉登斯,几乎人人都欲跨越微观与宏观间的沟壑,昌凯也知道自己最终要论述的不是一部个人生命史,更不是一部康熙那样的帝王曲,而是因现代社会的降临而产生的整个社会对时间流逝的总体性焦虑。作为个体和社会之间的过渡,群体似乎是天然的桥梁,于是他将自己编制的《时间焦虑感量表》的测量从大学本科一年级的学生,扩展到公司和企业的员工,再扩展到职业范围更为广泛的学生们的父母。当然,他发现了不同的社会

---

① 陈昌凯:《时间焦虑感——急速社会变迁中的中国体验》,第83页。

群体具有不同的时间价值和主观期望,也因此造就了"时间焦虑感的差异";但是,最具震撼的发现是,在昌凯的研究里"当下中国的青年群体希望在自己34岁的时候就可以达到事业的成功(顶峰),并在同样的年纪获得自己最理想的经济收入"。[①]如果考虑到这样一个时点,不仅离大学毕业参加工作仅仅只有12年,更重要的是距时下通常定义的"退休"还有26年,我们就能以切肤的体验感受到当代中国人尤其是年轻一代,在以怎样急迫的心态焦虑地期待拥抱原本尚有时日才姗姗迟来的遥远未来!

如此一来,当你想到"三十而富"的欲望,想到高校中现时流行的6年准聘期后的"非升即走"的规则,想到攀爬正科、副处、正处甚至副厅……的各种年限规定,想到在各类市场逻辑及伪市场逻辑下制定的各种事物或事件的"倒计时"(现在,年轻的一代不用英文 deadline 常常已经无法准确表达时间焦虑的感受)中人们被不断推搡(push)的窘迫,你就知道在今天这个世界,或者在这个世界上我们对时间的感受,已经从前述"事件在时间中"倏地变身为"时间在事件中"(time in the events)。比如,"愚晋升长聘副教授,用了六年时间"。此时,时间早已不是一种单纯的心理-物理感知,它还是甚至更主要是一种社会-文化建构。你的年纪,或者你感知的岁月沧桑,只有通过你经历的世事才能够获得准确和恰当的表征。我想,这大概"就是社会学中我们常用的'社会时间'

[①] 同上引文,第110页,第107页。

的含义"。①

进一步，昌凯的叙事毫不拖沓，在完成社会群体的时间焦虑分化后，他的笔锋拾级而上，转向了更为宏观的社会层面，欲图将时间焦虑感的主题浸淫于由工业化及因工业化的快速推进而盘整出的现代性长河之中。在这一更广阔的论域中，他的提问沿着"普适"和"特殊"两大枝蔓铺陈而出：前者关注的是"作为一种现代性体验，社会时间是什么样的？为什么现代社会对时间有普遍性的焦虑？"而后者则聚焦于"为什么中国人的时间焦虑感特别强烈？"

我们说时间是一种现代性体验，并非说远古社会或传统社会的人就一定没有时间感（尽管人类学家确实发现诸如苏丹努尔人部落就没有时间感），过往大多数民族对时间依旧具有心理－物理感知，甚至中国人在春夏秋冬的交替中还总结出了指导农事的"24节气"，依据太阳运行的规律制定出时间轮回的序列性，已经赋予时间以社会性。但是，在工业革命之后，作为一种现代性的体验，人们开始期望获得更多的时间，以实现更多的价值。如果说，在农耕社会一个人就那么大的活动半径，②一辈子需要打交道的人就那么几十个或至多几百个（可能比现在的我们一天遇见的人都少），一生的大事除了日复一日脸朝黄土背朝天的耕耘，不过就是造房、娶妻、生子……，那么，昌凯在书中所说的个人时间的零碎化，空余时间被工作、

---

① 彼得·什托姆普卡：《社会变迁的社会学》，林聚任等译，北京大学出版社2011年版，第43页。
② 在八十年代先是风靡一时后来广受争议的电视政论片《河殇》中，中原地区一位老汉一生最远的"旅行"就是向北跑出了七里地，而这恐怕是百余年前中国农民的常规体验。

社交、娱乐、旅行和冗余信息……侵占的现象，以及由此生成的对时间的透支（钟表的发明造成了人们对时间的算计，而白炽灯的发明则褫夺了人们日落而息的权利），或过度利用（那些开着车还刷手机的家伙是最好的例证），就是与现代性相伴而生的时代症候。进一步，因为时间可以换得金钱，有钱人当然也就能用金钱换得他人的时间，以实现个人的闲暇或对时间的挥霍。由此，凡勃仑在《有闲阶级论》中所说的炫耀闲暇，一如豪门大户的一掷千金。

当然，如果到此即止，大抵还不过是现在那门被称作"时间社会学"的学问已述及的思想，但是昌凯的著作最具创见的是，他用最后的三章将叙事转移到今天人们谈论变迁就不能忽视的中国。而谈论中国，你就能够发现几乎自1840年西方列强敲开东方帝国的大门后，被移入的现代性就开始制造出愈演愈烈的时间焦虑感，而因这种焦虑感产生的我们民族的追赶意识在1949年的革命后到达高潮。我们曾论述过，深感"一万年太久"的毛泽东曾一再缩短"赶英超美"的时间表，那时整个中国最豪迈的语言都是和"快"这个与"慢"对应的词相联系的。比如，"大干快上"、"快马加鞭建设社会主义"、"一天等于20年"，以及"我们只用了XX年就走完了西方几百年才走完的道路"，等等。① 尽管由此种过度的焦虑曾造成过我们民族空前的危机，但它也确实使一个千百年来变迁缓慢的农耕社会产生了快速改变自己民族面貌的动机，而这种动机在1978年后尤其是1992年实行市场经济后通过对个人利益的有

---

① 周晓虹：《焦虑：迅疾变迁背景下的时代症候》，《江苏行政学院学报》2014年第6期。

效激励最终改变了中国的命运。

接下来是我要郑重感谢昌凯的地方，他用自己独具特色的设计和富有想象力的研究，成功地将在中国社会快速的变迁中人们普遍感到的时间焦虑，归纳为我所提出的"中国体验"的一种突出表征。他也敏锐地意识到："'中国体验'虽然是一般经由传统向现代转变的社会都可能出现的人格和社会心理嬗变，但却因为中国特定的人口规模、转型前后的经济与社会结构差异、历史悠久的传统文化、全球化的推动以及变迁的速度之快，而带有一般的精神嬗变所不具备的特点"。[①]它在快速地推动中国社会尤其是中国经济的进步的同时，虽说酿就了人们尤其是中产阶层的焦虑与恐慌，但也催生出"一个又一个财富奇迹，让人们看到了成功与富裕的希望"。[②]我深信，这种希望如果能够成为全体中国人民而不是一部分人的一种普遍经历，那它就是中华民族伟大复兴的题中应有之意。

最后，不该遗漏的是，我应该告诉读者们，本书的作者为他的博士论文所做的努力，曾让许多社会学家击节称赞，并因此获现时已好评如潮的"余天休社会学优秀博士论文"2015年度提名奖。事实上，惟因我指导的博士陆远和樊佩佩于2012年和2014年已先后获得过这项奖项，紧随他们之后的陈昌凯才多少有些委屈地与这项奖项失之交臂，这也从某种程度上体现了因时间的先后序列性而可能导致的意义的寡淡性。但是，站在整个人类历史的风陵渡口，对一切以文字或研究为生的社会科学家来说，只是因为有了独特的书写，以往的历史才会被

---

① 周晓虹：《中国体验：社会变迁的观景之窗》，《探索与争鸣》2012年第2期。
② 陈昌凯：《时间焦虑感——急速社会变迁中的中国体验》，第215页。

记录下来而不仅仅限于活着的人头脑中的记忆。因此,"从最严格的意义上说,历史始于书写"。①正是因为陈昌凯以自己独特的方式书写下了这个时代中国人因快速的社会变迁而生的时间焦虑,他也成功地缓释了我们对一本记录时代焦虑的著作尽快面世的心理焦虑。

---

① Goody, J., 1968, Time: Social Organization (pp. 30–42), *International Encyclopedia of the Social Sciences*, Vol. 16, p. 39.

在经验中国研究中开启社会学想象力
（代序）

周晓虹

从 2018 年底接下南京大学"双一流"建设卓越研究计划——"社会学理论与中国研究"项目起，我就希望能够在推进新中国工业建设口述史和新中国人物群像口述史两个项目的同时，培养学生及青年教师围绕当代中国现实，从事社会学经验研究。从社会学学科的意义上看，尽管有许多以理论为生的人尤其是像马克思、马克斯·韦伯和齐美尔这样的理论大家都留下了他们不朽的名声，但从一开始社会学就强调以现实社会为对象，以包括定性和定量两种技术在内的实证方法为手段，提出自己的问题，并运用现有的理论解释社会现象，继而在研究的基础上丰富、修改或提出理论。在今天的专业学科训练中，单纯的理论研究不但不受鼓励，有时甚至被视为"不专业"的表现，除了从哲学转投社会学的学生外，一般不大有人敢在社会学场域中冒独爱思辨、做"扶手椅"中的社会学家的风险。

就我自己而言，从 1984 年考入南开大学社会学系攻读硕士学位起，因那个时代学科空白一片、百废待举，我的兴趣一开始在社会心理学理论和历史之上，所以一直到1993年攻读中国近现代史博士学位时，我完成的主要著述都集中在上述领域。但是，自1993年起尤其是完成了博士课程的学习之后，由于撰写博士学位论文的缘故，从1995年起我开始将原先的社会心理学背景与此时攻读的中国近现代史学位的要求结合起来，在导师蔡少卿教授的支持下，选择了以近代以来江浙农民的社会心理及其嬗变作为自己的论文选题。为了撰写论文，我将社会学的田野研究与历史学的档案分析相结合，开始了自己最初的经验研究生涯。尤其是1995年在北京"浙江村"和昆山市周庄镇、1996年在乐清市虹桥镇的田野研究，应该算是我最早从事的社会学经验研究案例。在此基础上写成的《传统与变迁：江浙农民的社会心理及其近代以来的嬗变》（1998），不仅使我顺利获得了历史学博士学位，其实也开启了我社会学经验研究的生涯。

在获得博士学位之后不久，我就应裴宜理（Elizabeth J. Perry）和杜维明两位教授之邀，前往哈佛大学费正清东亚研究中心和哈佛燕京学社从事访问研究。在此后的一年多的时间里，虽然一方面因远离研究的田野，另一方面因图书馆的英文资料十分丰富，我将主要的精力都放在了撰写《西方社会学历史与体系》第一卷"经典贡献"之上（这部尚未写出第二三两卷的著作迄今仍是我在理论研究上的巨大压力），但却因访学结识了诸多中国研究领域优秀的学者，除了裴宜理外还包括傅高义（Ezra F. Vogel）、戴慧思（Deborah Davis）、赵文词（Richard Madsen）、怀默庭（Martin Whyte）和施坚雅

(G. William Skinner)等社会学、政治学和人类学领域的大家，这不仅使我在归国后不久就有可能率先开设"中国研究"的博士课程，而且也使田野访谈及口述史采集等经验研究手段成为我后来最倾心的进入方式。

其实，因为在发生上述转变之时，我也开始指导博士研究生，因此在此后的 20 余年中除了王小章、郑震、胡翼青和陆远等少数学生因对理论或历史的兴趣而选择了相关领域的议题（当然，他们的博士论文都获得了学界不同程度的称赞），大多数学生则都是以经验中国的某个议题为研究对象来撰写自己的博士论文的。比如，黄菡研究农民对城市及其生活的想象、潘泽泉研究农民工在城市中的流动、王咏研究吴地古琴变迁、吴崇萍研究南京的 1912 与现代性的扩张、周海燕研究改造"二流子"的南泥湾大生产运动、樊佩佩研究灾难场域中的国家动员、沈捷研究知青记忆的建构和传承、吕斌研究了中日韩三个东亚国家的"文化复兴"、苏媛媛研究了"农民上楼"，连连和其他几位学生则选择了研究中国中产阶级（阶层）……。当然，理论研究或是经验分析，本身并不是论文好坏的标准。比如，陆远讨论中国社会学史的论文获得了第一届"余天休社会学优秀博士论文奖"，而樊佩佩和陈昌凯的论文此后同样也获得了该项奖项或提名奖。

提倡以经验中国为题撰写博士论文，自然一方面与社会学的学科性质有关，另一方面则与现实世界的丰富多彩有关。"理论是灰色的，生命之树常青"，这句出自诗剧《浮士德》的歌德名句，在我中学时代阅读《共产党宣言》《哥达纲领批判》《国家与革命》等马恩经典时就曾一再咏颂，而且多少次不明就里地套进稚嫩的涂鸦之作中。但是，现在想来，理论是灰色的，是指通过对经验世界的抽象而形成的理论，无论如何精辟或博大，其抽象的过程本身就是与经验世界相剥离或相隔膜的过程，这使得再好的理论和多彩的生命世界相比也不能不是枯萎的或灰色的。进一步，有鉴于今日之积累的社会学理论已过于纷繁庞杂，信誓旦旦之间却难掩矛盾重生，以致帕森斯之后就很少有人再以宏大叙事作题为自己的学术生涯续命，因此考量一个人的社会学想象力的主要路径，一如米尔斯所言，自然是看他或她能否将基于经验事实的个体困扰，有效地置于宏观的社会脉络或疾徐各异的变迁背景中加以阐释，即是否具备转化成普遍的"公共议题"的能力。即使我上面提到的胡翼青和陆远，从严格意义上说，他们论述美国芝加哥学派对传播学的影响或中国社会学的传承与断裂的博士论文也都属于经验研究，因为他们的叙事无一不奠基于自德国兰克史学之后就一再受到强调的严谨的史料考辩之上。

正是从上述意义上说，2018年10月我在申报南京大学"双一流"建设卓越研究计划时，就为自己也为整个团队的研究留下了相对宽裕的可能："社会学理论与中国研究"，这样的主题在将理论分析和经验研究置于共同的选择范围之中时，也赋予了从经验中国的研究中延续或提升理论的期许。现在，整整三年过去了，尽管与集体记忆及新中国工业建设、新中国人物群像相关的数十篇论文已经陆续发表，《重建中国社会学——40位社会学家口述实录（1979—2019）》（2021）等口述史著作也已出版并广受好评，但与课题相关的经验研究著作写出估计还有待时日。目前列入的几本著作，无论是陈昌凯对社会变迁与时间焦虑感的研究、胡洁对中国民众的社会心态的研究，还是时昱对广场舞的研究、王健对中产阶层的慢跑实践的研究，或是王东美对中国人心理治疗的研究……还基本上都是他们 2018 年前选定的议题。我也希望，在不远的将来，我们团队年轻的教师和学生们能够完成更多的关切经验中国但却具有社会学想象力的专题性著作，而我们通过这些研究能够进一步达致对当代中国更好的理解与认识。

是为序。

2021 年 10 月 1 日
于南京紫金山东麓寓所

目　录

导论　引人注目的中国体验 …………………………（1）

第一章　时间焦虑感的前世今生 ……………………（15）
　　第一节　时间焦虑感的由来 ……………………（15）
　　第二节　时间焦虑感的测量 ……………………（27）

第二章　价值与期望：个人的时间焦虑感 …………（43）
　　第一节　时间的价值与焦虑 ……………………（43）
　　第二节　时间价值的期望与焦虑 ………………（63）
　　第三节　个人期望：时间价值与时间焦虑感的
　　　　　　重要中介 ………………………………（83）

第三章　渴望与异化：社会群体的时间焦虑感 ……（90）
　　第一节　不同社会群体的时间焦虑感 …………（91）
　　第二节　不同社会群体的时间期望 ……………（95）
　　第三节　被时间异化的青年群体 ………………（114）

第四章　时间的现代性 ······················ (118)
第一节　时间的属性 ······················ (119)
第二节　社会的理性化 ···················· (127)
第三节　现代性时间的隐喻 ················ (134)

第五章　现代性体验：期望更多的时间，实现更多的价值 ······························· (146)
第一节　信息竞争：时间的信息价值 ········ (146)
第二节　情感高效交往：时间的情感价值 ···· (154)
第三节　被夷平的世界：时间的空间价值 ···· (161)
第四节　时间的"利用"与"浪费" ········ (170)

第六章　合法性视角下的时间焦虑感 ·········· (196)
第一节　中国社会时间焦虑感的演变 ········ (196)
第二节　对量的追求——"量"就是"质" ·· (205)
第三节　时间焦虑感的极性 ················ (224)

第七章　中国体验：社会变迁中的期望与焦虑 ·· (227)
第一节　积累财富：中国机遇 ·············· (227)
第二节　剧烈变迁：被抛弃的恐慌 ·········· (235)
第三节　风险社会 ························ (242)

第八章　人生意义：时间背后的焦虑 ·········· (251)
第一节　时间焦虑的公众传播 ·············· (251)
第二节　"奔跑"还是"虚度"：青年人的温和反抗 ······························ (258)

第三节　人生意义的消解与重构……………………（266）

结语　"漂"向何方?………………………………（277）

参考文献……………………………………………（283）

附录　中国人时间焦虑感量表………………………（311）

导论　引人注目的中国体验

一　"焦虑时代"的来临

自1978年改革开放以来,中国的变化之大,即使用"翻天覆地"这个词,恐怕也未必能很好地形容。在这短短的几十年间,中国在政治、经济、文化、教育等各个方面,都取得了举世瞩目的伟大成就。

1978年,中国的国内生产总值(GDP)仅为3624.1亿元(刘宏杰,2009),到2019年就已经增加到990865万亿元,稳居世界第二;1980年,中国人均GDP约300美元,相当于世界平均水平的12%左右,到2020年,人均GDP已突破1万美元大关,达到10276美元(人民日报,2020-01-18)。对于中国这样一个占世界五分之一人口的国家来说,能在短短40年间有如此飞跃,绝对是史无前例的。

更重要的是,不仅仅是经济腾飞,中国的政治体制、社会结构等诸多方面都发生了巨大而深远的变化。或者换一个角度来看,正是由于40多年来中国坚持推进和深化政治体制改革,才使得经济有了飞速发展,社会结构、文化生活等在经济的推动下也发生了重大变化。

正如刘文纲在分析中国中等收入阶层的出现时所说:"他

们是改革开放不断深化的产物；他们既是改革开放的受益者，又是改革开放的推动者。"中国中等收入阶层数量的大幅增加始于20世纪90年代，除了政府政策的转变为中等收入阶层的产生奠定了制度基础之外，经济发展对知识资源和人才的强烈需求以及个人受教育程度的提高，都是其形成的重要条件（刘文纲，2004）。同样，按照中国社会科学院课题组的测算，进入21世纪以后，中国中等收入阶层正在以每年1%的速度增长，而这一群体数量增长一般与经济增长密切联系在一起（孙立平，2006：271）。

中国在这40多年中所经历的，不仅仅是一个波澜壮阔的改革浪潮，更是一场巨大的社会变迁。面对这样一场即使在世界范围内，都称得上史无前例的社会变迁过程，身处其中的中国学者自然不会放过这一绝佳机遇，纷纷从自己的学科视角与理论框架出发，总结与概括出中国社会独特的发展道路。从"中国模式""中国道路"，到"中国奇迹""中国经验"，研究者们力图通过考察这几十年的巨大变迁，描绘出"与西方世界尤其是流行的'现代化图式'不同的一整套发展模式"（周晓虹，2012a）。

周晓虹（2012a）认为，如果不刻意寻求概念的内涵和特征的差异，中国经验、中国道路、中国模式或中国奇迹等概念基本相似，均是在全球化和社会转型的双重背景下，中国社会近几十年来在宏观的经济与社会结构方面的发展与教训。

回顾这40多年翻天覆地的变迁，学者们对中国经验等概念的归纳与探讨主要集中于宏观层面，是对中国社会的政治体制、经济发展与社会结构等方面的概括与反映。然而，我们不难发现，这样一场声势浩大的现代化进程，把中国社会的每一个人都卷了进来，在改革的浪潮中起伏前进。

人们的收入比以往大大增加了，但物价也比过去高了很多；人们的房子越来越宽敞了，但房价却又远远超出了年轻人的承受水平，于是便有了买不起房的"蚁族"和小到极致的"胶囊公寓"；人口的流动性极大增加了，但农民工却经常成为城市里被遗忘的重要群体，有时还面临着被大城市驱逐的风险；有人一夜暴富，通过互联网赚得盆满钵满，但有人却早早被下岗，成为社会弱势群体；有人靠着开发地产而成为亿万富翁，但有人却以激烈方式对抗强拆；高楼拔地而起，马路越来越宽，城市化的进程大刀阔斧，但失地农民的生活却不尽如人意；购物不再需要各种票证，人们可以购买到大多数想要的商品，但当人们谈婚论嫁时，票子、房子、车子和位子的作用也越来越大；计划生育政策逐渐减小了中国的人口压力，但也诞生了"小皇帝"，失独家庭也引起了社会关注，而"三孩"政策似乎一夜之间就放开了……

社会巨变对每个人都产生了深远影响。从物质条件到精神生活，从家庭教育到社会环境，从就业创业到消费服务，从工作学习到娱乐休闲，涉及人们衣食住行、吃喝玩乐的所有方面都在改革的浪潮中悄然变化着。而且，这些变化并不只是小范围的微调，而是根本性的突破与转变。

在宏观社会现实发生变迁之时，微观层面的私人生活也必然随之发生相应的变化。更重要的是，这种变化不会只停留在现实生活或物质层面，而必将对人们的心理和精神世界带来巨大冲击，人们的愿望、需要、习惯乃至人格和价值观都必然在这场变迁中发生变化与延伸。这40多年社会变革带来的中国人内心世界的涌动与转变，以及相应的生活态度和行为模式的嬗变，便是我们要谈及的"中国体验"。

在这些种类众多的中国体验中，有一种体验早已悄然在中国社会中蔓延，且过去的十多年更有愈演愈烈之势，引起了人们的广泛关注，这就是——焦虑。

早在2011年8月，《人民日报》便以每期一个整版的篇幅，共分三期（8月4日、11日、18日）对当下社会普遍焦虑的心态予以充分关注和报道，并对焦虑的表现形式、产生原因以及缓解路径进行了分析与梳理。《人民日报》能够用如此大的篇幅关注社会焦虑，足见这一主题在当下中国的紧迫性。正如《人民日报》编辑所说："随着经济社会发展和竞争加剧，焦虑不再是'弱势群体'的专利，而渐成一种普遍心态。在许多人看来，身边往往危机四伏，总有原因让人感到不安。"（杜海涛，2011）

在全民焦虑中，有一种焦虑非常特别，似乎是伴随着中国现代化的进程逐渐出现的，而在今天又显得尤为强烈，这就是对时间的焦虑。

当然，这样的时间焦虑感并不单纯地指向时间，而是与其他媒介或载体相结合，共同塑造人们的焦虑感。"原来人们要求'三十而立'，现在变成了'三十而富'……好像30多岁你还没富，你这辈子就没机会了。一旦被这样的成功模板驱使着，不焦虑几乎是不可能的。"（朱隽，2011）可见人们并不是单纯地担心时间的流逝，而是担心在规定的时间内无法实现某个目标，或是随着时间推移实现目标的可能性逐渐减小。

当然,这种"规定"可能并非出自人们的意愿,相反人们常有身不由己之感,对外界压力怨声载道。外界压力或刺激确实可以促进个体对于目标的追求,但从心理学角度看,这种压力或刺激指向的目标只有变成个体的内在需求时,才能推动个体行为,并具有持久推动力(彭聃龄,2004:339)。因此,人们对时间表现出的过度焦虑,或许源于对自身的期许,或是对时间流逝过程中某些价值损失的关注,甚至可能是人们对时间的感知变得更加敏感与执着了。

阿尔文·托夫勒(Alvin Toffler)在那本著名的未来学著作《未来的冲击》中,提到过一个关于时间感知的有趣现象:"一个四岁小孩对生活中的两小时的感觉,也许相当于他那二十四岁的母亲对生活的十二小时的感觉。要一个小孩用两小时的时间来等一块糖果,也许等于要母亲用十四个小时的时间来等一杯咖啡。"(托夫勒,1970/2006:22)相较于传统中国社会而言,当代中国社会无疑在飞速(甚至是狂飙式的)变化。或许这种物质环境与社会生活的飞速变化,将当下的中国人变成了一个个稚嫩的孩童,与传统社会中的"成年人"相比,现代中国人对时间的耐受程度似乎变得更低了。

当下中国人对时间如此焦虑,究竟是什么原因呢?仅仅是时间敏感性和耐受性发生了变化,还是背后有更深的社会动因?这是本书探讨的主要问题。

我们将从当前中国人的时间焦虑感切入,通过测量与分析,探讨其产生与发展的原因,从而探索中国社会40多年宏大变迁的背景下,中国人逐渐形成并不断转化的某种中国体验。

二 时间焦虑：一种特别的中国体验

社会变迁必然牵涉关于时间的问题。在社会学家眼中，时间是一种社会事实，这个社会事实与宇宙中最稳定、最客观、最绝对的向量有关，并不只停留在社会生活的节奏变化上，而是已经植根于现代人的内心深处，成为一种左右人们生活与工作的潜在准则。

从时间的自然属性，到人们赋予时间的种种特殊意义和内心体验，正是本书所要讨论的时间焦虑感的范畴。

（一）社会时间与自然时间

时间的一个重要特征就是不可再生性，因此它在现代社会中就成为一种重要的资源，具有一定价值。正是这样一种在现代社会——自进入工业社会以来——日益凸显的价值性，使时间获得了一种商品的意象（Thompson，1967），成为一种越来越稀缺的商品。

此外，在社会生活中，时间代表一种秩序或原则。这种秩序或原则并不是由时间本身所具有的特性决定的，而是社会生活的主体出于某些需要对时间进行建构的结果。时间"作为进行社会协调、定位和规范的工具，作为自然事件和社会事件的概念组织符号，是由社会活动构成的"（亚当，2009：52），因此也具有一种社会意义。

无论是作为一种重要的社会资源，还是作为一种社会意义，时间的根本特征都是一种社会建构，社会资源和社会意义不过是其影响社会互动的两种方式而已。因此约翰·哈萨德（John Hassard，2009：18）才将时间定义为"一种具体的事实，或者一种意义的媒介。在活动的管理中，它可以被用作一种事实资源。而且它还支配着整合日常行动的强有力的文化规范"。

然而，虽然在现代社会中时间的社会建构性极为突出，对社会生活的影响也非常巨大，但不可否认的是，当人们直接面对社会时间这个人类自己建构的产物时，更多感受到的还是时间的不可再生性、绝对客观性和连续存在性，这些都是时间作为一种自然现象时所具有的特性。因此，作为一种自然现象的时间，也是研究人们的时间体验时不可忽视的重要内容。或许正是特殊的自然属性，才让现代社会的人们注意到了时间的存在，并将其作为一种重要的资源，赋予其特殊的社会意义。正如舒茨和卢克曼（Schutz, Luckmann, 1973: 47）所说："生活世界的时间其实是建立在内在意识的主观时间与一般'生理时间'的身体节律，以及世界时间、日历时间或'社会时间'的交叉点上的。所有这些维度彼此交织在一起，而我们则生活在其中。"

由此看来，自然时间或社会时间都是社会研究的重要对象，只是前者聚焦于个体体验，后者则着眼于群体和社会建构。对人们的时间焦虑感进行社会研究，也必然要结合这两种路径，从个体的时间感知与体验入手，最终扩展到整个社会群体的时间意义与时间建构，方能使得研究成果更加准确与完整。

（二）时间焦虑感

时间焦虑感出现在公众视野中，是被当作 A 型行为模式（type A behavior pattern）的一种表现特征提出的。所谓 A 型行为模式，就是我们通常说的 A 型人格，是一种与心血管疾病有关的行为模式（见本书第一章）。

"时间焦虑感"的英文对译词是 time urgency，直译为"时间紧迫感"。"紧迫"，在《现代汉语词典》中解释为"没有缓冲的余地；急迫"（中国社会科学院语言研究所词典编辑室，2016：678），"紧迫感"一词更多包含了一种受到外部条件限制而不得不加快节奏的情境。如果使用"时间紧迫感"对译 time urgency，则更多体现了人们采取某种行为时，所受外部某些特征的影响。

然而，正如伯纳姆等人（Burnam，Pennebaker & Glass，1975）将 time urgency 定义为"一种被加速的节奏"（accelerated pace），大部分学者在使用这一概念时，认为由于人们将时间当作一种稀缺资源，因此要好好地计划并加以高效利用，从而产生了一种对有效利用时间的紧张感，甚至是焦虑感（Landy，Rastegary，Thayer，et al.，1991）。施利贝尔和古特克（Schriber & Gutek，1987）也指出："时间是组织的基本维度。时间如何分割、安排和使用，都是非常重要的，并关系到组织中的个人和组织本身。"

因此，不难发现，当 time urgency 一词作为 A 型行为模式的一个特征被提出时，除了受时间限制而不得不加速这一被动性之外，还包含着一种因必须对时间进行合理规划和使用而产生紧张和焦虑的主动性特征。这时，使用"时间紧迫感"作为 time urgency 的中文对译词就显得被动有余而主动不足。反过来看，英文文献中并未出现过 time anxiety 一词，因此也就不存在"时间焦虑感"的直接对译词。

"焦虑",在《现代汉语词典》中解释为"焦急忧虑"(中国社会科学院语言研究所词典编辑室,2016:653),因此"时间焦虑感"一词则可以被理解为对时间的一种着急和忧虑,不仅反映了一种心理上主动(对时间的合理规划、充分利用)的紧张与急迫,也包含了由此产生的外显行为表现,甚至还将可能存在的内隐行为模式也囊括了进来。因此,如果用"时间焦虑感"作为 time urgency 的中文对译词,就显得更加贴切。基于此,本书在对国内外文献进行梳理与分析时,均将 time urgency 翻译、解释和理解为"时间焦虑感"。

更为重要的是,我们在对现有文献进行整理的过程中发现,学者们并未对 time urgency 或"时间焦虑感"有过确切的定义。因此,结合现有重要研究成果以及本书涉及的分析范畴,我们将"时间焦虑感"定义为一种合理规划时间、充分利用时间和不能浪费时间的紧张状态,以及由此产生的行为表现和价值倾向。

(三) 中国体验

正如我们所看到的,改革开放以来,中国社会发生了剧烈的变迁。这并不是一个一般意义上的社会过程,即在稳定背景下各个阶段均衡的发展。社会变迁则意味着一种质变,最终出现一系列在性质上不同的制度关系和新的社会结构(Allen,1975),而改革开放以来的社会变迁,正是这样一种根本性的突破与转变。

这种社会变迁对身处其中的每一个人都产生了深远的影响,它在带来宏观社会生活突破的同时,也使微观个人生活发生了相应的转变。这种转变不仅影响了每个人现实和物质上的环境，更会给人们的心理和精神世界带来巨大冲击。这便是宏观的"中国经验"之下，生活在中国社会之中每个个体的"中国体验"。

"中国经验与中国体验作为1978年开始的这场史无前例的社会大变迁及其结果的一体两面，赋予这个独特的时代以完整的历史意义和文化价值。"（周晓虹，2012b）因此，我们在总结与归纳宏观层面中国经验的时候，也不应该忽视对微观层面中国体验的分析与探讨。只有这样，才能真正地理解这场巨大的社会变迁对其主体——人的影响与冲击，才能更加准确地把握社会变迁的深刻含义。

周晓虹之所以将中国体验作为"社会变迁的观景之窗"，因为中国体验包含着重要而丰富的内涵（周晓虹，2012c）：

第一，"中国体验"不同于中国经验，或中国道路、中国模式、中国奇迹，它不是中国社会在最近30年中发生的那些结构性或制度性的宏观变迁，而是中国人民在宏观变迁的背景下发生的价值观和社会心态方面的微观变化。

第二，"中国体验"既包括积极的心理体验，也包括消极的心理体验，前者诸如开放、流动、竞争、进取、平和、包容……，后者诸如物欲、拜金、浮躁、冷漠、缺乏诚信、仇富炫富……，人格的边际化或社会心态的两极化恰恰是中国体验的最重要特点，这在相当程度上说明中国体验本身就是变迁的一种精神景观。

第三，"中国体验"虽然是一般经由传统向现代转变的社会都可能出现的人格和社会心理嬗变，但却因为中国特定的人口规模、转型前后的经济与社会结构差异、历史悠久的传统文化、全球化的推动以及变迁的速度之快，而带有一般的精神嬗变所不具备的特点，这些特点使得社会心理学家对人类精神世界嬗变的研究具有了全新的意义。

第四，虽然中国体验具有独特性，但并非就不具备某种程度上的普遍意义，也就是说，这一"体验"对其他民族或国家尤其是剧变中的发展中国家可能具有借鉴意义，一部分甚至可能在一定程度上加以复制；而反映到社会科学中，即能够像石之瑜所说与"人类普遍性的行为律则相衔接"。

本书所关注的时间焦虑感，可能只是中国人在社会变迁过程中所体验的众多中国体验之一。但笔者希望可以借助这扇社会变迁的观景之窗，洞察在社会变迁的背景下，中国人的心理演化与精神嬗变，剖析其背后所蕴含的社会动因，从而"确立中国人的时代精神的内在价值，并由此昭显中国人的意义世界的世界意义"（成伯清，2012）。

三　从微观到宏观：个人行为背后的社会动因

本书将探讨伴随现代性特别是工业社会文明而来的时间焦虑感，在中国40多年剧烈社会变迁过程中的嬗变，以及所能反映的一些社会事实。基于社会变迁剧烈程度和笔者的熟悉范围，本书对这些问题的研究将集中于中国的城市地区。

我们要关注的是在社会变迁背景下，自然时间逐渐成为重要社会事实（社会时间），从而推动人们的社会生活并对之产生巨大影响的过程以及背后的结构化原因。因此，本书第一部分（第一、二章）从个体对自然时间的感知切入，在微观层面对个体时间焦虑感的表现形式以及影响个体时间焦虑体验的因素进行分析，即试图回答如下问题：

> 个人的时间焦虑感有哪些表现形式和基本特征？
> 个人为什么会有时间焦虑感？

  对于这两个问题的回答，笔者主要借助心理学的量化研究方法，通过编制时间焦虑感的测量量表，使微观层面的个体研究成为可能。在此基础上，笔者再借助实验研究方法，进一步在微观层面考察个体时间焦虑感的影响因素与作用机制。由于本书着眼于时间焦虑感的社会动因，因此在这一部分研究中更关注个体时间焦虑感中可能与社会事实发生关系的因素，将采取小样本研究方法，能显现必要的社会因素即可。

  本书第二部分（第三章）从微观层面开始向宏观层面过渡，通过比较不同群体在时间感知与期待上的差异，分析文化、经历等社会性因素对群体中个人时间焦虑感的影响与决定作用，即试图回答：

> 具有不同社会特征的群体，其时间焦虑感会有什么样的差异？

  对于这一个问题的回答，笔者主要借助调查研究的量化方法。由于本书旨在探讨社会结构因素对个体时间焦虑体验的作用路径,而不是对中国社会时间焦虑感的现状进行描述与分析,因此这部分的调查研究也并非大样本的数据收集与分析,而是希望通过一定样本量的数据,揭示宏观层面的社会群体所附带的社会因素对于微观层面个体内心体验的作用机制。

本书第三部分(第四、五章)在前两部分基础上,将在宏观层面讨论对个体时间焦虑感产生作用的社会因素,及其与工业社会形成以来现代化进程之间的关系,即试图回答:

> 作为一种现代性体验,社会时间是什么样的?
> 为什么现代社会对时间有普遍的焦虑?

对于这两个问题的回答,笔者采用质性研究方法,通过档案研究、观察研究等手段,厘清时间焦虑感与现代性和现代性体验之间的关系。

本书第四部分(第六—八章)继续在宏观层面探讨处在剧烈变迁之下的中国社会,是否存在有别于其他社会的特殊性质或结构性因素,从而形成中国人特有的中国体验,即试图回答:

> 为什么中国人的时间焦虑感特别强烈?

对于这一问题的回答,笔者主要采用质性的研究方法,其中特别重视对政府相关政策文献进行梳理与分析。笔者采用主位分析法和情境分析法,从政策决策者的立场出发,根据其对具体情境的感知理解其想法及相关决策,并联系当时的社会情境,分析政策选择背后的逻辑脉络和路径(王宁,2007)。最后试图通过量化研究方法,对时间焦虑感背后的实质进行探索与分析。

第一章
时间焦虑感的前世今生

第一节 时间焦虑感的由来

一 A型行为模式

关于时间的科学研究最早出现在工业心理学和组织心理学领域。明斯特伯格（Hugo Münsterberg）作为最早的工业心理学家之一，于1913年在其《心理学与工业效率》（*The Psychology and Industrial Efficiency*）一书中，就研究了在一些工业设置中人们记录和利用时间的方式（Landy，Rastegary，Thayer，et al.，1991）。

随着大工业生产的来临，人们越来越将时间作为一种可利用的资源，通过不断革新技术和管理来提高工作效率，缩短时间成本，"时间就是效率""时间就是金钱"等观念逐渐深入人心。然而，正当人们热衷于提高效率和刷新速度时，其中一些人发现自己的时间越来越不够用了——他们有越来越多的事情要去做，因此感到紧张与压力，并出现一些生理和心理上的反应与症状。在此背景下，作为工业压力范式（industrial stress paradigm）之一的时间焦虑感概念被广泛接受，是从 1974 年弗里德曼（M. Friedman）和罗森曼（R. Rosenman）提出 A 型行为模式开始的。

（一）A 型行为模式的提出

20 世纪 50 年代，弗里德曼和罗森曼（Friedman & Rosenman, 1974）在观察他们私人诊所中的心脏疾病患者时，发现了一种与心血管疾病有关的行为模式。他们将这种综合征称为 A 型行为模式，并下了如下定义：

> 这些人展现出一种典型的行为—情绪模式，即在相当长的时间内都处于竞争状态，目的是在最短的时间内，从他们所处的环境中无限制地获得大量他们自己都不清楚的东西。如果可能，同时还要抵御处在同样环境中的他人或其他事物的负面影响。

总体而言，这些 A 型行为者的特征是具有较强的竞争欲，总是对时间很紧张，拥有不知疲倦的内驱力，复杂而多角度的思考，急促而爆发式的说话方式，快速的自主运动，以及好胜的、不知满足的、焦躁不安的行为方式。而与之相对，正好表现出相反行为模式的 B 型行为者，临床上似乎很少患冠心病（Burke, 1984）。

在此基础上，学者们进一步总结出了 A 型行为模式的特点，即急躁，情绪不稳，爱发脾气；争强好胜，怀有戒心或敌意；醉心于工作，行动较快，做事效率较高；缺乏耐性，常有时间紧迫感等。与之相对应的是 B 型行为模式，其特点是悠闲自得，不爱紧张，一般无时间紧迫感；不喜争强，有耐心，能容忍等（张伯源，1985）。

弗里德曼和罗森曼（1959）认为，A型行为模式是导致冠心病患者死亡的一个重要因素。在综合大样本纵向研究的基础上，伯克（Burke，1984）总结了A型行为模式与冠心病的几个关系：

1. 在其他危险因素相当的情况下，A型行为者过早死于冠心病的概率，要比B型行为者高出2倍以上；
2. 特别典型的A型行为者更容易患上冠心病；
3. 在第一次心脏疾病发作的幸存者中，A型行为者要比B型行为者的复发率高出5倍；
4. A型行为者比B型行为者更容易患上严重的心脏疾病；
5. A型行为模式的特征对其他疾病的存在（如溃疡、肠炎和关节炎等）并不具有预测作用。

（二）A型行为模式的表现

无论是组织心理学还是工业心理学，都将工作或职业压力作为重要的研究课题。而在众多的压力模型中，环境因素和个人因素是两个极为重要的组成部分。通常来说，无论是主观的人为环境因素，还是客观的物理环境因素，都被视为压力的刺激来源；而个人因素，即个体间的各种差异，则被看作压力模型中的中介变量或诱发条件（Caplan, Cobb, French, et al., 1975；Cooper & Marshall, 1976；House, 1980；Ivancevich,

Matteson，1980）。

几乎所有研究者都将 A 型行为模式特征作为一个极为重要的、稳定的个体差异。这不仅因为 A 型行为模式与冠心病有重要关系（Haynes，Feinleib & Kannel，1980；Rosenman，Brand，Jenkins，et al.，1975），还因为在现代工业化社会里，尤其是在大城市中，A 型行为模式已经成为一种较为普遍的现象。早在 1974 年，弗里德曼和罗森曼就发现，在大城市，特别是在城市中心地带，超过半数的男性都表现了 A 型行为模式特征。1977 年，霍华德（J. Howard）等人对 10 家公司的 322 名员工进行调查，发现 60% 的人都表现出 A 型行为模式特征。

除了在冠心病发病率上的表现之外，A 型行为模式对个人的影响通常还包含其他三个方面：

第一，工作层面。A 型行为者比 B 型行为者更容易将自己投身于工作之中（Chesney & Rosenman，1980），他们每周会花更多的时间在工作上，出差的时间也更多（Howard，Cunningham & Rechnitzer，1977）。A 型行为个体如果要与 B 型行为者获得相同的工作满意度，那么 A 型行为者的工作卷入度、组织认同感和职业自尊感都要比 B 型行为者高出许多（Burke & Weir，1980）。然而，即使 A 型行为者对工作如此投入，他们对工作的满意程度却并不会比 B 型行为者高，甚至还可能出现人际疏离现象和失望情绪（A. Korman & R. Korman，1980）。

第二，私人生活层面。伯克等人对 A 型行为者的私人生活进行调查，发现与 B 型行为者相比，A 型行为者的婚姻满意度较低，更多地反映了他们的工作对其家庭和个人生活的负面影响（Burke，Weir & DuWors，1979；Burke & Weir，1980）。A

型行为者配偶的婚姻满意度也不高，他们也常抱怨 A 型行为者的工作给他们的家庭和生活带来了消极影响。A 型行为者社交时间比较少，友谊关系不多，给予其配偶的情感和心理支持也较少。弗里德曼和罗森曼（1974）的早期研究也证实了 A 型行为模式的男性对婚姻和家庭生活的满意度都比较低。

第三，生活质量层面。A 型行为者的业余爱好很少，花在闲暇活动上的时间很少，且如前所述没有多少亲密友谊关系。他们很少有尽情享受欢乐的时刻，宁愿牺牲当下的时间，放弃眼前的休闲，以换取心中"非常美好的未来"（虽然"未来"很少真正到来）。他们好像没有能力去欣赏大自然的美丽，体验油然而生的温暖与感动，享受悠闲与放松的私人时间。因此，与 B 型行为者相比，A 型行为者很少在日常生活中体验到开心与欢乐（Friedman & Rosenman，1974）。

（三）A 型行为模式的成因

普莱斯（Price，1980；1983）尝试从社会学习角度解释 A 型行为模式的产生与发展，他认为人们受家庭、学校及新闻媒体传递的社会文化价值、认知等因素影响，逐渐形成了特定的核心信念。这些核心信念孕育出一些焦虑和恐惧，这些焦虑和恐惧又与相应的核心信念结合在一起，进一步促进和维持了人们的 A 型行为模式。因此，某种意义上讲，A 型行为其实是人们应对自身焦虑和恐惧的一种方式。伯克（1984）也认为，成就取向（achievement – oriented）与物质社会（materialistic society）共同发展出了一种核心信念，这种信念会产生一系列焦虑和恐惧，促进和维持着 A 型行为模式。

普莱斯在 A 型行为模式研究的基础上，总结出三种伴随着恐惧的信念（Rubin & Peplau，1973）：

1. 积极的自我评价对物质成功具有重要意义，与此相关联的恐惧是认为自己毫无价值；

2. 不存在普遍的道德原则，与此相关联的恐惧是好的不一定获胜（好人不一定有好报），还有公平、普遍的正义不一定会取得胜利，因此人们需要捍卫自己的正义，甚至去复仇；

3. 所有的资源和有价值的东西都是有限的，与此相关联的恐惧是别人可能并不会与我们分享他们有价值的东西。

正因为受到这些强烈信念及与之相关联的焦虑和恐惧的影响，A型行为者很少愿意改变自己的行为模式，从而变成B型行为者（Friedman，1979）。

（四）A型行为模式的测量

从弗里德曼和罗森曼的研究开始，众多研究者都试图找到A型行为模式与心脏疾病相关联的原因，进而找到其中对心脏疾病有直接作用的有效因子，从而帮助人们降低发病率。但无论是找到病因，还是控制和降低发病率，首先要解决的还是对A型行为模式进行有效测量这一问题。

测量A型行为模式的方法主要有两个，第一个是大多数心理学家遵循的传统路径：通过研究对象的自我报告，在较短时间内收集大量的实证数据，然后进行必要的统计分析。这其中，较为著名的测量方法有詹金斯活动调查（Jenkins Activity

Survey，JAS）（Jenkins，Zyzanski & Rosenman，1971）、弗雷明汉心理社会量表（Haynes，Levine，Scotch，et al.，1978）、特尔斯通气质量表（Turstone Temperament Schedule，TTS）中的活动量表（Activity Schedule）和形容词评定量表（Adjective Checklist，ACL）的次量表（张伯源、梁煌，1984）。

其中，特别值得一提的是JAS，该调查是一个由多个条目组成的、让参加工作的研究对象通过自我报告法完成的量表，是使用最广泛的一种量表（Wrigh，1988）。除了总量表得分表示A型行为的程度外，JAS还包括三个分量表：速度与急躁分量表（Speed and Impatience，S），雄心与坚持分量表（Hard-Driving，H）和工作卷入程度分量表（Job-Involvement，J）（Jenkins，Zyzanski & Rosenman，1971；1979）。起初，JAS常模建立在参加工作的成人样本基础上，后来格拉斯（D. Glass）做了去掉其中工作相关条目的优化，使其成为一个同样适用于学生群体的量表。学生版JAS包含总分和两个分量表：速度与急躁分量表（Speed and Impatience，S）、雄心与坚持分量表（Hard and Driving，H）（Glass，1977）。

第二种测量方法更偏向于临床上的指标，其中最具代表性的就是A型结构性访谈（Type A Structured Interview，SI），它对研究对象的外在行为特征进行评估得出结论。SI的标准结构由20—30个问题组成，用来进行评估的行为指标包括说话模式、姿态或手势线索等（张伯源、梁煌，1984）。

由于研究对象完成一个SI的时间一般在15分钟左右，时间成本比较高，因此一般研究者普遍倾向于使用自我报告法对A型行为模式进行测量。这些自我报告量表基本上都是在SI和其他一些临床经验基础上发展起来的,因此它们对 A 型行为模式的测量本质上并没有太大差异。例如,JAS 在对 A 型行为模式的分类上和 SI 有 72% 的相同,而 TTS 中的活动量表（r = 0.32, p < 0.01）、ACL（r = 0.21, p < 0.01）和弗雷明汉心理社会量表（r = 0.21, p < 0.01）都与 SI 存在高度相关（张伯源、梁煌,1984）。

二 时间焦虑感

（一）时间焦虑感的人格化

时间焦虑感作为一种个人化的内在体验和外在行为,是由什么原因造成的?如同 A 型行为模式特征一样,强时间焦虑感也只存在于一部分人身上,是一种个体间的差异变量。那么,时间焦虑感是由人的某些生理机制决定的,还是一种后天习得的行为反应?到目前为止,并没有研究表明 A 型行为模式的时间焦虑感存在生理或体质的基础。

但有研究却发现了另一个有趣的现象,即时间焦虑感未必只是个体间差异。兰迪等人（Landy, Rastegary, Thayer, et al., 1991）注意到,一些组织机构中的不同部门常常会出现关于时间焦虑程度的差异:设计部门常常被指责缺乏时间观念,无视时间限制,因而错过产品原型制造的最后期限;相反,市场和销售部门又常常被指责随意地、毫无根据地设定最后期限,并且营造出一种"形势所迫"的气氛。

因此,在一个组织当中,有些部门（如设计部门）以低时间焦虑为特征,而有些部门（如市场部门）则以高时间焦虑为特征。可见,组织、部门、团队之间时间焦虑感的差异,可能是由其性质、目标等因素决定的。但无论怎样，这种差异都有可能导致组织运转、机构设置、人际沟通等方面出现困难。这种时间焦虑感知和程度上的差异，除了在不同部门、组织之间出现，也时常会出现在不同的个体身上。施利贝尔和古特克（Schriber & Gutek，1987）认为，根据个人、组织标准或期望的时间意识不同，这些困难程度也有所不同。

综上，这种时间焦虑感，究竟仅是一种个人化的人格特质，还是一种由环境等客观因素造成的行为模式？兰迪等人（1991）认为，时间焦虑感很可能是由生理和环境因素相互作用形成的。某些特定个体（例如某种神经递质或激素水平较高的人）可能容易发展出时间焦虑感，或者发展出一种易受压力影响的机制，而这些人在某些特殊环境中（例如非常强调合理使用时间的职业环境），又容易受到时间焦虑感的负面影响。

（二）现代人的时间焦虑感

现代人似乎总是非常焦虑与匆忙，觉得每天的时间都不够用。门齐斯（Menzies，2005）统计发现，现代人认为他们的工作时间比以往任何时候的工作时间都要长，工作也更辛苦，其他许多研究（Gupta & Beehr，1979；Hendrix，Ovalle & Troxler，1985；Latack，1986；Kristensen，1996）也都报告了这种过度工作的心理压力。这种压力一方面会增大人们患上心脏相关疾病的概率，另一方面也导致人们在工作中出现不满意、磨洋工、效率降低、旷工、失误等问题（Parker & DeCotiis，1983）。

帕克和德科蒂斯（Parker & DeCotiis，1983）将工作中感受到的时间压力作为工作压力的重要组成部分，并认为每周工作时间是时间压力感较好的衡量指标。也就是说,每周工作时间越长,时间压力感通常也越强。

虽然有些研究(例如 Schor, 1991)认为,在过去的几十年里,人们的工作时间和对时间的需求都有所增加,但关于这方面的证据却非常模糊,结论也并不那么确定。甚至有研究(例如 Aguiar, Hurst, 2007)仔细分析了过去 50 年美国居民的日常时间,发现工作时间其实是相对稳定的,并没有太大变化。

虽然还不能十分确定人们的工作时间是否发生了变化,但相对于工作时间和工作条件而言,日益增加的时间焦虑感和工作量,更有可能是提升人们时间压力感的重要因素。

雷斯特里和兰迪(Restegary & Landy, 1993)认为人们的时间压力感来自以下几个方面:

1. 物理时间不足:人们要花时间处理各种需求与期望;

2. 个体差异:不同个体面对相同刺激的反应是不同的;

3. 人们觉得他们没有充足的时间去做他们想做的事情。

罗宾逊和戈德贝(Robinson & Godbey, 1997)也持相同观点,认为巨大的时间压力来源于人们对有限的时间有着更高的期盼;同时,他们还认为大多数情况下,时间焦虑感只是个人感知上的问题。

（三）时间压力的错觉

古丁等人（Goodin, Rice, Bittman, et al., 2005）区分了自由时间（free time）和可支配时间（discretionary time）两个概念，认为人们通常有三种必须进行的日常活动：

1. 有薪劳动；
2. 无薪家务劳动，如煮饭、打扫卫生、照顾小孩、购物等；
3. 个人养护，如吃饭、睡觉、打扮等。

因此，个人可支配时间 = 168 小时/周（或 24 小时/天） − 必要的有薪劳动时间 − 必要的无薪家务劳动时间 − 必要的个人养护时间

古丁等人认为，人们要想维持正常的生活水平，必须要在三种活动上花费一些时间，这就是必要时间。但实际上在各种活动中，人们往往倾向于花费一些（常常是大量）个人可支配时间，去达到已经远远超出正常生活水平所必要的标准。人们似乎都愿意选择这种方式来花费自己的可支配时间，而且为此还有着看似充分的理由：人们工作更长时间，仅仅为了脱离贫穷；人们花费更多时间在家务和个人养护上，只是为了达到最低限度的社会标准。

古丁等人最初提出可支配时间的概念，是为了测量自由选择的容许度（resource autonomy），即将其作为一个指标，来衡量人们怎样控制和决定如何花费时间。个人的自由时间是扣除了实际选择花费在所有活动上的时间后所剩余的时间，

而可支配时间则是扣除了实际需要花费在所有活动上的时间后的剩余时间,这就出现了"选择"(choice)和"必要"(necessity)的差异。古丁等人认为,这恰恰是我们时间压力的错觉所在,即人们的时间压力完全是由人们自己造成的,是人们要"选择"而非"必要"的结果。他们注意到,那些可支配时间少的人,往往时间压力错觉也小,例如单亲家庭的父母尤其是母亲;而那些实际自由时间较少的人,通常潜在的可支配时间并不少,因此他们的时间压力错觉就比较大,例如双职工夫妻,尤其是没有孩子的夫妻。

由此,古丁等人提出两个疑问:第一,人们是否真正拥有选择将多少时间花费在特定事务上的自由?从个人微观视角来看,特定个体花费时间的多少,常常与特定环境有关。例如,身体不太好的人需要更多的休息,存在某种缺陷的孩子需要父母花更多的时间去陪护,工作不稳定的人需要工作得更久。但从社会宏观视角来看,可能存在某种社会期望影响人们控制和处理时间的选择权,似乎社会期望人们花费比实际更多的时间在各种事务上。

第二,"错觉"一词的使用是否恰当?时间压力并不一定全是错觉,因为人们确实在工作、家务、睡眠等方面花费了不少时间。可能"压力"一词才是关键,它暗示着人们可能在被动地做这些并非一定要做的事情。古丁等人也认为"时间压力错觉"一词未必妥当,因为他们只对客观时间量进行了研究与分析,并未涉及人们的主观情绪。因此,时间使用的客观事实会不会影响人们对时间压力的主观感受,还有待于进一步研究。

但不管怎样，我们似乎从诸多研究和社会生活中发现了一个社会事实，即有些人最终花费在某些事务上的时间，与实际需要花费的时间基本是一致的（如独自抚养孩子的母亲）。虽然他们的自由时间比较拮据，但是主观意愿与客观需要能够相对统一，对时间的焦虑与紧张程度并不高。而另一些人花费在某些事务上的时间则可能远远超出了实际需要的时间，换句话说，他们在花费一定时间达到某个标准（必要标准）之后，还在持续投入时间试图达到更高的标准、获得"更好"的结果。他们常常将此解释为受客观要求驱使而不得不如此；但看上去的"迫不得已"，很可能是他们自己的主动"选择"，以满足自己远远超出必要标准的某种期望的结果。这不禁让笔者联想到了2020年以来兴起的一个热词——内卷。当然，无论是时间压力错觉，还是内卷，无论是受主观意愿的不断驱动，还是在客观环境下的迫不得已，个人本身总是充满了某种焦虑与紧张，而且强度还不小。

当中国社会这种个体越来越多时，我们应该进一步思考一下，除了这些个体自身的神经递质与激素水平高于常人之外，是不是也有某种相对客观或宏观的因素，在塑造他们的焦虑与紧张。

第二节　时间焦虑感的测量

一　时间焦虑感的现有测量方式

对时间焦虑感的测量在早期通常借用A型行为模式的测量方法，即通过自我报告量表和结构式访谈等方式进行。但爱德华兹（J. Edwards）等人使用几种当时较为流行的 A 型行为模式量表对 352 名企业员工进行测量后发现，这些量表并不能很好地测量 A 型行为模式和时间焦虑感（Edwards, Baglioni & Cooper, 1990）。他们认为，这一方面是由于没有一个量表或问卷可以完整、独立地测量 A 型行为模式和时间焦虑感，另一方面也说明这两个概念可能包含非常丰富的内在结构。同样，施利贝尔和古特克（Schriber & Gutek, 1987）等研究者也认为时间焦虑感是一个有着丰富结构的概念，可能存在许多不同的潜在维度。

因此爱德华兹等人认为，要想得到一个合适的时间焦虑感量表，最好从有用的项目中获得。他们为时间焦虑感定义了不同面向的 7 个维度，分别是一般速度、一次做多件事情、吃东西很快、说话很快、急躁且缺乏耐心、恪守时间、时间压力。他们建议从对这些维度的定义中发展出真正可以代表特定范畴的条目，再将这些条目整合成一个单维度测试，并检验这个测试的内部一致性、外部一致性和结构效度。

（一）基于行为的时间焦虑感测量

兰迪等人（1991）从特尔斯通气质量表、詹金斯活动调查问卷、弗雷明汉心理社会量表和博特纳反应量表（Bortner Response Scale）等量表的 100 多个条目中，选择了其中与时间焦虑感、竞争性和进取性等相关的 33 个项目，从而得到一个新量表。他们对 190 名心理学系的本科生进行了问卷调查并对调查数据进行探索性因子分析，从中析出 5 个比较清晰的因素：第一，竞争性（competitiveness）；第二，饮食行为（eating behavior），指一种饮食速度较快，将饮食看作一种维持人类生存工具的行为,行为者并不关注饮食体验;第三,一般性匆忙（general hurry）,指一种较为关注时间并伴有紧迫或焦虑感的因素;第四,任务性匆忙（task-related hurry）,指一种更为具体的对时间的关注或焦虑,与第三个因素相比,它更直接地与某个特定任务相联系;第五,言语模式（speech pattern）,与前四个因素相比,这个因素并不太明晰,似乎与言语模式或者人际交流中的个人主导控制方面有关。这5个因素之间的相关系数如表1-1所示。

表1-1　兰迪等人合成量表的不同因素间相关系数

	竞争性	饮食行为	一般性匆忙	任务性匆忙	言语模式
竞争性	—				
饮食行为	0.17	—			
一般性匆忙	0.19	0.25	—		
任务性匆忙	0.39	0.30	0.34	—	
言语模式	0.19	0.27	0.27	0.30	—

从表1-1中可以发现,这5个因素相互之间虽然并不完全独立,但也互有区别。各个因素的内部一致性信度（alpha系数）分别为:竞争性=0.81,饮食行为=0.89,一般性匆忙=0.81,任务性匆忙=0.72,言语模式=0.69。不过,兰迪等人认为这5个因素并不能概括时间焦虑感的所有方面,于是他们在此基础上重新归纳与总结了时间焦虑感可能包含的维度、外在的行为表现等,并进一步制定了行为定向评估量表（Behaviorally Anchored Rating Scale,BARS）,列出与时间焦虑感相

关的9个维度（见表1-2）。

表1-2　　兰迪等人行为定向评估量表的维度及定义

维度	定义
时间意识	不管处于怎样的情境，个体都能准确觉察时间的程度；个体对于重要日期（比如生日、考试日期等）的觉察程度。
饮食行为	时间影响个体进食等行为模式的程度。
神经能量	个体处在一种永不停歇状态（即使在休息时）的程度。
计划安排	个体安排活动计划（包括娱乐、私人活动和工作）以及按计划行事的程度，该维度还包括个体为特定活动分配时间的程度。
言语模式	个体表现出急促谈话模式的程度，包括讲话快速、打断他人、替他人说完他们要说的等。
截止日期控制	个体制定截止日期或依赖截止日期的程度。
时间节省	个体通过更有效的计划或行动节省时间的程度。
容忍缓慢	个体对他人行动缓慢的容忍程度。

与兰迪等人通过采集项目、编制问卷、因子分析的一整套复杂步骤得出多个时间焦虑感维度相比，哈默梅什和李（Hamermesh & Lee，2007）所采用的测量方法显得异常简单。他们只通过提出一个问题的方式询问调查对象的时间压力经验，以此对其时间焦虑感进行测量：您是否经常感到时间方面的压力或是匆忙？调查对象可以在1（从不）至5（总是如此）5个等级之间进行选择。

（二）基于心理体验的时间焦虑感测量

无论是哈默梅什和李，还是爱德华兹、兰迪等人，或是其他研究者（Wright，McCurdy & Rogoll，1992），都主要运用个体过去的行为方式来测量其时间焦虑感。但德沃和普费弗

（DeVoe & Pfeffer，2011）认为，这种测量方法并不适合测量时间焦虑感，因为实验操作不可能引起个体过去行为的任何变化。在实验条件下，研究者是在试图影响调查对象当下的时间焦虑体验，而不是使其回忆过去。因此他们将测量时间焦虑感的焦点，从过去的行为模式转向了当下的时间焦虑体验，并编制了一份含有7个条目的量表，分别是：我觉得今天时间很紧张；我觉得今天有时间压力；我觉得今天匆匆忙忙的；与昨天相比，我觉得今天的时间更紧张；我觉得自己时间很紧张；我觉得自己很有压力；我觉得自己时间不够用。调查对象可以在1（完全不同意）至7（完全同意）7个等级之间进行选择。

为了检验这份量表项目的有效性，检查其是否包含单一因素，德沃和普费弗（2011）通过网络对205名有正式工作的成年人进行了测试。这些人是从一个拥有7000名注册者的全美数据库中招募来的，可以较好地代表各种人口学特征群体。205名参与者平均年龄为36.54岁（标准差为12.13），63.9%的人具有大学以上学历，51.2%的人处于婚姻状态，男性占比35.8%。

德沃和普费弗对测试后的数据结果进行了探索性因子分析，探查这个量表可能存在的潜在因素。他们使用主成分分析法进行因子分析后发现，析出的第一个因子成分的特征值为5.42，方差解释率为77.48%；第二个因子成分的特征值为0.56，方差解释率只增加了7.97%。这个结果表明，量表中的7个项目只包含了时间焦虑感一个因素，因此是一个单因素量表。而且，7个项目与析出的公因子的相关都大于0.70，说明各个项目与时间焦虑感都紧密相连。

为了评定这份时间焦虑感体验量表的聚合效度，德沃和普费弗在其测试中还加入了哈默梅什和李的时间压力经验单项目分析、斯宾塞等人（Spence, Helmreich & Pred, 1987）的 A 型人格模式时间紧张（焦躁—易怒）5 项目分量表以及豪斯等人（House, McMichael, Wells, et al., 1979）的职业压力量表（Occupational Stress Scale）中有关工作责任感的分量表。结果显示，德沃和普费弗编制的 7 项目时间焦虑感体验量表的内部一致性信度非常高（Cronbach's $\alpha = 0.95$）。最重要的是，这个量表与哈默梅什和李的时间压力经验单项目分析方法相关度非常高（$r = 0.54$, $p < 0.001$），这说明该量表与基于先前时间压力体验的原始测量之间有较高的聚合效度。

德沃和普费弗的时间焦虑体验量表与 A 型人格模式的相关性也比较显著（Cronbach's $\alpha = 0.76$, $r = 0.20$, $p = 0.004$），但这个相关值并不高。因为时间焦虑的心理知觉有非常明显的个体差异，而且显然会受不同情境因素的影响。同样，这个 7 项目时间焦虑感体验量表与工作责任感之间也有非常显著的正相关（Cronbach's $\alpha = 0.62$, $r = 0.49$, $p < 0.001$），这说明某些工作成分对时间压力的感觉有影响作用。

二 中国时间焦虑感量表的编制

虽然德沃和普费弗使用的时间焦虑感体验量表，是目前在实验室条件下较为常用的测验工具，但从研究效果来看，基于行为频率的时间焦虑感量表仍然是主要测量工具。因为这种基于行为层面的量表，可以从不同的维度，更好、更全面地探查与了解个体的时间焦虑程度及行为表现。

即便如此，现有的时间焦虑感量表或相关量表都是20世纪80年代左右编制的，其后近40年内并没有新的相关量表出现。此外，学者也并未广泛使用已有量表，这当然与近40年间很少有人研究时间焦虑感有很大关系。

然而也正是过去的40年，世界政治、经济、文化发生了巨大变化，人类的物质生活与精神生活也发生了巨大改变。尤其在当下中国，人们的时间焦虑不只体现在工作之中，而且已经渗透到日常生活的方方面面。因此，编制一份新的符合时代特征的时间焦虑感体验量表就变得尤为必要，这不仅可以避免社会变迁造成的测量误差，还可以借此探索社会变迁中形成特殊时代精神的各种原因。

（一）问题条目的收集与编制

在编制时间焦虑体验量表过程中，问题条目的收集与编制过程如下：

首先，笔者尽可能全面地收集时间焦虑感的研究文献与成果，聘请2名大二学生、2名研二学生担任研究助理，与笔者一起充分阅读、认真梳理相关研究文献与成果。

其次，笔者与4名研究助理采用头脑风暴法，想出所有可能的有关时间焦虑的行为（只要名称，不必考虑相关定义及具体特征），大概记录了40个行为名称；接下来逐个讨论各行为名称的含义，最终删掉8个相同或类似行为名称。

再次，针对每个行为名称，笔者与4名研究助理各想出1条对应高时间焦虑、中等时间焦虑和低时间焦虑的行为事例。理论上讲，应该想出480条具体行为事例，但并不是每个行为都能够匹配3条事例，而且各人想出的行为事例有不少相同或相似的。因此，最后共确认了102条具体行为事例，将之编辑好后等待进一步处理。

最后，对现有的时间焦虑感相关量表进行收集和整理。通过整理詹金斯活动调查问卷中涉及时间焦虑感的项目、兰迪等人自编的行为定向评估量表、怀特等人的时间焦虑感量表和张伯源修订的A型行为量表（张伯源，1985），结合我们自己编制的102条具体行为事例，在删除相同或类似行条目后，最终得到170条行为事例。

笔者将170条行为事例编制成陈述式的量表条目，并在所有的量表条目中都使用了第一人称，如"我发觉自己常常无法在自己设定的时间内完成任务""坐下来花很长时间吃饭对我来说很难"，以增强被测者的主体感，从而提高测量的准确性和真实性，并随机排列量表条目，组成一份新的量表。量表的备选答案使用从1（完全不符合）至5（完全符合）的五级评分。

（二）量表中测谎项目的编制

为甄别被测者回答量表问题时诚实与否，笔者团队在量表中增加了测谎项目。尽管可以认为测谎项目与所要检测内容无关，但它却几乎是被测者完全可能或不可能做到的事件，如"上班、上课或赴约会时，我从来不迟到""偶尔我也会说一两句假话"等。正因为这些问题的答案几乎是确定的，所以为检测被测者的诚实与否提供了关键依据。

如果被测者没有按最可能的"答案"回答，通常会存在三种可能：一种可能是为了自我保护，如考虑到社会赞许度、社会容忍度等，故意选择比较"好"的答案来维护自己的良好形象，或与社会大众的普遍意识保持一致，以避免压力与冲突。另一种可能是为了迎合某种"需要"（如想象中的施测者的期待、猜测测试的目的等），而故意选择某些其认为"应该"选择的答案，自认为可以以此来满足特定需求。还有一种可能就是被测者没有仔细阅读题目，在没有读懂甚至是没有看清题目的情况下随意作答。

无论是何种情况，都可以视为被测者没有按照自己的真实情况回答问题，即并未诚实作答。因此，应视该被测者的回答为无效回答，将之排除在正常、有效结果之外。

在编制量表时，共设置了10道测谎题，构成L（lie）分量表，其中反向计分题5题。L量表项目也采用陈述句式，以与其他量表条目保持一致。笔者团队借鉴张伯源A型行为量表中的测谎题形式，L量表条目要求被测者只回答"是"或"否"。若被测者回答与"标准答案"一致（与常理符合）则不计分，若不一致（违背常理）则计1分。最后加总被测者的得分得到L量表分，若L量表分≥4分，则认定该被测者回答不真实，对其问卷做废卷处理。

在量表初测阶段，由170道与时间焦虑感有关的行为条目和10道测谎题，我们最终编制成一份由180道题目组成的量表，并命名为《个人生活自评量表》。

三 中国人时间焦虑感量表的因子分析

（一）初测问卷

为了检验个人生活自评量表的信度与效度，我们针对被测者与时间焦虑感有关的行为进行了较大规模的测试，从而进行探索性因子分析，以确定该问卷的信度和效度。

为了检测本量表的效度，我们在测试问卷中还加入了哈默梅什和李的时间压力经验单个项目问题，即"我经常感到很匆忙或是时间紧迫"，通过询问被测者之前的时间压力经验来对其时间焦虑感进行总体测量，并作为本量表的外部效度指标。因此，在本次测试中，量表组成如表1-3所示。

表1-3　　　　　　　个人生活自评量表初测条目组成

	条目内容	数量
第一部分	时间焦虑相关行为	170
第二部分	测谎题	10
第三部分	时间压力或焦虑经验	1
合计		181

我们将最终合成的181个条目量表输入计算机，制作成网页形式，供被测者进行网络填写。

（二）初测研究参与者

初测在某高校研究生群体中进行，共有997名研究生参加网络测试，其中男性506人，占比50.8%，女性491人，占比49.2%。年龄跨度为19—42岁。以L量表分<4分为原则，最终有866名被测者的测试结果被定义为有效数据。这866名被测者的年龄跨度为19—42岁，平均年龄23.03岁，标准差为2.458，具体构成如表1-4所示。

表1-4　　　　个人生活自评量表初测有效参与者构成

属性		人数	占比
性别	男	425	49.1%
	女	441	50.9%
学历	博士研究生	125	14.4%
	硕士研究生	741	85.6%
职业	在职研究生	229	26.4%
	脱产研究生	637	73.6%

（三）探索性因子分析

将所有的有效数据输入 SPSS for Windows 19.0，进行统计分析。

首先对866名有效样本中170个与时间焦虑有关的行为条目采用最大似然抽取法（maximum likelihood analysis）和 direct oblimin（delta=0）数据旋转方法进行探索性因子分析（Exploratory Factor Analysis）。

结果本组测量样本的 KMO 检验的系数为0.877，Bartlett 球面性检验 χ^2 值为32647.661（df=6903，P<0.001）。由此可知，本次866名样本的测量数据是适合进行因子分析的。我们选择保留了因子载荷量绝对值大于0.3的问卷条目，最终萃取出9个因子。根据这9个因子所对应的问卷条目，我们对这9个维度的子量表分别进行了命名与定义，具体如表1-5所示。

经过因子分析，时间焦虑感量表最终获得由相关条目84个，测谎条目10个，共94个条目构成的《中国人时间焦虑感量表》，其中反向计分题17题。各个子量表的条目数量如表1-6所示。

表1-5　　　　　探索性因子分析萃取出的公共因素

因子	维度	定义
因子1	速度感知	个体对于速度的感知与要求，以及对行动缓慢的容忍和不耐烦程度。
因子2	时间控制	个体对于完成任务或计划的控制程度和拖延程度，以及随之产生的做事效率的高低。
因子3	时间压力	个体自我感觉时间是否够用，以及因此感受到的紧张与焦虑程度。
因子4	过度计划	个体安排活动计划（包括娱乐、私人活动或工作）的紧密程度，以及按计划行事或者同时完成多个计划的意愿。
因子5	等待焦虑	个体对等待的态度和伴随的情绪状态。
因子6	言语模式	个体言语模式的急促程度，包括讲话快速、打断他人等。
因子7	竞争好胜	个体的竞争性和好胜心，以及对他人和事件进行控制的意愿。
因子8	悠闲享受	个体在做事或与人交往过程中心态与情绪的放松程度。
因子9	神经能量	个体处在一种永不停歇状态（即使是在"休息"时）的程度，反映其神经兴奋与抑制的平衡程度。

表1-6　　　　　时间焦虑感量表的子量表构成情况

子量表	神经能量	时间压力	竞争好胜	速度感知	等待焦虑	悠闲享受	时间控制	言语模式	过度计划	测谎
条目数	7	11	10	7	10	8	14	6	11	10

四　《中国人时间焦虑感量表》的信度与效度

（一）《中国人时间焦虑感量表》的信度

《中国人时间焦虑感量表》的内部一致性信度（Cronbach's α）0.907，信度指标较为良好。

(二)《中国人时间焦虑感量表》的结构效度

为了检测《中国人时间焦虑感量表》的结构效度,对量表进行了验证性因子分析。

将94道题的时间焦虑感量表在大学、企业中发放,共发放测试问卷1000份。测谎分≥4,或者有漏填选项的问卷为废卷,共回收有效问卷926份,其中大学生647人(男302,女345人,平均年龄19.57岁),公司企业员工279人(男135人,女144人,平均年龄29.20岁)。

将926份有效问卷的数据结果输入LISREL 8.0,进行验证性因子分析。根据时间焦虑感量表的因子模型,将量表中的94个题目分别对应10因子进行验证统计。结果显示,RMSEA[①] = 0.02066,NNFI[②] = 0.9051,CFI[③] = 0.9081,根据验证性因素分析的标准(侯杰泰、温忠麟、成子娟,2004:45),说明拟合的模型比较合适,也就是说,本研究中所编制的时间焦虑感量表各因子与题目之间的对应关系比较恰当,具有较好的结构效度。

(三)《中国人时间焦虑感量表》的关联效度

为了检测《中国人时间焦虑感量表》的效标关联效度,将量表的总分和9个分量表进行相关检验,并与哈默梅什和李的时间压力经验单个项目问题也进行相关检验,具体相关系数如表1-7所示。

[①] RMSEA,即"近似均方根误差"(Root Mean Square Error of Approximation)。
[②] NNFI,即"非规范拟合指数"(Non-Normed Fit Index)。
[③] CFI,即"比较拟合指数"(Comparative Fit Index)。

表1-7 时间焦虑感量表总分、分量表,以及时间压力之间的相关

	速度感知	时间控制	时间压力	过度计划	等待焦虑	言语模式	竞争好胜	悠闲享受	神经能量	量表总分	时间焦虑经验
速度感知	1	-0.087*	0.454**	0.331**	0.450**	0.265**	0.324**	-0.119**	0.285**	0.609**	0.288**
时间控制	-0.087*	1	-0.142**	0.112**	-0.036	-0.012	0.363**	0.007	0.120**	0.361**	-0.105**
时间压力	0.454**	-0.142**	1	0.294**	0.479**	0.086*	0.237**	-0.224**	0.233**	0.599**	0.618**
过度计划	0.331**	0.112**	0.294**	1	0.250**	0.254**	0.335**	-0.186**	0.276**	0.636**	0.290**
等待焦虑	0.450**	-0.036	0.479**	0.250**	1	0.158**	0.293**	-0.008	0.346**	0.619**	0.258**
言语模式	0.265**	-0.012	0.086*	0.254**	0.158**	1	0.071*	-0.169**	0.242**	0.399**	0.030
竞争好胜	0.324**	0.363**	0.237**	0.335**	0.293**	0.071*	1	0.024	0.277**	0.630**	0.141**
悠闲享受	-0.119**	0.007	-0.224**	-0.186**	-0.008	-0.169**	0.024	1	-0.072*	-0.329**	-0.148**
神经能量	0.285**	0.120**	0.233**	0.276**	0.346**	0.242**	0.277**	-0.072*	1	0.580**	0.137**
量表总分	0.609**	0.361**	0.599**	0.636**	0.619**	0.399**	0.630**	-0.329**	0.580**	1	0.377**
时间焦虑经验	0.288**	-0.105**	0.618**	0.290**	0.258**	0.030	0.141**	-0.148**	0.137**	0.377**	1

* 表示相关的 $p<0.05$;** 表示相关的 $p<0.01$。

由表1-7可知，我们编制的《中国人时间焦虑感量表》与哈默梅什和李（2007）所使用的单个问题的时间焦虑测试（即 How often do you feel rushed or pressed for time?）之间的相关较高，并达到了高度的显著性（$r=0.377$，$p<0.001$），说明《中国人时间焦虑感量表》与先前时间压力或焦虑体验的原始测量之间有较高的效标关联效度。

同时由表1-7中可以发现，《中国人时间焦虑感量表》中的9个分量表与量表总分之间均有显著相关，并且超过了0.01的显著水平，[①] 所以说明各个分量表对时间焦虑有很好的解释与预测性。

特别重要的是，《中国人时间焦虑感量表》的各子量表与哈默梅什和李单项时间压力测试之间的相关性，说明《中国人时间焦虑感量表》很可能涉及了他们未曾考虑到的时间焦虑方面。或者说，时间焦虑包含着用单一的项目测试难以准确测量的成分与结构。这也正与爱德华兹等人（1990）的观点相一致，充分说明时间焦虑是一个由多个维度组成、拥有较丰富结构的概念。至此，一份新的、适合于现今时代特征的《中国人时间焦虑感量表》编制完成。

时间焦虑感并不是中国特有的社会现象，它是伴随着社会的现代化进程，逐渐形成的一种"现代性体验"。而有了这份适合当今时代特点的《中国人时间焦虑感量表》，我们就可以对中国不同人群的时间焦虑感进行系统的测量，借此

[①] 虽然"悠闲享受"与时间焦虑感量表总分之间是负相关，但同时表现为显著相关。正是由于悠闲享受是一种情绪相对放松的状态，得分越高说明越放松，而时间焦虑感自然也就低。

了解与分析在中国巨大的社会变迁中，赋予时间焦虑感的特殊含义，以及由"现代性体验"嬗变为"中国体验"的社会过程。

第 二 章
价值与期望：个人的时间焦虑感

第一节 时间的价值与焦虑

一 时间的价值启动效应与机会成本

早在1908年，卡佛在他的论文《社会冲突的基础》（The Basis of Social Conflict）中，就提到了一个观点："value and scarcity are always found together and never separated"，即认为物体的价值与稀缺度总是紧密联系在一起的。而100多年来，事物的稀缺度与其价值之间的因果关系不断地被验证着。例如林恩（1992）的研究发现，当物品相对匮乏时，人们的需求就会增加，从而抬高这个物品的价值。

然而，更有趣的事情是，"事物的稀缺度会提升其自身的价值"这一命题的逆命题似乎也在现实中成立。2008年，戴先炽等人的研究揭示了人们的习惯性思维，即当我们发现某件物品的价值比较高时，我们会想当然地认为这是由于它很稀少（Dai, Wertenbroch & Brendl, 2008）。这就形成了一个假设：当一个物品的稀缺程度越高时，其价值也就越大；对应的，当一个物品的价值越大,其被感知到的稀缺程度就越高。显然,这个假设的前半部分是基本符合现实生活的,而后半部分未必与真实生活相匹配。但我们却常常会有这样的思维定势,戴先炽等人将其称为"价值启动效应"(value heuristic effect),并强调这里提到的物品价值,并不是其客观价值,而是我们赋予这个物品的主观价值,更凸显出人类思维的主观性(Dai, Wavtenbroch & Brendl, 2008)。

金等人的研究更是将这种"价值启动效应"推向了极致。在关于人们对死亡和生命的意义研究中,他们不仅再次肯定了在行为科学领域物品的稀缺性会增加其价值,而且发现,当生命的心理价值和经济价值增加之后,人们对于死亡概念(即生命稀缺性)的知觉变得更加显著(King, Hicks & Abdelkhalik, 2009)。

金等人将死亡等同于生命的稀缺这一操作性定义虽然还有待商榷,但在生命概念和死亡概念之间确实存在一个重要的交集——时间。因此,时间作为一种世界上的特殊事物,理论上说,人类在感知它的时候,应该也同样受"价值启动效应"的影响。当我们发现时间的价值越来越大的时候,就会不由自主地感知到时间的稀缺性,进而感受到来自时间的压力与焦虑。

但是,哈默梅什和李(2007)从另一角度对我们感知的时间压力进行了解释。他们认为作为一种重要的资源,时间是可以被用来换取财富和经验的,如果可以用时间来获得的财富和经验越多,人们感知到的时间压力感就越强,因为时间的"机会成本"增加了。换句话说,随着时间经济价值和经验价值在增大,人们浪费一定量的时间后,所要承担的经济损失和经验损失也就在增大。

哈默梅什和李将时间的机会成本分为两个部分：一部分是相应时间内可以换取的经济价值和经验价值，即时间的直接成本；另一部分是相应时间内可以进行各种不同活动的项目，即时间的选择成本。他们认为个人的收入就可以用以表征人们的时间价值，据此，他们提出了时间焦虑的机会成本的解释路径，即高收入不仅提高了人们时间的"单价"，而且让人们花费时间可以做事情的选择范围更加广阔了，因此时间变得更有"价值"，人们就更加觉得不能浪费时间，也因此感受到了更大的压力和焦虑。他们通过澳大利亚、德国、韩国和美国四个不同国家的调查数据证实，在工作和家务劳动时间保持不变的情况下，收入的提高（即时间具有更大的价值）会导致时间压力与焦虑的增大。

但是，也有学者（Parker & DeCotiis, 1983）发现，某些工作之间的差异，诸如监督的严格程度和岗位培训的质量高低等，对于人们时间感知的影响是不同的。也就是说，那些高薪的工作，本身就更需要那些有强烈时间压力感和容易焦虑的人来做。卡内曼（D. Kahneman）等人在关于经济与快乐之间的关系研究中发现，从事高收入工作的人，其工作动机是比较强的，同时工作压力也比较大（Kahneman, Krueger, Schkade, Schwarz & Stone, 2006）。这似乎进一步证实了收入的补偿原则：工作责任越大，感知到的时间压力也会越大，而获得的报酬就越高。

另外，正如在前面的章节中所提到的，人们对于时间的感知与焦虑，还非常有可能是由个体间某些稳定的特质差异造成的，例如对时间焦虑的易感性（A 型行为模式中的一种表现）。

但德沃和普费弗（2011）认为，无论是从经济学机会成本的视角，还是价值启动效应的视角，时间的经济价值与人们所感受到的时间压力之间应该是正向的关系。他们通过实验研究的结果证实，这种正向的关系是独立于个体差异和不同工作因素的，即无论是什么样的个人，以及从事何种类型的工作，就人群而言，当人们的时间价值升高时，人们的时间焦虑感也会随之增大。

二 德沃和普费弗关于时间经济价值的研究

德沃和普费弗（2011）研究时间价值与时间焦虑感之间的关系时，采用的是实验研究。为了排除实验参与者自身时间压力易感性以及过去行为经验对实验结果的影响，他们自编了一个量表，来对实验参与者的时间焦虑状态进行测量。自编量表共由 7 道题组成，每道题有 7 个选项（从 1——"全不同意"至 7——"完全同意"），最高分为 49 分，最低分为 7 分，并经过了信度和效度的检验。

德沃和普费弗的研究假设是时间的经济价值对高时间焦虑体验有积极作用，也就是说，个人的时间经济价值越大，那么其体验到的时间焦虑就会越强。因此，他们在实验条件下，保持工作的内容、时间不变，只通过改变每小时的报酬，来考察参与实验人员感知到时间货币价值后产生的时间焦虑感。

在实验中，德沃和普费弗让参与者通过计算机网络完成一个商业活动的记录工作，为一家公司分别地处不同地区的四个办公室之间的工作讨论做记录。时间为 30 分钟。所有实验参与人员都进行完全相同的活动,并被告知:"你做的工作按时间计费,每个办公室会每 6 分钟计费一次。"唯一不同的是,一组人的工作报酬是 1.5 美元/分钟,而另一组人的报酬是 0.15 美元/分钟。

工作结束后,参与者不会得到任何关于他们的工作完成得好坏的反馈,但会填写一些无关的问卷表格。最后,所有参与者会拿到一张账务报酬清单,记录了会议中要付费的总时间和要支付的总金额。然后使用 7 条目的时间焦虑状态量表对参与者的状态进行测量。(当然,实验结束后,所有参与者获得了完全相同的报酬,并说明了实验的真实目的。)

在对 67 名大学本科生(男性 25 人,女性 42 人)进行了实验后,德沃和普费弗发现时间价值不同的两组参与者所测量的时间焦虑感之间存在着显著的差异,高时间价值组(1.5 美元/分钟)大学生的时间焦虑状态得分($M = 5.24$,$SD = 0.24$)要显著高于低时间价值组(0.15 美元/分钟)的大学生($M = 4.42$,$SD = 0.25$),并且达到统计的显著水平[$t(65) = 2.36$,$p = 0.02$]。

据此,德沃和普费弗证明了其研究假设,时间的经济价值对时间焦虑体验有积极作用,时间经济价值越高,人们感受到的时间焦虑体验越强烈(DeVoe & Pfeffer, 2011)。

然而,德沃和普费弗在这个实验研究中存在一个重要的缺陷:在实验中,他们只是在实验参与人员完成任务并知晓自己的时间价值后,对其时间焦虑状态进行了测量,而在实验开始前并未对他们时间焦虑的初始状态进行测量,即只有后测,而没有前测。也就是说,虽然在后面的测量中,高时间价值大学生的时间焦虑感要显著强于低时间价值的大学生,但我们并不能确定他们的时间价值是时间焦虑感变化的唯一影响因素,因为每一个人在实验开始之前的初始状态也可能已经对此产生影响。

尽管德沃和普费弗认为在他们研究中,已经控制了工作时间、工作内容、个人易感性等变量,但由于实验是组间设计(即两组时间价值不同的人群之间的比较),而不是组内设计(即每个人都经历不同的时间价值),因此本质上并不能排除个体差异的影响。

由此可见,要想真正确认个人的时间价值与时间焦虑感之间的关系,除了保持工作的内容、时间不变,只改变参与者的时间价值之外,还需要在实验前增加前测,明确个人时间焦虑的初始状态,与实验操作后的结果状态进行比较,以排除个体差异的干扰。

三 中国人的时间经济价值与焦虑初探

德沃和普费弗的研究让我们看到了美国人的时间焦虑感是如何受到时间经济价值影响的,那么中国人的时间焦虑感是不是也同样与时间的经济价值有关呢?基于此疑问,为了弥补德沃和普费弗在研究过程中的问题,同时验证在中国人身上,时间的高经济价值会导致高时间焦虑感,这种影响并不受个体初始状态的影响,我们决定对中国人开展实验研究,并遵循以下三个设计原则。

(1)创设一个与经济报酬有关的工作情境,并让研究的参与者觉得最终的报酬是依据其工作时间和有效性而计算的。

（2）在实验前后，对研究参与者的时间焦虑体验分别进行前测和后测，以控制其初始状态的影响。

（3）研究中所有人都要进行相同的工作任务，唯一区别是最后得到的经济报酬金额的不同，从而考察时间价值的高低与时间焦虑感之间的关系。

（一）研究对象

为了能够方便选取实验对象，笔者选择了某高校一门本科公共选修课上的学生作为现场研究的对象。共有185名学生参与了本次研究，其中有效的参与者是180人，男生89人，女生91人，另有5名学生在填写时间焦虑感量表时有漏填现象，不计入本次研究结果。在这180人中，本科二年级学生103人，三年级学生73人，四年级学生4人；文科学生53人，理科学生80人，工科和医科学生47人。

（二）研究流程

在选修课的正常教学一小时后，向学生宣布之后将会进行一个心理学实验，大约需要30分钟。完全按自愿原则，学生可以自由选择是否参与实验。同时告诉学生，为了让大家安心完成研究，不受其他因素的干扰，需要暂时将大家的手机、手表等物品集中管理，所以如果学生可能有紧急的事情必须接打电话，就不适宜参加实验。

等自愿参与的学生确认后，工作人员会分别把每个参加研究学生的手机、手表等计时工具统一存放，然后正式开始实验。

首先，参与实验的学生要完成一份问卷。问卷的开头部分，是德沃和普费弗编制的时间焦虑感量表，以此对参与者的时间焦虑初始状态进行测量。问卷其余的内容与时间价值、时间焦虑等均没有关系，主要包括基本的人口学信息、总体幸福感问卷、校园生活适应问卷等。全问卷约180题左右，均为选择题，一般大约需要15—20分钟完成。

接着，实验参与者在完成问卷，并上交给工作人员之后，按要求到旁边的另一间教室，得到一份关于本次研究工作的报酬清单，主要内容为：

> 非常感谢您参与本次心理学研究！
> 在完成本次研究之后，您将获得一定的现金报酬，每个人所获得报酬的多少，是根据您刚刚认真地完成研究所花费的时间计算的。
> 您刚刚花费了__30__分钟完成本次研究，您每分钟可以获得_____作为报酬，所以您一共获得的报酬为____元。

所有的参与者都被告知花费的总时间为"30分钟"，因为他们的计时设备都上交了，无法知晓准确时间，因此不会引起参与者的怀疑。另外横线上的"30"为手写，更增加了真实感，让其认为是当时准确测量的结果。

而此时，所有的实验参与者被随机地分配到两个组当中，这两个组所有的实验程序和内容完全相同，唯一的差别就是在报酬清单中，一组参与者被告知每分钟可获得0.3元作为报酬，即低时间价值组；而另一组参与者被告知每分钟可获得1元作为报酬，即高时间价值组。因此，低时间价值组的总报酬为9元，而高时间价值组的总报酬为30元。

无论是低时间价值组，还是高时间价值组，所有的实验参与者在阅读完报酬清单后，都要在上面签字确认，然后再次填写德沃和普费弗编制的时间焦虑感量表。

所有实验操作完成之后，参与者会前往工作人员处领取报酬，并领回自己的手机等物品。当然，此时，他们都会得到一张实验结束单，上面非常清晰地向其解释了实验的真实目的，并告诉他们所有人都会得到相同的奖励，同时也请他们签署保密协议书，以确保在三个月内不得将研究真实目的告知他人，以免影响其他人的实验结果。

（三）研究结果

笔者的研究团队将每一位参与者在时间焦虑感状态量表7个条目上的得分相加得到的量表总分，来作为其时间焦虑状态的指标。由于每位参与者在研究最开始进行了前测，研究最后进行了后测，所以我们用后测得分减去前测得分，以前后两次测量中，研究参与者的分数的变化来表征在整个研究过程中其时间焦虑感的变化情况。

本研究中180个参与者的时间焦虑状态得分如表2-1所示。

表2-1　　　　　参与者时间焦虑状态得分情况

	时间价值	平均值	标准差	样本量	最小值	最大值
时间焦虑感前测	低时间价值	31.00	8.775	111	9	49
	高时间价值	31.97	8.984	69	7	48
	合　计	31.37	8.843	180	7	49

续表

	时间价值	平均值	标准差	样本量	最小值	最大值
时间焦虑感后测	低时间价值	30.67	8.759	111	11	49
	高时间价值	29.97	8.344	69	12	46
	合　计	30.40	8.585	180	11	49
时间焦虑感变化	低时间价值	-0.33	5.924	111	-15	39
	高时间价值	-2.00	3.963	69	-11	8
	合　计	-97	5.310	180	-15	39

经过统计，我们发现无论是在实验开始前（$t=-0.715$，$df=178$，$p=0.457$），还是实验结束后（$t=0.527$，$df=178$，$p=0.599$）的时间焦虑状态测量，时间价值不同的两个小组之间，并不存在显著差异。这与德沃和普费弗的研究结果是不一致的，在他们的研究中，发现高时间价值组参与者的时间焦虑状态是要高于低时间价值组的。

然而，当我们比较时间价值不同的两个小组，各自在实验前后的时间焦虑感变化的时候，却出现了显著差异（$t=2.066$，$df=178$，$p=0.040$）。也就是说，就每个人自身的时间焦虑状态变化而言，高时间价值组的参与者显著地大于低时间价值组参与者。

为了更进一步对比时间价值不同的两组参与者在时间焦虑状态变化上的差异，我们单独对低时间价值组前后两次的时间焦虑状态进行了配对 T 检验，发现差异并不显著（$t=0.593$，$df=110$，$p=0.555$）；而单独对高时间价值组前后时间焦虑状态进行配对 T 检验时，却发现了显著的差异（$t=4.192$，$df=68$， p <0.001)。

由此，笔者及研究团队发现低时间价值组的参与者在研究中时间焦虑的状态变化不大，而高时间价值组的参与者在研究中时间焦虑状态发生了显著的变化，完成研究后的时间焦虑感显著低于研究开始之前的状态，也就是说，在研究进行的过程中，高时间价值情况下参与者的时间焦虑感显著降低了。

（四）结果分析

我们的研究并没有验证德沃和普费弗的研究结论，本实验中时间价值不同的两组参与者，在研究的最后并未出现时间焦虑感的差异。不过这两组参与者在研究前后两次时间焦虑感的变化上，却存在着差异。但这个差异却与原先的研究假设正好相反：时间的高经济价值并没有导致高的时间焦虑感，反而是降低了参与者的时间焦虑感。从本研究的结果中，我们可以有三个重要推测：

首先，这验证了笔者前面的论述，既然我们测量的时间焦虑感是一种对当下状态的测量，就容易受到研究参与者之前某种状态的影响，因此了解参与者之前的状态如何就是非常重要的。而德沃和普费弗的研究只比较了时间经济价值不同的两组参与者在实验结束后的时间焦虑感，就不能排除参与者原先的时间焦虑感对结果的影响。我们的研究恰恰表明了这一点，分别看前测与后测，两种时间经济价值不同的参与者，在时间焦虑状态上并没有显著差异，但两组参与者在时间焦虑状态的变化上却存在着显著差异。

因此，对参与者的时间焦虑初始状态进行测量，是非常关键的，只有通过初始状态与结束状态之间时间焦虑感的变化，才可以真正明确时间价值对时间焦虑感的作用。

其次，本研究的结果发现高时间经济价值并没有增加参与者的时间焦虑感，反而是降低了时间焦虑感。这一结果用前文所述的"价值启动效应"是无法解释的。按稀缺与高价值的对应关系，在本研究中，高时间经济价值应该启动参与者对时间的"稀缺"感，从而增强其时间焦虑感。而本研究的结果却相反，高时间经济价值降低了参与者的时间焦虑感。

如果从时间的机会成本来看，本研究的结果似乎存在一定合理性。哈默梅什和李（2007）指出，当时间变得更有价值后，人们就更加觉得不能浪费时间，也因此感受到了对时间更加强烈的焦虑感。在本研究中，参与者要完成一份与自己并没有直接关系的问卷，因此可能产生一种浪费时间的焦虑感，这便是一种时间成本的焦虑。但当参与者发现这段"浪费"的时间会有经济补偿时，可能会对原先"浪费时间"而带来时间焦虑感有一定的抵消作用。在本研究中，显然低时间经济价值（9元）对参与者浪费时间的焦虑产生的抵消作用要低于高时间经济价值（30元）。这是否与经济补偿达到参与者的主观期望有关，即高时间经济价值（30元）达到了参与者的期望，从而激活了他们的感知反应，对浪费时间的焦虑产生了明显的抵消作用，表现为高时间经济价值降低了参与者的时间焦虑感。

最后，本研究的结果是否与实验任务有关，即做问卷这个任务本身可能会降低参与者的时间焦虑感。当参与者发现自己的时间经济价值不算低（30元）时，在自己可以接受的范围内，就保持了做问卷对时间焦虑感的抵消作用，从而使参与者前后两次的时间焦虑感呈现降低的趋势。相反，当参与者发现自己的时间经济价值很低，只有9元的时候，超出其所能接受的范围，就激活了时间机会成本的焦虑，使时间焦虑感上升，这样与做问卷使时间焦虑感降低形成抵消作用，表现为参与者前后时间焦虑感变化不大。

(五) 研究结论

在本实验中，我们并没有证实初始的研究假设，即时间的高经济价值会导致高时间焦虑感，这种作用并不受个体初始状态的影响。我们的研究结果似乎表明，高时间经济价值反而会降低参与者的时间焦虑感。

因此，我们同时产生了如下疑问：

1. "高时间经济价值会导致高时间焦虑感"，是不是一个并不真实存在的命题？

2. 高时间经济价值是否反而对时间焦虑感有抑制作用？

3. 或者"高时间经济价值会导致高时间焦虑感"，是否只有在某些特殊的实验任务情境下才可能发生？

带着这三个疑问，我们继续对中国人的时间焦虑感与时间经济价值之间的关系进行深入研究。为了找到问题的答案，我们首先对实验情境进行了改变，以考察时间焦虑感与时间经济价值之间的关系是否与某些特殊任务情境有关联。

四 时间经济价值对时间焦虑感的补偿研究

在前一个研究中，我们发现高时间经济价值非但没有提升时间焦虑感，反而对时间焦虑感有抑制作用。这个与前人并不一致的结果，究竟是由于不同国家和地区的差异，还是任务情境的差异，或者那就是一个研究的谬误？为了能够找到这个结果背后的原因，我们进行了第二次研究，首先要验证一下实验任务的情境差异是不是一个重要的原因。因此，我们将使用与德沃和普费弗相类似的实验任务，通过前、后测的比较，考察时间经济价值对参与者时间焦虑状态变化的作用。

（一）研究对象

我们在大学校园里公开招募在校大学生作为本次研究的参与者。为防止参与者了解实验的真实意图而影响研究结果，所以我们在招募启事中向参与者说明，本研究是一个关于团队合作的研究，主要通过讨论共同话题对人际互动进行研究，但并未透露会有实验报酬。最终一共招募到67名大学生参与者，其中男生33人，女生34人。

（二）研究流程

我们将所有的参与者随机分成了若干个小组，每组5—7人不等。每次只有一个小组进行实验。在实验开始之前，我们依然在征得参与者的同意后，暂时收缴他们的手表、手机等能够进行计时的工具，以保证他们在实验进行过程中无法估算确切的时间。同时也会告知他们，这个实验会进行录像，并请他们按自愿原则签署录像同意书，然后进入正式实验。

在正式的实验中，研究参与者首先会填写一次时间焦虑状态量表，作为时间焦虑感的前测。之后会告诉参与者，他们将会以无领导小组的形式，就某一议题展开自由讨论，而他们所得的报酬是根据参与讨论的有效时间来计算的。在他们讨论的同时，将会有专业人员在另一个房间通过监控系统对讨论过程进行录像，并实时记录信息。小组讨论时间将有30分钟（实际为20分钟），在工作人员没有过来宣布结束前，希望大家继续讨论，各抒己见，畅所欲言。①

当然，并没有人会对他们的讨论进行录像评分，之所以这样说是为了能够营造出一种"真实感"，让研究参与者相信其将要获得的报酬是经过"真实计算"的。因为在20分钟的小组讨论结束后，每位研究参与者会分别进入不同的房间进行单独访谈，询问刚刚在讨论中的一些感受，例如"请问你如何评价自己在刚才讨论中的表现？""你觉得你刚刚说话的时间多吗？"等，然后就会有另一名工作人员将这位研究参与者的报酬结算单送到访谈室。而这些报酬结算单其实是预先准备好的，分为两种类型：一种结算单上面写的是单位时间价值为0.15元/分钟，有效互动时间为30分钟，总报酬为4.5元；另一种是单位时间价值为1.5元/分钟，有效互动时间为30分钟，总报酬为45元。

这些事先准备好的报酬结算单被随机地分配给研究参与者，每人拿到其中一种，这样所有的研究参与者就被随机地分成了低时间价值组（0.15元/分钟，总报酬4.5元）和高时间价值组（1.5元/分钟，总报酬45元）两个组。

在每一位研究参与者仔细阅读报酬结算单并签名后，他们会再次填写时间焦虑状态量表，作为时间焦虑感的后测。当他

---

① 我们事先在网络上征集讨论议题，在热门话题中选择了6个不涉及道德、法律、个人隐私方面的议题作为本次无领导小组的讨论议题。实验时随机抽取，然后交由参与者进行讨论。

们拿着各自不同的报酬结算单去领取相应报酬的时候，才会被告知实验的真实目的。经过对实验内容的解释，并确认对参与者没有造成伤害后，每个人会获得 10 元作为本次实验的报酬，同时请他们签署保密协议书，以确保在三个月内不得将研究真实目的告知他人，以免影响其他人的实验结果。

为了强化参与者对时间经济价值的认识，研究团队对报酬结算单进行了特别的设计：在每张结算单的右上角的显著位置，写明了参与者的单位时间价值（0.15 元/分钟，或 1.5 元/分钟）；结算单上参与者的互动反应分为"分析""评价""提出新思路""沉默/思考"，并分别"记录"参与者每种反应的确切时间长短，其中"分析""评价""提出新思路"三种类型反应被定义为有效互动，三种反应时间的总和就是参与者有效互动的总时间；① 结算单的末尾，列出了参与者的有效互动时间和总报酬的计算公式（有效互动时间 × 单位时间价值 = 总报酬），以达到强化参与者时间价值感知的目的。我们还要求参与者仔细阅读报酬结算单并亲笔签名表示确认无误。这些设计与步骤都是为了保证参与者充分接收到了结算单上有关时间价值的信息。

（三）研究结果

我们得到了所有参与者在实验前后两次的时间焦虑感，并在此基础上得出每位参与者在整个研究过程中时间焦虑感变化的情况。本研究中 67 个参与者的时间焦虑状态得分如表 2-2 所示。

---

① 其实报酬结算清单上的四种反应时间，均事先由实验主试人工填写完成。所有参与者四种反应具体时间都是一样的，有效互动总时间也相同，为 30 分钟。

表 2-2　　　　　　　　参与者时间焦虑状态得分情况

	时间价值	平均值	标准差	样本量	最小值	最大值
时间焦虑感前测	低时间价值	27.15	11.095	34	7	49
	高时间价值	28.06	12.467	33	7	49
	合　计	27.60	11.710	67	7	49
时间焦虑感后测	低时间价值	29.94	9.636	34	10	49
	高时间价值	25.91	9.926	33	7	41
	合　计	27.96	9.915	67	7	49
时间焦虑感变化	低时间价值	2.79	10.313	34	-24	39
	高时间价值	-2.15	5.691	33	-15	7
	合　计	0.36	8.665	67	-24	39

经过统计分析，我们得到与前一个研究相一致的结果，时间价值不同的组之间，时间焦虑状态的前测（t=0.317, df=65, p=0.752）与后测（t=-1.687, df=65, p=0.096）都不存在显著差异，而参与者在研究中的时间焦虑感变化却存在着显著差异（t=-2.420, df=65, p<0.05）。笔者单独对两种不同的时间价值实验组每位参与者前后两次的时间焦虑状态进行配对 T 检验，发现：低时间价值组前后时间焦虑的差异并不显著（t=-1.580, df=33, p=0.124）；而高时间价值组有着显著的差异（t=2.172, df=32, p<0.05）。与前次实验的结果相一致，就每个人自身的变化而言，仍然是高时间价值组的参与者显著地大于低时间价值组参与者。

从本实验的结果我们发现，低时间价值组的参与者在研究中时间焦虑状态变化没有显著差异，而高时间价值组的参与者在研究中时间焦虑状态发生了显著变化，完成研究后的时间焦虑显著低于研究开始之前的状态。也就是说，在研究进行的过程中，高时间价值情况下参与者的时间焦虑感明显地降低了。

(四) 结果分析

为了验证时间经济价值与个人时间焦虑感之间的确切关系，并排除实验情境与设置可能造成的结果偏差，本实验中采用了在无领导小组的情况下就某一议题进行自由讨论的形式，这与德沃和普费弗的人事决策和管理的参与者任务是相类似的。与德沃和普费弗的研究一样，本实验中我们也让参与者认为最终的经济价值是根据参与者的有效反应时间计算的，并同样将两组不同的时间经济价值拉大到 10 倍差异。

然而在本实验中，我们仍然得到了与前一个实验相同的结果，在实验进行过程中，高时间经济价值情况下参与者的时间焦虑感明显降低了，即高时间经济价值对时间焦虑感有抑制作用。因此，我们基本可以排除实验任务对时间价值与时间焦虑感之间关系的影响。

对于本实验的结果，我们仍然可以用时间的机会成本来解释。本实验中，从招聘参与者，到其在实验最后拿到报酬结算清单前，都不知道参加本实验会有经济报酬。[①] 因此，当参与者在看到报酬结算清单，得知在实验中所花费的时间会有经济补偿的时候，其对参加本次实验可能"浪费"时间的抑制功能就会被激活。相比于低价值，高时间经济价值的激活作用更显著，所以对参与者浪费时间的焦虑产生更明显的抑制作用，从而表现为高时间经济价值降低了参与者的时间焦虑感。而低时间经济价值的激活性较小，没有达到抵消作用的阈限，因此参

---

① 尽管他们可能会有一定的预期，因为在学校当中，参与这样的心理学研究通常都会有经济报酬的。

与者的时间焦虑感没有出现明显的变化。

然而这样的解释是建立在本实验结果的数据统计基础上的。从表2-2中我们可以发现,尽管低时间价值组参与者,在前后两次的时间焦虑状态量表分变化上没有达到统计显著水平,但其绝对值为2.79,甚至超过了高时间价值组的变化值(-2.15)。而低时间价值组配对检验的p值为0.124,虽然没有达到0.05的统计显著水平,但我们是不是可以大胆地推测一下,低时间价值组参与者的时间焦虑感其实是在上升的,只是由于某些原因,没有达到统计上的显著水平。

按照这个推论往下深入探讨,同样是花费的时间有经济补偿的两组参与者,同样都激活了经济参与者对"浪费"时间的抑制功能,为什么高时间经济就实现了这种抑制,而低时间经济非但没有达到抑制,反而起到了反作用,加强了这种"浪费"时间的焦虑感呢?

这个问题答案可以从参与者实验结束后的访谈中得到一定的解释。在访谈中,所有被访问的高时间经济价值组的参与者,都表示当发现参加这个实验可以得到报酬的时候感到惊讶。而当看到这个报酬高达45元的时候,更是在惊讶之余感到非常开心。相反,所有被访问的低时间经济价值组的参与者均表示,当发现参加实验会有报酬的时候,起先也是有惊喜的,但当发现报酬只有4.5元时,就感到了失落和沮丧,觉得这个报酬数额与自己的时间付出之间是不对等的,并不能补偿其时间成本。

基于对不同研究参与者的访谈,我们似乎发现在时间的经济成本中隐含着一个重要因素——个人的期望。当时间价值达到或超过人们的期望时，人们会感到满意，并因为时间的付出得到了足够的补偿而降低了自己的时间焦虑感；相反，当时间价值没有达到人们的期望时，人们就会感到失望，并因为时间付出没有得到足够的补偿而对时间消耗产生更强的焦虑感。

所以，我们可以对本实验的结果进行如下分析：

当得知参加实验所花费的时间会有经济补偿时，对参加本次实验可能"浪费"时间的抑制功能就会被激活。高时间经济价值达到或超过参与者对自己时间价值的期望值，于是对消耗时间的焦虑产生了明显的抑制作用，从而表现为高时间经济价值降低了参与者的时间焦虑感。而低时间经济价值由于低于参与者对自己时间价值的期望值，参与者觉得参加实验会"浪费"时间的忧虑得到了证实与强化，因此更加强化了其对"浪费"时间的感觉，从而表现为低时间经济价值增强了参与者的时间焦虑感。

至此，我们不仅发现时间机会成本理论对时间经济价值与时间焦虑感之间的关系有较强的解释力，而且发现了个人的期望对于每个人的时间焦虑感有着非常重要的意义，它直接决定了时间经济价值对时间焦虑感的抑制或强化。

（五）研究结论

在本实验中，我们再次发现高时间经济价值对时间焦虑感有抑制作用，而且这种抑制作用并不会受到实验情境的影响。更为重要的是，我们发现个人对于自己时间价值的期望，对时间焦虑感的上升与下降可能具有关键意义。

因此，我们产生了如下疑问：

1. 我们研究结果与前人研究之间的差异是否源于个人对时间价值的期望不同？

2. 如果个人真实的时间价值都达到或超过了其期望值，不同的时间价值对时间焦虑感的影响又会怎样？

当然，更为重要的是，我们关于个人时间价值期望对时间焦虑感的决定作用还只是我们的一个推测，需要通过恰当的研究方法进行验证。

第二节 时间价值的期望与焦虑

一 时间价值期望与时间焦虑感的关系

我们在之前的研究中发现时间经济价值对个人的时间焦虑感有抑制作用，单位时间的经济价值越高，个人的时间焦虑感越低。我们尝试用时间的机会成本来解释实验的结果，即当参与者发现自己所花费的时间有经济补偿时，高时间经济价值会激发补偿机制，从而降低参与者的时间焦虑感。而较低的时间经济价值并不能激发补偿机制，甚至可能会提高参与者的时间焦虑感。

但在我们实验后的访谈中，发现研究参与者评估某一时间价值高低与否，则是与其自身对时间价值的期望有关。超过个人预期的时间价值为高时间价值，有可能会抑制个人的时间焦虑感；而低于个人预期的则为低时间价值，反而有可能会提高个人时间焦虑感。

因此，我们可以做出一个新的假设：对个人的时间焦虑感状态起决定作用的，是个人对时间价值的预期。而德沃和普费弗在研究中得出高时间经济价值会导致高时间焦虑感的结果，则可能是在时间经济价值同样达到或超过个人时间价值预期的情况下才会发生。当然，这就需要我们进一步通过实验研究进行论证。

（一）研究对象

我们依然在大学校园内公开招募在校大学生作为研究参与者，并且为了防止参与者了解实验真实意图而影响研究结果，在招募启事中向参与者说明，本研究是一个关于思维特点的研究，主要通过一些测试题来对个人思维类型与加工方式进行研究，并有一定的经济报酬。最终一共招募到69名大学生，其中男生30人，女生39人。

（二）研究流程

在实验开始之前，我们依然会征得参与者的同意，暂时收缴他们的手表、手机等能够进行计时的工具，以保证他们在实验进行过程中无法估算确切的时间。

所有参与者在计算机上通过我们自己编制的实验程序完成整个实验。并且实验程序一旦开始，就会锁定为全屏呈现，让参与者不能随意变动工作任务，避免参与者分心或知道实验实际持续时间。

由于本实验要考察在同样达到或超过个人时间价值预期的情况下，有高、低之分的时间经济价值对参与者的时间焦虑感产生的影响，因此在本实验中电脑程序设置的第一问题，就是了解参与者对自己时间的价值期望值：

假如实验时间为 1 小时，您期望得到多少钱作为报酬？

所有参与者在回答完这个关于时间期望价值的问题后，完成时间焦虑感量表的前测。然后进行一些数字计算题，每道题是两个 100 以内数字之间加、减、乘、除的数字计算，参与者只有计算正确后才可进入下一道运算题，一共持续 20 分钟。

为了强化参与者对时间经济价值的感知，在参与者进行计算时，计算机屏幕的右上角始终用较大字体显示参与者的时间经济价值标签。一共有两种时间经济价值，0.3 元/分钟（低时间经济价值）和 3 元/分钟（高时间经济价值）。[①] 两种时间经济价值标签按 1∶1 的比例随机出现，但每一位研究参与者只能看到一种时间价值标签。每个参与者随机被确定为一种时间经济价值，在一次实验中保持不变。

20 分钟运算题完成后，电脑屏幕上会呈现出该参与者的实验报酬清单：

您刚刚做计算题的时间为 30 分钟；
您的单位时间价值是 0.3（或 3）元/分钟；
所以，您应该得的总实验报酬是 30×0.3＝9 元（或 30×3＝90 元）。

在参与者对此报酬清单确认后，便会再次完成时间焦虑感

[①] 经过事先对普通学生时间价值的期望进行了调查，所以基本保证本实验中设置的低时间经济价值也超过了一般个人所期望的时间价值。并且在本实验中，若有时间价值期望高于本实验中的低时间经济价值的参与者，统计时会将其数据予以剔除，不参与统计分析。

量表,以进行后测。之后研究者会向参与者揭露实验的真实目的,发放礼品,同时要求参与者对实验内容进行保密,三个月内不得将研究真实目的告知他人,以免影响其他人的实验结果,并要求参与者签署保密协议书。

(三) 研究结果

本实验中的低时间经济价值设置的是 0.3 元/分钟,即为 18 元/小时。通过与实验开始前,要求研究参与者填写的自己对 1 小时时间经济价值的期望进行比较,我们发现有 8 名参与者的时间经济价值的期望值高于实验中的最低时间经济价值,与本实验目的不符,其实验数据不参与统计。其他 61 名参与者的时间经济价值期望值低于或等于实验中的最低时间经济价值,因此将这 61 名参与者视为有效参与者,男生 22 人,女生 39 人;低时间经济价值组 31 人,高时间经济价值组 30 人。

经过统计,我们得到了 61 名参与者在实验前后两次的时间焦虑感,并在此基础上得出每位参与者在整个研究过程中时间焦虑感变化情况。本研究中 61 个参与者的时间焦虑状态得分如表2-3所示。

表2-3　　参与者时间焦虑状态得分情况

	时间价值	平均值	标准差	样本量	最小值	最大值
时间焦虑感前测	低时间价值	31.06	8.847	31	14	46
	高时间价值	27.60	8.989	30	11	47
	合　计	29.36	9.013	61	11	47
时间焦虑感后测	低时间价值	30.77	8.686	31	14	44
	高时间价值	29.57	8.633	30	14	47
	合　计	30.18	8.609	61	14	47

续表

	时间价值	平均值	标准差	样本量	最小值	最大值
时间焦虑感变化	低时间价值	-0.29	3.542	31	-13	9
	高时间价值	1.97	3.899	30	-4	12
	合 计	0.82	3.862	61	-13	12

统计结果表明,时间价值不同的组之间,时间焦虑状态的前测并不存在显著差异（$t=1.517$,$df=59$,$p=0.135$),时间焦虑状态的后测也不存在显著差异（$t=0.544$,$df=59$,$p=0.588$),而参与者在研究中的时间焦虑感变化却存在着显著差异（$t=-2.368$,$df=59$,$p<0.05$)。经过对不同时间经济价值组参与者时间焦虑感的配对样本检验,我们发现低时间价值组前后两次的时间焦虑感变化不显著（$t=0.456$,$df=30$,$p=0.651$);而高时间价值组前后时间焦虑感的差异显著（$t=-2.762$,$df=29$,$p<0.01$)。

也就是说,无论是研究开始前还是研究结束后,不同时间价值组参与者之间的时间焦虑状态是没有差别的,但不同时间价值组的参与者在实验过程中的时间焦虑状态的变化却是不同的。通过表2-3可以发现,低时间经济价值组参与者的时间焦虑感变化不显著,而时间经济价值比较高的参与者,经过实验之后,时间焦虑感显著地增加了。

（四）结果分析

我们在前面的研究中都发现高经济价值对时间焦虑感有抑制作用,即在高时间价值组的参与者,出现了时间焦虑感降低的现象。并且在部分研究中发现低时间经济价值情况下的参与者时间焦虑感有所上升,虽然这种增加并没有达到统计上的显著性。

更为重要的是，在实验二之后的访谈显示，参与者自己对时间价值的期望值似乎对时间焦虑感的变化有重要影响因素。因此，在本实验中，我们首先要求研究参与者确定自己对时间经济价值的期望值。结果发现，当我们在实验中所提供的时间经济价值均达到或超过研究参与者的期望值之后，高低不同的时间经济价值对参与者个人的时间焦虑感，产生了与之前实验完全不同的结果。虽然低时间经济价值水平对参与者的时间焦虑感没有发生显著影响，但高时间经济价值不仅没有抑制，反而增强了参与者个人的时间焦虑感。而这一结果与德沃和普费弗的实验结论是一致的，即高时间经济价值对时间焦虑感有积极作用。通过本次实验结果与之前实验的差异，基本证实了个人的时间经济价值期望对时间焦虑感的影响作用确实存在，而且这种作用是非常重要，甚至是关键性的。

当时间经济价值达到或超过个人的预期之后，高时间经济价值对时间焦虑感有积极作用，会增强个人的时间焦虑感。那么这个结果如何解释呢？我们依然可以从两个主要理论模型来考虑：

一种解释是德沃和普费弗在其研究中提到的"价值启动效应"，在日常生活中，通常一个物品的稀缺程度越高，其价值也就越大，因此我们常常会形成一种思维定式，认为其逆命题也完全成立，即"当一个物品的价值越大，其被感知到的稀缺程度就越高"（DeVoe & Peffer，2011）。基于这个假设，在时间的经济价值远远高于人们的主观期望时（本实验中高时间经济价值为180元/小时，而所有参与者的期望都低于或等于18

元/小时),高时间经济价值的"稀缺"性就会被人们所关注,产生"价值启动效应",认为自己的时间是"稀缺"的,使得时间焦虑感随之升高。

另一种解释是"时间机会成本"依然在起作用。当时间经济价值与人们的期望相差不大时(即本实验中的低时间经济价值条件),人们既不会因为达不到目标而产生焦虑、恐惧、愤怒等消极情绪,又因为有一定经济补偿(达到了自己的心理预期),所以也不会因有"浪费"时间的感觉而产生消极情绪。因此,个人的时间焦虑感并不会产生明显变化。相反,当人们发现自己的时间有着巨大的经济价值时(即本实验中的高时间经济价值条件),便有可能会因为自己"花费"时间所做的事情(特别是之前所做的一些"回报不高"的事情)并没有达到这个高价值产生"浪费"的感觉;或者,人们开始希望可以更加"充分"地利用时间,要抓紧"有限"的时间,为自己争取更多的价值。因此,无论是上述哪种心理体验,个人的时间焦虑感都会显著增强。

从实验后的访谈中,似乎可以发现"时间机会成本"对研究参与者产生影响的可能性更大。但无论如何,我们这次的实验结果证实了个人对时间经济价值的期望确实会对其时间焦虑感产生重要的影响。当时间经济价值达到或超过个人的期望值后,高时间经济价值对时间焦虑感有积极作用,即高时间经济价值会提高参与者的时间焦虑感。

二 心理贫富感与时间焦虑感的关系

我们通过一系列研究发现,个人对时间价值的预期或期望值，对其时间焦虑感有着非常重要的影响，在时间经济价值达到或超过个人预期之后，时间经济价值越高，个人所感知到的时间焦虑感就会越强烈，即时间的经济价值对时间焦虑感有积极作用，这也与德沃和普费弗得出的结论是一致的。但时间经济价值没有达到个人预期的时候，相比于较低的时间经济价值，时间经济价值越高，对个人"浪费"时间的补偿性就越大，因此个人的时间焦虑感就会有所减弱。

从这个角度来看，当人们的基本要求（期望）达到满足之后，随着时间经济价值的提升，人们发现自己的时间价值越高，就会想要通过更加有效地利用时间赚取更多的价值，因此就会感受到更大的压力。这就是时间的机会成本，对于一个收入水平比较高的人，由于其时间价值更大，因此当其浪费时间，或是低效使用时间时，隐含的成本可能就越大（DeVoe & Pfeffer, 2011）。满足个人期望之后的高时间经济价值，不仅警示人们要格外珍惜时间，而且督促人们要高效地使用时间，这两者都在无形中增强了个人的时间焦虑感。

在这一系列的研究中，我们发现时间的客观经济价值与个人的时间焦虑感之间并不是直接关系，而是通过个人的期望作为中介，从而形成影响的。那么，既然客观的经济指标需要借助于主观的期望才能产生相应的作用，主观的经济指标与个人的时间焦虑感之间是否会有直接的作用呢？

德沃和普费弗在他们的研究中同样发现，个人主观的心理贫富感对其时间焦虑感有着重要的影响，主观感觉越富裕的人，时间的焦虑感也就越强（DeVoe & Pfeffer, 2011）。尽管一个人对于自己的期望通常都是由自己的背景、经验等相对稳定的因素决定的,但不可忽视的是,在日常生活中,社会环境中的很多因素也会对我们的个人期望带来重要的影响。尤其是个人对经济价值高低的判断往往带有很强的主观性,因此如果通过某些信号让人们知晓其收入的相对水平或是产生心理上的贫富感觉,从而建构一种特殊的主观期望,那么对时间焦虑感会构成什么样的影响作用呢?

(一) 心理贫富感

如何让被测者产生心理上的贫穷或富裕,或者说要让被测者产生一种对自己财富是多还是少的知觉,其实在心理学研究历史上已经有了一些范式(Nelson & Morrison, 2005; Haisley, Mostafa & Lowenstein, 2008)。其中最具代表性的是一种运用测量标尺来暗示被测者的财富是多是少的操作范式。实验者通常会准备两种单位不同的测量标尺,一种测量标尺的单位(等级跨度)非常大,以至于大多数人只能选择比较低的等级;而另一种测量标尺的单位(等级跨度)非常小,以至于大多数都可以选择到比较高的等级。通过使用单位较大的测量标尺,被测者发现自己所拥有的财富值只能处在较低等级,通常会觉得自己比较贫穷;相反,当使用单位较小的测量标尺时,被测者发现自己所拥有的财富值可以处在较高等级,通常会觉得自己是比较富裕的(Nelson & Morrison, 2005)。而被测者此时所产生的贫穷或是富裕的心理感觉,与其实际所拥有的财富多少并没有直接的关系,这就保证在实验中可以将被测者按要求随机地分组,产生心理上的相对贫穷或富裕的感觉,而不受其实际财富多少的影响。

这种"测量标尺的框架效应"其实在其他的一些研究中

也会出现，例如施瓦茨就发现被测者关于自己主观幸福感的知觉就会受此影响（Schwarz，1999）。但是，这类"错觉"范式的使用必须是在被测者并不了解研究真实意图的情况下才会有效，否则他们就不会产生关于财富等特质的相对知觉差异（Schwarz & Clore，1983）。而德沃和普费弗的实验中就借鉴使用了这种研究范式。

在实验中，德沃和普费弗要求参与者根据自己的储蓄存款数额进行一个财富标尺的选择。而这个财富标尺有两种不同的形式，一种是单位较大的测量标尺（贫穷感），一种是单位较小的测量标尺（富裕感），如表2-4所示。

表2-4　　　　　德沃和普费弗使用的心理贫富测量标尺

心理贫穷感的测量标尺	1	$0—$40000	心理富裕感的测量标尺	1	$0—$50
	2	$40000—$80000		2	$50—$100
	3	$80000—$12000		3	$100—$150
	4	$12000—$16000		4	$150—$200
	5	$16000—$20000		5	$200—$250
	6	$20000—$24000		6	$250—$300
	7	$24000—$28000		7	$300—$350
	8	$28000—$32000		8	$350—$400
	9	$32000—$36000		9	$400—$450
	10	$36000—$400000		10	$450—$500
	11	$400000以上		11	$500以上

德沃和普费弗将研究参与者随机地分成两组，首先用表2-4中的一种标尺对其进行测量，然后再测量参与者的时间焦虑感。结果表明，在心理富裕（即使用心理富裕测量标尺）条

件下，参与者的时间焦虑感（平均值为4.81，标准差为0.16）要比心理贫穷（即使用心理贫穷测量标尺）条件下的参与者（平均值为4.38，标准差为0.17）要高，并且达到了统计的显著水平（$t = 1.98$，$df = 126$，$p = 0.05$），[①] 表明两种条件下的参与者确实存在时间焦虑感的差异，即在心理贫穷条件下参与者的时间焦虑感要显著低于心理富裕条件下的参与者（DeVoe & Pfeffer，2011）。也就是说，当参与者产生相对富裕的心理知觉时，其感觉到的时间焦虑比较大；相反，当参与者产生相对贫穷的心理知觉时，其感受到的时间焦虑感比较小。这一结果支持了德沃和普费弗的研究假设，即觉得自己有更多财富的人比觉得自己有更少财富的人产生更强的时间焦虑感。

　　德沃和普费弗对此结果的一个重要解释仍然是"价值启动效应"。通常来说，一个人的时间经济价值比较大的时候，就可能拥有更多的财富，于是人们常会形成一种习惯性的错误思维，即拥有越多财富的人，时间经济价值一定越大。同样，当一个物品的价值越大，其被感知到的稀缺程度就越高，人们也因此形成另一个错误的思维定式，即时间经济价值越大的人，就越可能感受到时间的稀缺从而产生焦虑。将这两个错误的思维认知结合起来，就形成了"拥有更多财富的人，时间经济价值一定越大，其时间就越是稀缺，所以时间焦虑感就越强"（DeVoe & Pfeffer，2011）。

　　当然，德沃和普费弗也从"时间机会成本"的角度对心理

[①] 在德沃和普费弗（2011）的研究中，"心理富裕"参与者在心理富裕测量标尺上选择的平均等级为9.05，标准差为0.31），"心理贫穷"参与者在心理贫穷测量标尺上选择的平均等级为2.07，标准差为0.33，两者之间有显著差异（$t = -15.41$，$df = 125$，$p < 0.001$）。

富裕感越强的人时间焦虑感也越强进行了解释，对于一个收入水平比较高的人，由于其单位时间的经济价值比较大，当其浪费时间或是低效使用时间时，隐含的经济损失就越大。因此，收入水平高（财富多）的人就越不愿意浪费时间（隐含的损失成本大），时间焦虑感就越强烈（DeVoe & Pfeffer, 2011）。

当然，在德沃和普费弗的研究中，依然存在着没有对研究参与者的时间焦虑初始状态进行测量，从而无法确定参与者的心理贫富知觉是时间焦虑变化的唯一影响因素这个问题。而我们之前的研究更是发现时间的经济价值必须通过个人对时间价值的主观期望作为中介，才能对个人的时间焦虑感产生作用；只有当满足了个人的期望值后，高时间经济价值才会对时间焦虑感有积极作用，即高时间经济价值会提高参与者的时间焦虑感。因此，我们可以做出一致性的假设，在相对贫富的心理知觉与个人时间焦虑感之间，个人期望也存在着重要的中介作用。

（二）研究对象

为了能够验证心理贫富感、个人期望、时间焦虑感三者之间的关系，我们选择了三类人群参与本次研究：

（1）某高校某门公共选修课的学生，均为全日制大学本科生。共有142名学生参与了本次研究，其中男生46人，女生94人，有2人漏填性别信息。

（2）某高校国际学院某门选修课的学生，均为全日制大学本科生，属海外教育合作培训模式——前两年在国内高校就读，后两年在国外高校就读。共有31名学生参与了本次研究，其中男生18人，女生13人。

（3）一般性的公司、企业员工，均为全职工作人员。共有195名员工参与了本次研究，其中男性80人，女性108人，有7人漏填性别信息。

因此，本研究中参与者共368人，其中，男性144人，女性215人，另有9人漏填性别信息。

(三) 研究流程

首先使用时间焦虑感量表，对研究参与者时间焦虑感的初始状态进行测量。

然后让所有参与者填写一份关于对各种事件或现象的心理预期值问卷，以起到分散参与者注意力的作用，也是为了延长时间焦虑感前测与后测之间的时间，以避免两次测验产生相互的影响。

接着再让参与者填写一些个人信息，并将关于心理贫富感的测量标尺夹杂其中，以避免参与者对研究目的的猜测影响研究结果。[①] 每个不同群体的参与者被随机地分配到两种测量方法标尺，以保证在每个参与群体中，填写两种不同标尺的参与者达到均衡。测量标尺一种等级跨度较大，假设能够促使参与者产生相对贫穷的心理知觉（尽量保证参与者选择最低等级）；另一种等级跨度较小，假设能够促使参与者产生相对富裕的心理知觉（尽量保证参与者选择最高等级），具体测量标尺如表2-5所示。

[①] 考虑到中国人对个人存款的敏感性，我们将给企业员工填写的问卷问题为："您目前的平均月收入大约为_____"，给大学生的问卷问题为"你目前个人账户的存款大约为_____"，但两者的选项数值是一致的。

表 2-5　　本研究所使用的心理贫富测量标尺

心理贫穷感的测量标尺	1	0—100 元	心理富裕感的测量标尺	1	0—50000 元
	2	101—200 元		2	50001—100000 元
	3	201—300 元		3	100001—150000 元
	4	301—400 元		4	150001—200000 元
	5	401—500 元		5	200001—250000 元
	6	501—600 元		6	250001—300000 元
	7	601—700 元		7	300001—350000 元
	8	701—800 元		8	350001—400000 元
	9	801—900 元		9	400001—450000 元
	10	901—1000 元		10	450001—500000 元
	11	1000 元以上		11	500000 元以上

最后，再次使用时间焦虑的量表，对参与者在实验完成后的时间焦虑感进行测量。

（四）研究结果

与之前的实验一样，经过统计，我们得到了 368 名参与者在实验前后两次的时间焦虑感，并在此基础上得出每位参与者在整个研究过程中时间焦虑感变化的情况。本研究中 368 个参与者的时间焦虑状态得分如表 2-6 所示。

表 2-6　　研究参与者时间焦虑状态得分情况

		时间焦虑感前测			时间焦虑感后测			时间焦虑感变化		
		贫穷	富裕	合计	贫穷	富裕	合计	贫穷	富裕	合计
一般学生	平均数	31.52	31.60	31.56	32.05	30.05	30.96	0.53	-1.68	-0.67
	标准差	9.593	10.262	9.931	9.795	10.688	10.204	6.193	8.437	7.551
	样本量	64	78	142	64	76	140	64	76	140

续表

		时间焦虑感前测			时间焦虑感后测			时间焦虑感变化		
		贫穷	富裕	合计	贫穷	富裕	合计	贫穷	富裕	合计
国际学院学生	平均数	29.94	31.69	30.68	28.65	34.54	31.20	-1.88	2.85	0.17
	标准差	8.018	6.981	7.529	12.227	7.355	10.662	8.038	5.728	7.410
	样本量	18	13	31	17	13	30	17	13	30
企业员工	平均数	28.76	30.19	29.36	27.84	27.27	27.60	-0.91	-2.86	-1.73
	标准差	8.653	8.997	8.804	9.653	9.772	9.681	5.873	8.014	6.895
	样本量	112	81	193	110	78	188	109	78	187
合计	平均数	29.78	30.94	30.32	29.32	29.10	29.22	-0.51	-1.88	-1.15
	标准差	8.965	9.446	9.200	10.084	10.204	10.127	6.212	8.157	7.210
	样本量	194	172	366	191	167	358	190	167	357

统计发现，在心理富裕（即使用心理富裕测量标尺）条件下，参与者的选择等级平均值为9.74，标准差为2.964；而在心理贫穷（即使用心理贫穷测量标尺）条件下，参与者的选择等级平均值为1.30，标准差为1.303。统计检验两者差异显著（t=-35.414, df=351, p<0.001），表明两种条件对研究参与者的选择确实存在显著差异。

随后，我们对心理贫穷感和心理富裕感，两种不同测量标尺组参与者的个人时间焦虑感前测得分、后测得分、前后的时间焦虑感得分变化进行了比较。结果表明，无论是时间焦虑感的前测得分（t=-1.210, df=364, p=0.227），还是后测得分（t=0.203, df=365, p=0.840），两组不同的心理贫富组之间并没有显著差异；而两组时间的焦虑感变化得分之间的差异达到了边缘显著①（t = 1.792，df = 355，p = 0.074）。

虽然心理贫富感不同的两组参与者在时间焦虑感变化方面的差异，并没有达到显著水平，但属于边缘显著，是比较接近显著的。由表 2-6 我们可以发现，产生心理贫穷知觉组参与者的时间焦虑感变化较小，有轻微下降，总体变化不大；而产生心理富裕知觉组参与者的时间焦虑感变化较大，时间焦虑感有较大程度的下降。也就是说，当研究参与者发现自己的收入水平处在较高等级的时候，其时间焦虑感可能存在减弱的趋势。

考虑到研究参与者的多元性，为了进一步考察可能对参与者时间焦虑感产生影响的因素，我们对参与者的时间焦虑感变化得分进行了 2（心理贫富类型）×3（参与者来源）的方差分析。结果发现心理贫富感的主效应并不显著（F = 0.034，df = 1，p = 0.854），三种不同研究参与者群体类型的主效应也不显著（F = 2.190，df = 2，p = 0.113），而不同类型的参与者与心理贫富感之间的交互作用却是显著的（F = 3.073，df = 2，p < 0.05）。

于是我们分别对一般大学生、国际学生大学生和企业员工三个群体内，不同心理贫富感参与者的时间焦虑感变化进行了配对样本 T 检验，结果发现在心理贫穷知觉条件下，三种群体参与者的个人时间焦虑感变化均没有达到显著水平；而在心理富裕知觉条件下，一般大学生和国际学院大学生的时间焦虑感变化均达到了边缘显著，而企业员工的时间焦虑感变化则达到

---

① 一般将 p 值大于 0.05 同时小于 0.1 的情况定义为边缘显著，表示 p 值比较小，但是又大于 0.05，没有达到显著性水平，但是接近之意。

显著水平,具体结果如表 2-7 所示。

表 2-7　不同类型参与者,在不同心理贫富知觉条件下时间焦虑状态变化的配对检验结果

	心理贫穷感			心理富裕感		
	t	df	p	t	df	p
一般大学生	-0.686	63	0.495	0.244	75	0.086
国际学院大学生	0.966	16	0.349	-1.792	12	0.098
企业员工	1.626	108	0.107	3.151	77	0.002

结合表 2-6 和表 2-7,我们可以发现,产生心理富裕感参与者的时间焦虑感变化,要比产生心理贫穷感的参与者强烈得多,但在一般大学生和企业员工群体里,产生心理富裕感参与者的时间焦虑感却明显降低了,而同样是心理富裕感的情况下,国际学院大学生的时间焦虑感却有着显著的提高。

(五) 结果分析

德沃和普费弗通过不同的财富测量标尺,激发了参与者不同的心理贫富感,并且发现与时间的经济价值一样,参与者心理贫富的程度也会影响其时间焦虑感:产生心理富裕感的研究参与者,时间焦虑感要显著高于产生心理贫穷感的参与者。

然而我们的实验结果却显示,当研究参与者产生心理贫穷感时,其时间焦虑状态变化不大。而当研究参与者产生了心理富裕感的时候,其时间焦虑状态会发生较大的变化。但是不同身份的研究参与者,在相同的心理贫富知觉条件下却有着不同的表现:普通大学生和企业员工在产生心理富裕感后,其时间焦虑感会有明显减弱,而国际学院的大学生在此情况下,时间

焦虑感却会明显加强。

这个实验结果并不能简单使用"价值启动效应"和"时间成本"原则来共同解释心理贫富感与时间焦虑感之间的关系，与前面的实验结果类似，必须将参与者的个人期望考虑在内。

为了探索不同群体对经济价值的个人期望，在本实验中，我们邀请所有研究参与者都填写了一份各种事件或现象心理预期的问卷作为研究材料。在这份问卷中，所有参与者都要回答一个问题："我理想中的月收入是_____元，我期望在_____岁的时候可以达到这个水平。"而企业员工除了这个问题之外，还会增加一个问题："我现在的年收入是_____元，我觉得以我现在的工作表现和能力，我期望的年收入是_____元。"

这两道题目虽然没有明确问及研究参与者的时间价值期望，但仍然可以探测其对收入期望的定位，并引起参与者将个人期望与目前经济状况进行比较。而这样的比较，对于企业员工而言，显然是负向的，因为所有企业员工目前的年收入平均值是 5.25 万元（SD = 6.085 万元），这要显著地低于他们的平均年收入 12.45 万元的期望值（SD = 16.684 万元）（$t = -5.767$, $df = 167$, $p < 0.001$）。同时，尽管两类大学生参与者，在问卷中并没有像企业员工那样被问到直接将期望与现实相比较的问题，但通过回答"我理想中的月收入是_____元，我期望在_____岁的时候可以达到这个水平"这个问题，仍然可以通过对未来收入预期的探索，唤起其将现实与期望的比较。

我们将三个群体的参与者关于"理想月收入"和"达到期望月收入的年龄"的回答进行了单维方差分析，结果发现三个不同研究参与者群体在"理想月收入"问题上存在边缘显著差异（F = 2.778，df = 2，p = 0.064），而在"达到期望月收入的年龄"问题上存在着显著差异（F = 36.139，df = 2，p < 0.001）。通过后续两两比较的 Post HOC 检验发现，国际学院大学生的期望月收入（M = 3.237 万元，SD = 3.801 万元，N = 31）最高，而普通大学生（M = 1.832 万元，SD = 2.574 万元，N = 140）和企业员工（M = 1.830 万元，SD = 3.466 万元，N = 173）基本相似，没有显著差异；而企业员工的"达到期望月收入的年龄"（M = 34.59，SD = 7.538，N = 173）最长，而普通大学生（M = 29.39，SD = 4.299，N = 140）和国际学院大学生（M = 27.61，SD = 3.739，N = 31）基本相似，没有显著差异，都比较短。

即使在今天，对于普通大学本科生而言，要在 30 岁达到 1.8 万元的月收入水平，也并非一件容易的事情，更不要说本项研究是在几年前进行的，所以无论是从年龄期望还是从收入期望上，在现实状况下，普通大学生的个人期望都是很难实现的。也就是说，对于本研究中接受测试的普通大学生而言，现实并没有达到他们的期望值。这与一般的企业员工相似，实际的收入要远低于个人的期望。

相反，对于国际学院的大学生而言，在 28 岁前达到 3.2 万元的月收入（或至少有此数额的经济来源），则未必是不可能的事情。因为国际学院的学费和未来两年在国外学习生活的花销都是相当高昂的，因此，这些学生的家境相对都比较富裕，家庭的经济收入很高。因此无论是在自己家族实业中做事，还是谋得相对较高的职位，他们获得可观收入的可能性都是相对较大的，甚至有不少学生目前的可支配财富就已经达到了这个水平。因此，对于本研究中的国际学院的学生而言，现实可能已经达到或超过了他们的期望值。

综上所述，在本研究中要求参与者回答的关于理想收入的问题其实唤起了他们对自己期望的比较。普通大学生和企业员工在此过程中均没有达到其个人期望，或是发现难以实现自身的期望。因此在未满足个人期望的情况下，产生心理贫穷感的普通大学生和企业员工，个人的时间焦虑感并没有明显的变化；但产生心理富裕感的普通大学生和企业员工，时间焦虑感却有着明显的下降。

这与之前的研究结果一致，普通大学生和企业员工原本就处在一种不满足（各种期望得不到实现）的状态下，伴随着一定的焦虑感。当普通大学生和企业员工在相对贫穷的心理知觉中，原先因为期望无法得到满足的焦虑感并未产生变化；而当他们在相对富裕的心理知觉中时，发现自己的实际水平达到或超过期望（由测量标尺制造的"幻象"），或者发现自己在工作或生活中的时间付出是有高回报的（依然是由测量标尺制造的"幻象"），因此觉得时间并没有"浪费"，而是产生了比较高的价值，较富裕的心理知觉产生了补偿性，于是时间焦虑感便明显降低了。而对于国际学院的大学生，由于家境等方面的原因，他们本来的期望可能就已经达到或满足了，而"期望问题"唤起的状态进一步肯定了他们期望的达到与满足。在这种已经满足期望的情况下，参与者在心理富裕状态下的时间焦虑感，要明显高于心理贫穷状态下的参与者，这与德沃和普费弗的研究结果是一致的。

从"时间成本"的视角来看，当个体已经满足了个人期望时，即使在相对贫穷的心理知觉状态下，参与者既不会因为达不到目标而产生焦虑、恐惧、愤怒等情绪，也不会因为"浪费"一些时间而产生相应的消极情绪，因而，个人的时间焦虑感并不会产生太大的变化。相反，当参与者发现自己有着相对较高的经济价值时（即相对富裕的心理知觉状态下），便会启动自己时间价值同样较高的思维定式，从而担心自己"花费"时间是否会因为没有达到这个高价值而造成了"浪费"；或者，开始希望可以"充分"地利用时间、抓紧"有限"的时间，为自己争取更多的价值。因此，他们的时间焦虑感就会有所加强。

综上所述，我们通过本研究发现，财富多少（心理的贫富知觉）与时间焦虑感之间的关系，依然要受到个人期望这个中介因素的影响：当期望没有得到满足时，个人较低的财富知觉（心理贫穷感）会引起人们更强的时间焦虑感；当达到或超过期望之后，个人较高的财富知觉（心理富裕感）则会引起人们更强的时间焦虑感。

第三节　个人期望：时间价值与时间焦虑感的重要中介

时间焦虑感是一种由个人对时间的感知而形成的状态，尽管过去的研究表明了这是一种与过往经历有关的人格特质，但我们仍然想了解：会不会有一些特殊的现实因素，也可能对个人的时间焦虑感产生影响，例如在众多前人研究中提到的财富和经济价值等。因此，我们首先采用了实验的方法，以便能够更好地控制其他干扰或额外变量，系统地操纵时间的经济价值和贫富感觉等变量，从而准确地观察个人的时间焦虑感如何受到这些因素的影响。

为了控制过去经历、过往经验等因素对当事人时间焦虑状态的影响，我们选择了对实验对象的时间焦虑状态直接进行测量的方法，即聚焦于其当下的时间焦虑感。这是一种对即时状态的测量，由于心理状态瞬息万变，各种不同的刺激都有可能引发研究对象心理状态的变化，进而对之后的状态产生影响。因此，为了排除干扰因素对研究参与者时间焦虑状态的影响，除了严格控制实验程序外，还必须排除参与者原先的时间焦虑状态对实验结果的影响，而增加前测并进行前、后测之间的对比，则是一种有效的设计方法。

然而在前人的研究中，恰恰忽略了这种影响的存在。在我们的研究中，也通过实验证实了研究对象的初始时间焦虑状态对研究结果的影响。当然，更为重要的是我们通过一系列的实验研究发现，人对自身的时间价值或贫富感觉对个人的时间焦虑感确实存在着重要的影响，但在这两者之间，个人的主观期望起着至关重要的中介作用，它直接决定了时间价值对时间焦虑感的抑制或强化。

一 低于主观期望：时间价值对时间焦虑感的抑制作用

当客观的时间经济价值低于或等于人们的主观期望时，时间价值对个人的时间焦虑感存在着抑制作用，也就是说，当人们发现自己的时间价值较高的时候，其时间焦虑感会有所减弱；相反，当人们发现自己的时间价值较低的时候，其时间焦虑感就会有所加强。

这一现象可以用"时间机会成本"理论来解释，即当人们发现自己的时间变得有价值时，就会产生要更加珍惜时间、不能浪费时间的想法，也因此感受到一种要将时间充分加以利用的焦虑感。而当人们因为付出时间"工作"而获得相应的经济酬劳时，酬劳越是接近个人的期望，产生的愉快满足体验就越强烈，也就越可能对之前"害怕浪费时间、要充分利用时间"的焦虑感起到缓解的作用——毕竟我们利用这些时间换取了与我们期望接近的价值。

也就是说，时间的经济价值对于研究参与者的实际工作具有一定的补偿作用，高时间经济价值接近或达到了研究对象对自己时间价值的期望值，于是对其"浪费"时间的焦虑产生了明显的抑制作用，从而表现为高时间经济价值降低了研究对象的时间焦虑感。

而低时间经济价值低于研究对象对自己时间价值的期望值，从而强化了研究对象对"浪费"时间的担忧，因此更加提高了对自己浪费时间的焦虑感，从而表现为低时间经济价值加大了研究对象的时间焦虑感。

综合来看，当时间价值低于人们的主观期望时，越高的时间价值对人们时间机会成本的补偿性就越强，人们的时间焦虑感就会随之减弱；相反，越低的时间价值，对时间成本的补偿性也越低，人们更加不满足，因此时间焦虑感随之更加强烈。

二 高于主观期望：时间价值对时间焦虑感的强化作用

当客观的时间经济价值超过人们的主观期望时，时间价值对个人的时间焦虑感存在着强化作用，也就是说，在达到或超过个人的主观期望之后，当人们发现自己的时间价值较高的时候，其时间焦虑感就会有所提高。

有研究者使用"价值启动效应"来解释这种作用，在一般情况下，一个物品的稀缺程度越高时，其价值也就越大，而我们常常会认为其逆命题也完全成立，即当一个物品的价值越大，其被感知到的稀缺程度就越高。因此，高时间价值的"稀缺"性就会激活人们的"价值启动效应"，就此认为自己的时间是"稀缺"的，于是在"时间稀少"的心理感知下，人们的时间焦虑感也更加强烈。

然而，"价值启动效应"虽然能够解释在满足个人期望情况下高时间经济价值导致高时间焦虑感的现象，但是对低于个人期望时高时间经济价值反而降低个人时间焦虑感的现象却无法解释。因此，更具解释力的可能仍是"时间机会成本"理论。

由于客观的时间经济价值已经达到或超过了人们的主观期望，所以当处在相对较低的时间价值情境时，人们既不会因为达不到目标而产生焦虑、恐惧、愤怒等情绪，"充分利用"时间的焦感也会因为时间价值已经满足了个人期望而得到一定的补偿，从而也避免了消极的情绪。因此，个人的时间焦虑感并不会产生太大的变化。

相反，当人们发现自己的时间有着巨大的经济价值时，一方面会担心自己"花费"时间所做的事情,特别是以前曾经做的一些事情,是否会因为没有达到这个高价值而造成了"浪费",从而产生担心、焦虑等相应消极的情绪,因此使自己的时间焦虑感随之增强。另一方面,人们在得知自己的时间价值巨大后,同时也开始希望可以更加"充分"地利用时间,抓紧"有限"的时间,为自己争取更多的价值。这样开发和利用时间的自我要求提升之后,也同样促进了对时间焦虑感的强化。

三 主观期望:心理贫富感与时间焦虑感的中介因素

个人主观期望不但在真实客观的时间价值与时间焦虑感之间有着重要的中介作用,即使仅仅在人们通过某些媒介作用而产生心理贫富感(即关于贫富与否的主观体验)的情境下,人们的主观期望也会成为影响其时间焦虑感的重要中介因素。

在我们的研究中,通过选择个人收入标尺,有效地激活了研究对象的心理贫富感。继而再通过让研究对象确认其理想收入,唤起了研究对象的主观期望。结果发现在研究对象的主观期望未满足的情况下,产生心理富裕感的研究对象时间焦虑状态明显下降,表明心理富裕感对于时间焦虑感的补偿与缓解作用较为显著;而产生心理贫穷感的研究对象时间焦虑状态变化不显著,说明心理贫穷感无法对时间焦虑感产生补偿与缓解的作用。

当研究对象的主观期望得不到满足时,原本就处在一种焦虑状态;而其"感觉"到自己还相对"贫穷"的时候,要么印证了自己"没有达到预期"的现实体验,而保持原有的焦虑感;要么没有达到预期和相对贫穷的两种焦虑合二为一,对原有的焦虑感产生一定的增强作用。而当研究参与者"感觉"到自己属于相对"富裕"的时候，发现原来自己的实际水平已经达到较高的标准，或是发现自己在工作或生活中的时间付出有高回报[①]，同样会产生相对满足的愉悦感，这种积极体验对原本的焦虑感起到了抵消与抑制的作用，因此个人的时间焦虑感就有所缓解。

然而，当研究对象的主观期望得到满足时，其在相对富裕感觉状态下的时间焦虑感要明显高于相对贫穷感觉状态下的研究参与者。这同样可以用"时间机会成本"来解释：因为个人的主观期望已经得到满足，所以即使发现自己处在相对贫穷的情况下，人们也因为达到了自己原本的预期而避免出现焦虑、紧张、不安等情绪，所以个人的时间焦虑感并不会产生太大的变化。相反，当人们发现自己比较富裕时，便会启动自己时间价值也同样较高的思维定式，从而出现与之前高时间经济价值一样的心理体验——一方面担心自己"花费"时间所做的事情没有达到这个高价值而造成了"浪费"，产生不安、焦虑等相应消极的情绪；另一方面开始希望能够更加"充分"地利用时间，抓紧有限的时间，为自己争取更多的价值，提高对自己开发和利用时间的自我要求。这两方面的压力都会最终强化个人的时间焦虑感，使其随之增强。

四 研究结论

在时间价值与个人时间焦虑感的实证研究中，我们可以非

---

① "高水平"和"高回报"均是由实验中的测量标尺制造的心理"幻象"。

常清楚地看到个人的主观期望起着至关重要的中介作用。

无论是客观的时间经济价值，还是个人财富的多少①，均会对人们的时间焦虑感产生影响。但是这种影响是以个人主观期望这个因素为重要中介的。当人们的主观期望没有得到满足时，个人较低的时间价值或财富知觉会引起人们更强的时间焦虑感。当期望得到满足之后，个人较高的时间价值或财富知觉则会加强人们的时间焦虑感。

而我们之前的系列研究主要在个人微观层面，探索除了人格特质之外，个人时间焦虑感的影响因素。假如我们带着时间价值和主观期望两个因素，回到正经历着史无前例的巨大变迁的中国社会时，当下人们普遍存在的时间焦虑感这一"中国体验"，是否也是由社会变迁造成的时间价值飞速增长的结果呢？随着社会变化、时代发展，人们主观期望是否也会随之发生变化，从而同样对中国人的时间焦虑感形成了关键性的影响？

要回答这些问题，首先就要考察时间价值和主观期望不同的社会群体，其时间焦虑感是否存在差异，为从社会宏观层面探讨中国人时间焦虑感产生、发展、增强的社会动因提供分析资料。

---

① 在本研究中"个人财富的多少"主要是由实验程序激活的一种心理相对知觉。

第三章
渴望与异化：社会群体的时间焦虑感

在飞速变迁的中国，社会变化的快速与剧烈，使得人们的个人生活与处境也随之发生着巨大的改变。面对这样的境地，人们（尤其是年轻人）虽然未必能看清自己的未来与走向，但却似乎依然相信未来的"美好"，不知不觉在焦虑、紧张、不安的精神状态下，奋勇向前，努力实现自己的目标与梦想，形成一种特殊的时间焦虑感，即做任何事情都希望可以尽快尽早地完成。

在之前个人时间焦虑感的研究中，我们发现除了个人的过往经历所形成的人格特质是影响时间焦虑感的重要因素之外，时间价值的高低和主观期望同样会对个人的时间焦虑感产生重要影响。那么，今天在社会变化迅速的情况下，人们的主观期望是否也大大提升，即希望可以改变自己的"命运"，过上更充实、更富裕的生活？随着社会飞速的发展，不同社会群体的时间价值是否也会出现差异，并因此形成了不同的时间焦虑感？

为了解答上述问题，我们的研究从个人层面的时间焦虑感转向于群体的时间焦虑感，考察时间焦虑感与社会群体的生活变化、主观期望之间的关系，试图验证以下假设：

1. 社会变迁投射在不同群体的生活变化，对时间焦虑感有强化作用，生活变化越剧烈，时间焦虑感越强；
2. 社会群体形成的主观期望对时间焦虑感有强化作用，主观期望越强烈，时间焦虑感越强。

第一节 不同社会群体的时间焦虑感

一 研究对象

为了检验不同社会群体的时间焦虑感差异，我们使用自编的《中国人时间焦虑感量表》[①] 对四种不同类型的社会群体进行了测量：

（1）入校两周以内的某大学本科一年级学生。共回收得到 2598 份有效问卷，其中男生 1346 人，女生 1252 人。

（2）某大学某门公共选修课学生，均为二年级以上的大学本科生。共回收得到 115 份有效问卷，其中男生 38 人，女生 77 人。

（3）一般性的公司、企业员工，均为全职工作人员。共回收得到 151 份有效问卷，其中男性 71 人，女性 80 人。

（4）请大学生将问卷带回家中，由学生的父母，或与父母同辈的亲友填写。共回收得到 56 份有效问卷，其中男性 29

---

① 《中国人时间焦虑感量表》共 94 道题，包含速度感知、时间控制、时间压力、过度计划、等待焦虑、言语模式、竞争好胜、悠闲享受、神经能量 9 个分量表，以及 1 个测谎量表。有关该量表内容、信度和效度相关信息详见第二章。

人，女性 27 人。

四种类型的研究参与者的年龄分布如表 3-1 所示。

表 3-1　　　　　不同参与人群的年龄（岁）分布

	平均值	标准差	样本量	最小值	最大值
大学一年级新生	18.06	0.742	2598	15	28
二至四年级本科生	20.95	1.174	115	16	24
企业员工	26.81	4.532	151	19	38
大学生年长家长	47.96	5.074	56	40	60

二　研究结果

经过对 2920 份有效问卷数据的统计，得到所有参与者的时间焦虑感量表得分，如表 3-2 所示。

表 3-2　　　　　不同群体时间焦虑感量表得分情况

分　组	平均值	标准差	样本量
大学一年级新生	208.21	26.760	2598
二至四年级本科生	212.70	24.250	115
企业员工	215.80	22.026	151
大学生年长家长	211.23	24.579	56
合　计	208.84	26.457	2920

经过单维方差分析检验，四类不同群体的研究参与者时间焦虑感量表总分有显著差异（$F = 4.964$，$df = 3$，$p < 0.01$），但后继检验表明，只有"大学一年级新生"和"企业员工"两类人群之间的时间焦虑感量表总分差异显著，而其余各类群

体之间的差异均未达到显著水平。从图3-1中可知,"企业员工"组参与者的时间焦虑感显著高于"大学一年级新生"组。

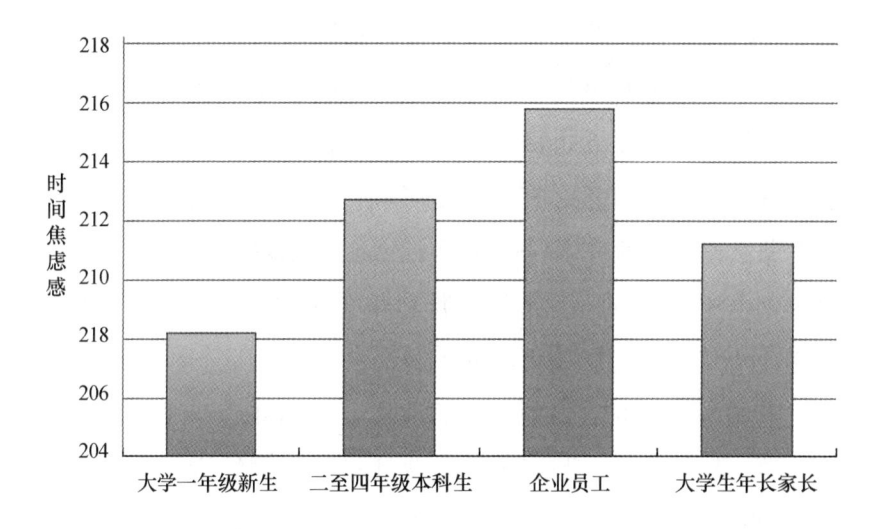

图3-1 不同年龄组的时间焦虑感分布情况

三 结果分析

本研究中用四种不同类型的研究参与者,来表征感知到不同社会变迁状态的社会群体。

大学一年级新生,刚入校不到两周,没有学习的进退、没有职务的升迁,自身各个方面的变化尚未开始,还停留在高中以学习为主的阶段内,可以认为几乎还没有进入社会的变迁体系当中。

大学二至四年级的学生,自己在大学生活里已经有了一些沉浮和起落,周围的环境也在不断地变化。因此,这些学生对社会变迁已经有了一定的体验,但这种变迁还是局限于大学生活的较小范围内，所以尚不算剧烈。

企业员工平均年龄 27 岁，已经完全被抛入急速变迁的社会之中，对周围环境、事物的变化深有感触，自身也处在剧烈的变化时期，因此是感知到社会变迁最剧烈的一类人群。

大学生的家长平均年龄已经接近半百，基本达到了一个职业稳定的状态，子女也进入了大学，生活也相对平稳。周围环境、事物的变化虽然对其有一定影响，但这种影响远远不如年轻人那么剧烈。由于其个人的生活、工作基本趋于稳定，个人的变化也相对较少，因此，这类人群虽然身处社会之中，但社会变迁给其带来的影响程度并不算高。

正如本次研究的结果显示的那样，感知社会变迁最不剧烈的大学一年级新生，与感知社会变迁最为剧烈的青年企业员工之间的时间焦虑感有着非常明显的差异，青年企业员工深感社会变迁之快，时间焦虑感远远高于大学一年级新生。而其他两类研究对象，所感知到的社会变迁居于中间，故时间焦虑感也处于中间状态。

尽管青年企业员工和大学生家长所感知到的社会变迁程度可能是不一样的，但同处于社会变迁之中的他们还是会受到影响。当人们在急速变迁的社会当中，对自己的未来有着美好的期望，又迫切地想要实现的时候，时间焦虑感更容易激发并加剧。而对未来的美好期望的形成，是需要一定条件的。通常只有当人们达到一定高度，有所见识的时候，才会进而"有所期待"。

通过本次调查研究，我们基本证实了时间焦虑感与社会群体生活变化之间的联系，社会群体生活的变化越剧烈，其时间焦虑感越强；相反，生活变化缓慢，其时间焦虑感也会较弱。因此，社会群体生活的变化对时间焦虑感有着强化的作用。

第二节　不同社会群体的时间期望

在证实了社会生活变化对时间焦虑感的强化作用之后，我们将进一步探讨不同社会群体主观期望之间的差异，以及在此基础上对不同社会群体时间焦虑感产生的作用。

一　研究对象

本次调查的对象由三部分人群组成：某大学在校本科学生、普通公司企业中的青年员工、普通公司企业中的中年员工。大学本科生133人，年龄在18—24岁之间，平均年龄21岁，其中男性42人，女性91人。青年员工190人，年龄在19—38岁之间，平均年龄26岁，其中男性84人，女性106人。中年员工69人，年龄在40—60岁之间，平均年龄48岁，其中男性36人，女性33人。

二　调查内容

本次调查我们以纸笔问卷的形式对所有人的三方面的内容进行了测量：

（1）我们自编的《时间价值主观期望问卷》。共10道题，主要与个人的主观期望有关，包含了物质、情感、职业等多个方面，具体内容如表3-3所示。

（2）我们自编的《中国人时间焦虑感量表》，具体内容详见第二章及附录。

（3）个人的幸福感觉。我们在本次调查中增加了一道与个人幸福体验有关的测量题目，以考察时间焦虑感与个人幸福感之间的关系，题目如下：

请您使用下列标准，评价在整个生活中您的幸福/痛苦体验：
1（非常痛苦）；2（很痛苦）；3（痛苦）；4（有些痛苦）；5（居于中间）；6（有些幸福）；7（幸福）；8（很幸福）；9（非常幸福）。

三　结果分析

在回收了392份问卷后，我们进行了数据统计分析，由于个别调查对象在填写问卷时可能出现漏填的现象，所以在统计时需要将该数据值予以删除，因此不同统计分析的相应样本量可能会小于392。

如上文所展现的，大学本科生的平均年龄为21岁，企业中青年员工的平均年龄为26岁，而企业中年员工的平均年龄为48岁。因为他们年龄和职业状态的差异，我们希望用不同的参与者类型来代表年龄层次不同、受社会变迁影响程度也不同的三个不同社会群体。

除了年龄差异之外，大学本科生尚未进入职场，生活环境相对稳定，与社会的交流不充分，可以认为是受社会变迁影响相对比较小的群体。公司企业中的中年员工虽然身处急速变迁的社会之中，但在职场中已经达到了一个相对稳定的阶段，升迁或变动的机会都不算大，有的已经接近退休年龄，因此主观上对于社会变迁有一定的抵御或消解能力。而作为正处在职业积累和上升关键时期的青年员工，职场前景充满变数，各种变化均有可能，因此，这一群体是三类参与者中受社会变迁影响最为强烈的一类人群。

正是这种年龄和受社会变迁影响的差异，才使得本研究中的三类参与者在《时间价值主观期望问卷》的相关条目上，形成了各自的差异与特点，具体统计结果如表3-3所示。为了讨论方便，我们分别将本研究中的三类研究对象界定为大学生、青年人和中年人，以便理解其受社会变迁的影响程度。

表3-3　　　　　按研究对象类型单维方差分析结果

	F	df	p
T1：理想年收入与实现年龄	256.369	2	0.000
T2：1小时内认识的陌生人数量	0.142	2	0.867
T3：3个月后的降价价格	6.364	2	0.002
T4：成为好朋友的最短时间	1.757	2	0.174
T5：获得事业成功的年龄	25.839	2	0.000
T6：感情维持的最短时间	0.842	2	0.432
T7：收回投资的时间	7.477	2	0.001
T8：婚姻维持的最短时间	1.740	2	0.177
T9：退休年龄	18.847	2	0.000
T10：降价5000元需要的时间	4.173	2	0.016
时间焦虑感	8.014	2	0.000
幸福体验	2.778	2	0.064

（一）年龄期望

在本次《时间价值主观期望问卷》中，有三道题目与人们达成目标的时间限度有关，分别是：

第一题：您理想中的年收入是＿＿＿＿＿＿元，您期望在＿＿＿＿＿＿岁的时候可以达到这个水平。①

第五题：您觉得一个人应该＿＿＿＿＿＿岁的时候获得事业的成功。

第九题：您期望在＿＿＿＿＿＿岁之前退休。

方差分析的Post HOC后继检验表明，在第一题和第五题中，中年人对于达到理想收入和获得事业成功的年龄期望，与大学生、青年人之间存在着显著差异，而大学生与青年人之间并不存在显著差异。而在第九题关于期望退休的年龄，大学生、青年人和中年人三个群体之间都存在着显著的差异。三道题的具体结果如表3-4和图3-2、图3-3、图3-4所示。

表3-4　　　　不同类型研究对象的期望年龄（岁）

问卷条目	组别	平均数	样本量	标准差
事业成功的期望年龄	大学生	33.53	131	5.1281
	青年组	33.84	186	4.7095
	中年组	38.58	66	5.6279
实现理想收入的期望年龄	大学生	29.41	132	4.2820
	青年组	32.20	181	5.2807
	中年组	47.66	62	7.4678

---

① 由于理想中的年收入受到其自身环境、生活条件、能力水平等诸多因素的影响，所以本研究并不打算真正去调查所有参与者的平均理想收入。让参与者回答关于理想收入的问题是为了激活其收入期望状态，从而更好地探查参与者达到自己理想收入的期望年龄。因此在第一题中，本研究只对实现理想收入的年龄目标进行统计。

续表

问卷条目	组别	平均数	样本量	标准差
期望的退休年龄	大学生	58.27	133	7.3476
	青年组	53.34	182	7.2831
	中年组	55.43	67	5.5765

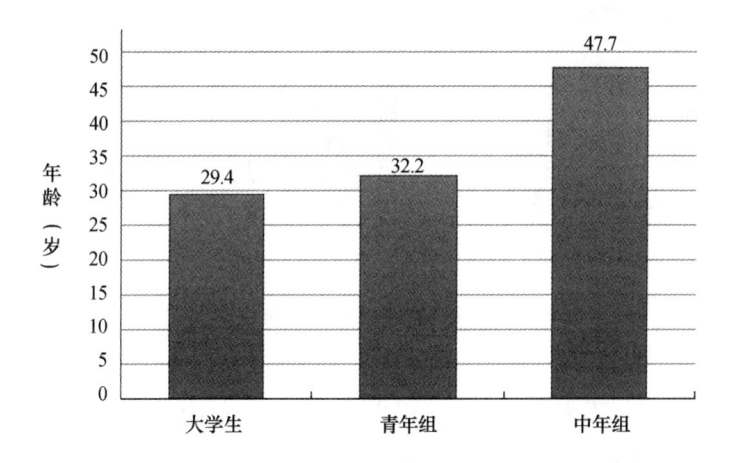

图3-2　不同类型参与者达到理想收入的年龄

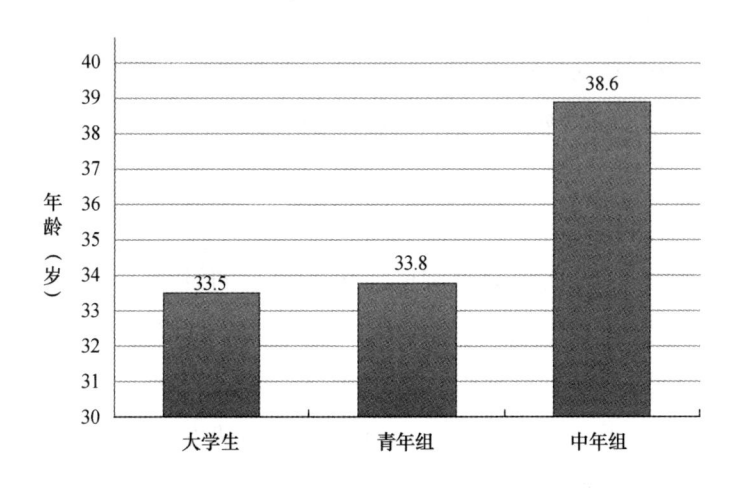

图3-3　不同类型参与者达到成功的期望年龄

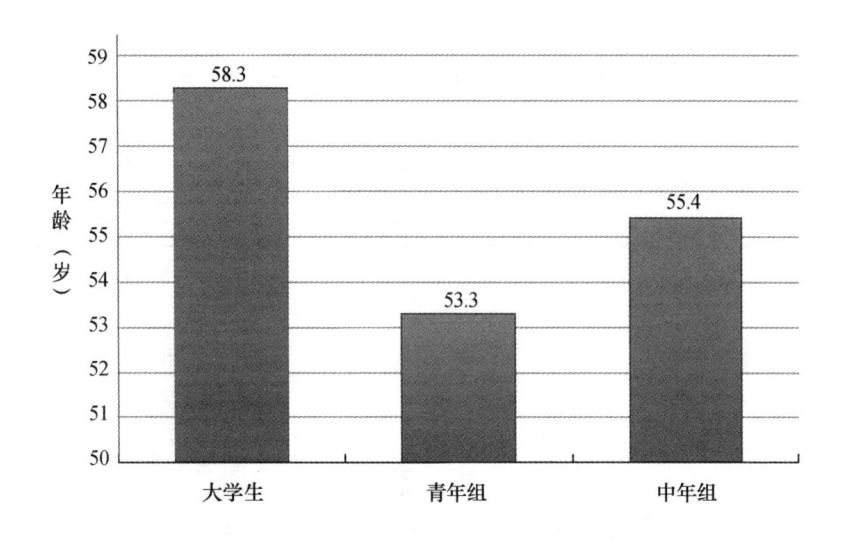

图3-4　不同类型参与者期望的退休年龄

由图3-2和图3-3可以明显看出，无论是实现事业的成功，还是达到理想的收入水平，大学生或是青年人都期望能尽快地完成。对于中年人来说，看上去就没有那么着急，期望年龄要远远晚于大学生和青年人。

作为剧烈变迁社会中的年轻人，即使是身处校园中的大学生，也与进入职场的青年人一样，都感受到周围环境中人和事物的急速变化。正由于社会的变化是剧烈与快速的，前人经验可供借鉴与参考的意义就变得非常有限，因此，在失去既定道路的同时，年轻人也完全有可能按照自己的设想开创出全新的道路。特别是"大量"（实则可能是被媒介传播夸张的）成功人士的传奇经历不断涌现，更加提升了年轻人对未来的期望。

同样在媒介的作用下，社会心态也悄然发生着变化，与社会的快速变迁相适应，人们对于成功、对于能力的定义向低年龄段发生了偏移。也就是说，只有在较为年轻的时候就已经获得事业的成功（主要以物质标准衡量），才可以在今天被定义为所谓的"成功"，才被看作是真正的"有能力"。在目前的以车、房为一定选择标准的婚恋、择偶等行为中，这种对于"青年才俊"的追求已经得到了充分的彰显。

正是在这种自身期望与世俗态度的双重作用下，年轻人一方面主动怀揣着"年轻有为"的梦想与期望，另一方面又不得不被动地将"三十而富"作为自己努力和奋斗的目标。因此，在本研究中的年轻人，即大学生和青年人将自己成功的年纪放在了34岁[1]，而实现理想收入的年龄为31岁[2]。

而中年人虽然同样身处急速变化的社会，却已经达到一定稳定阶段，一方面由于年纪已经"偏大"甚至接近退休，升迁或变动的机会日益减少；另一方面由于世俗态度也将其定义为"过去时"，因此，即使再获得成功，社会对其"能力"的认可度也不高。在这样的情况下，本研究中的中年人在没有过多"奢望"，并且在自身现实经历的基础上，反而更为冷静地将获得成功与实现理想收入的年龄都向后大大地推迟了，一个为39岁，一个为48岁。

从图3-4中，我们却发现青年人是希望最早退休离开职场的，大学生则是希望最晚退休的，中年人居于两者中间。这与前面两道题反映出的结果似乎有些不一致，因为同样是最希望尽早成功的两个群体，一个希望可以在职场里越久越好（大学生），一个却选择尽早离开（青年人）。同样渴望尽早达到"人生巅峰"的大学生和青年人为什么会有两种完全相反的退休期望呢？

---

[1] 大学生组和青年组的平均值为33.7，样本量为317，标准差为4.881。
[2] 大学生组和青年组的平均值为31.0，样本量为313，标准差为5.069。

很显然，快速变迁的社会，一方面带来了无限可能，让人们对未来充满了各种美好的期待，另一方面却又同时暗藏着各种危机，让人们不得不对失去所拥有的物质与精神条件感到担忧。本调查中的青年人正是在这种饱受期待与恐慌的双重挤压下，特别是由于对未来无法预知，而作为青年人却又必须在这样一个急速变动的社会里工作和生活更长的时间，因此其焦虑与恐慌的感觉更加强烈，于是便希望可以尽早结束这个过程，他们期望的退休年龄是最早的，只有53岁。

相反，虽然也是年轻人，但那些尚未参加工作的大学生，面对这样一个瞬息万变的社会，感受到的更多是丰富的机遇和刺激的挑战，体验到的焦虑与恐慌并不多。因此在对未来美好的憧憬之中，本研究中的大学生群体，实现成功的期望年龄最小，而期望的退休年龄却最晚（58岁），足见其对自己未来在社会中可以步步为赢的信心，希望可以在职场上有更长的时间，获取更多的价值。

而本研究中已近退休的中年群体，一方面职场地位、情绪状态均处于相对稳定的阶段，对未来既没有过多的成功期待，也没有太多的担忧与焦虑，没有像年轻人那种"不成功，便成仁"的巨大压力。另一方面，因为经历了中国社会巨大变迁的整个过程，也让中年人群体对于应对当下持续的变迁有一定的把握与信心。因此，他们面对工作的态度显得更加坦然与平和，所以其所期望的退休年龄也相对较晚（55岁），处于一个较为适中的年龄。

（二）时间的经济价值

在《时间价值主观期望问卷》中，有三道题目探索了人们对于时间所蕴含经济价值的认识，分别是：

第三题：原价 10000 元的电脑，您等待了 3 个月后，如果这个电脑卖_____元，您会考虑购买。

第七题：如果您在闹市区投资开了一家 10 平方米的小店，您希望_____可以收回成本。

第十题：原价 10000 元的电脑，等它降到 5000 元后再购买，您愿等待多长时间？_____

方差分析表明，三种类型的参与者在这三道题上的答案存在着显著差异（见表 3-5），而后继检验显示，三道题有着完全不同的差异模式。在第三题关于电脑售价的问题上，大学生与青年、中年两组的差异显著，而青年组与中年组之间差异不显著。在第七题关于收回成本的时间上，中年组与大学生、青年组间的差异显著，而大学生与青年组之间的差异并不显著。而在第十题关于等待降价的时间上，青年组与大学生、中年组之间的差异显著，大学生与中年组之间的差异并不显著。具体结果如表 3-5、图 3-5、图 3-6、图 3-7 所示。

表 3-5　不同类型研究对象在与时间经济价值相关问题的答案

问卷条目	组别	平均数	样本量	标准差
愿意购买的降价后电脑价格	大学生	7006.80 元	132	1400.0215
	青年组	6371.58 元	183	2027.4317
	中年组	6238.46 元	65	1610.7735
期望收回投资的时间	大学生	424.27 天	127	483.1813
	青年组	401.96 天	176	378.2221
	中年组	817.65 天	61	1576.5671

续表

问卷条目	组别	平均数	样本量	标准差
愿意等待降价的时间	大学生	220.34 天	132	287.7366
	青年组	161.65 天	176	145.8939
	中年组	233.58 天	60	164.5824

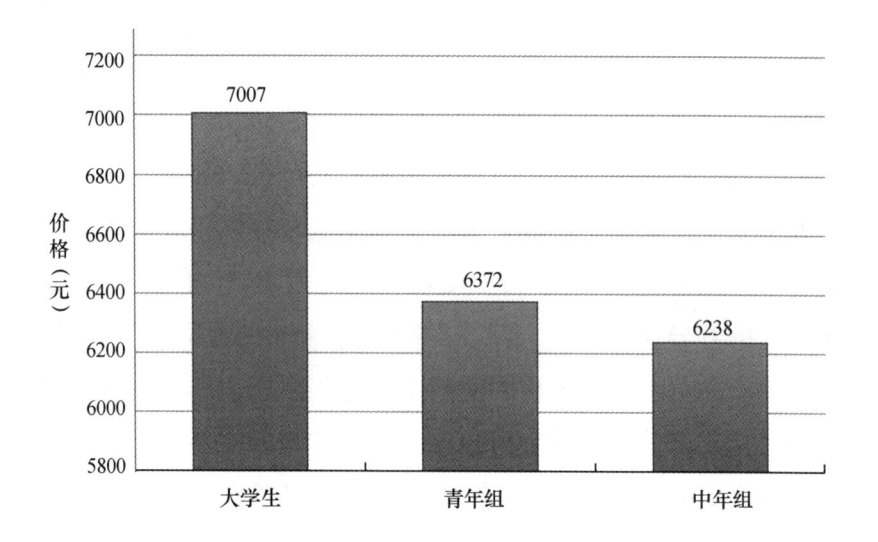

图3-5　不同类型参与者愿意购买的降价电脑价格

　　第三题是要求调查对象设想原价10000元的电脑，在3个月后降价到多少是其所能接受并愿意购买的，目的是用3个月内降价的幅度来探测调查对象对时间经济价值的预期。由表3-5和图3-5可以明显地发现，青年组和中年组可以接受的价格显著地低于大学生组。也就是说，经过3个月后，青年组和中年组的参与者认为电脑应该贬值更多，而大学生组能接受的贬值程度相对较小一些。

在本研究中，电脑贬值的多少与时间的经济价值之间有着对应关系，相等时间内贬值越多，说明随着时间消耗的经济价值也就越多，也就表明时间的经济价值越大。因此，本题的统计结果表明，进入职场之后，无论是企业中的青年员工还是中年员工，其时间的经济价值均显著地高于大学生群体。可见，处于工作状态中的调查对象，对时间经济价值的预估比较高。造成这种现象的原因可能有两个，一是由工作性质决定的，二是由身处的环境决定。

首先，在实际的职场工作中，往往工作周期比较短，通常可能是以月或周为单位，甚至可能以天为计算周期。而在学校里面多数以一个学期为周期，相对就长得多。因此，学习周期比较长，时间价值的核算周期也比较长，不太容易引起关注；而工作周期比较短时，时间的价值就更容易凸显出来，从而使得本研究中的青年组、中年组均对时间及其价值比较敏感，预估的时间经济价值也更高。

其次，大学生群体所处的学校环境相对比较稳定，即使他们通过各种途径与社会接触和联系，但与切身利益等方面有关的问题毕竟是有限的，即使遇到困难或阻碍，他们仍然可以退回到相对稳定与安全的学校环境中去。相反，企业中的员工则是完全暴露在快速变迁的社会现实之中。薪酬制度、技术革新、职位升迁等各种加速运作的社会现实不断地冲击着这个群体生活的方方面面，让他们无处躲藏，也无法逃避，只能改变自身的行为、心理模式来适应社会变化。因此，其在生活节奏不断加快的同时，心理的节奏与预期也随之提高了，从而形成更高的时间经济价值预期。

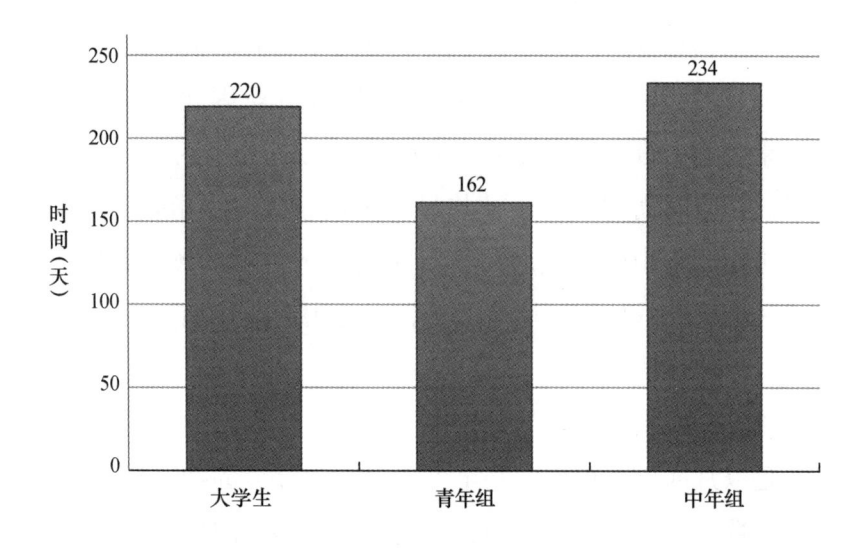

图 3-6 不同类型参与者愿意等待降价的时间

第十题原本设计是与第三题相呼应，第三题是考察贬值的预测，第十题则是考察等待贬值的预计时间，两道题都是用以探测研究对象对时间经济价值的感知。由表 3-5 和图 3-6 可见，在贬值价格相同的情况下，本研究中青年组可以接受的等待时间要远远少于大学生组和中年组，显得更为急迫与焦虑。这似乎是与第三题的结果并不一致——第三题的结果统计中，在等待相同时间的情况下，青年组和中年组预期的贬值速度都要比大学生组大得多，这也就意味着青年组与中年组所感知到的时间经济价值是相近的。所以按这个逻辑，当第十题问及降至相同价格所需要的时间时，由于青年组与中年组时间经济价值是相近的，所以两者愿意等待的时间也应该是相近的。然而，第十题的调查结果却表明，青年组所能容忍的等待时间要远远短于中年组和大学生组。这看似存在矛盾的结果表明，对时间的耐受性除了与时间的经济价值有关外，还受研究对象所感知到的社会变迁程度，以及因此形成的应对模式等关键因素的影响。

正如在前文中所论述的，大学生群体尚未进入职场，大部分时间处在相对稳定的学习阶段，因而感知到的社会变迁程度也比较小，当下中国社会的快速变化在这一群体身上体现得还不明显。而身处职场的人群，无论是青年人还是中年人，或是正处于急速社会变迁的风口浪尖上，或是已经经历过巨大的社会变化与转换，因此都已经形成一种应对快速社会变化的心理与行为模式。因此，我们在第三题的调查结果中，看到了大学生群体预期的电脑贬值程度要远远小于青年组和中年组，这正是快速的社会变迁对职场人士产生作用的结果，使其形成更加强烈的"时间就是金钱"这种应对快速变化的个人模式，直接表现为他们认为附着在个人时间上的经济价值要更高。

然而，即使形成了与快速变迁社会相应的行为、心理模式，也并不一定必然导致时间焦虑感这样一种"中国体验"。正如第十题的调查结果所显示的，虽然企业青年员工与中年员工都正身处于快速变迁的社会，但中年员工由于事业、家庭生活通常都已经处在一个比较稳定的阶段，升迁或变动的机会不多，他们对未来的期望就并不强烈，所承受的"成就压力"也更小些，所以无须再苦苦奋斗，时时提醒自己时间的流逝。因此，这个群体对于快速社会变迁所带来的影响具有一定的抵御与消解能力，时间焦虑感也相对较小，他们对时间的耐受性也更强一些，能够容忍较长时间的等待。

相反，青年员工则正处于事业积累和上升的关键时期，快速变迁让他们看到了未来的种种"美好可能"，充满憧憬与期待。同时也看到了职场前景的变幻莫测，滋生担忧与焦虑。在这个群体中，没有家庭的不得不考虑建立家庭的各种条件，或者是让自己能够过上"财务自由"的日子；而已经有家庭的则要操心如何为家人提供更好的生活条件。因此，背负着对"成功"的强烈期盼和家庭生活的重大责任，青年群体面对快速变化的社会、变幻莫测的职场、瞬息万变的生活，在还没有像中年人那样，形成成熟、稳定的应对策略之前，行为、心理模式的不适应性必然使其产生强烈的时间焦虑感。

这也就是第十题中所体现的，本研究中的青年组对于等待时间的耐受性是最低的，这源于青年群体在社会的快速变迁之下，为了完成梦想、不被时代抛弃，形成了相当高的时间焦虑感。而大学生群体和中年人群体，一个是尚未感受社会变迁的严重冲击，一个是生活相对稳定、策略相对成熟，对于社会变迁具有"抗体"，所以时间焦虑感都相对较弱，都表现出了对于等待时间更强的耐受性。

同样，对于可以接受多久时间收回投资成本，本研究中的青年组表现出了同样的焦虑感，可以接受的成本回收周期不到中年组的一半。由表 3-5 和图 3-7 还可以发现，本研究中的大学生组与青年组一样表现出了对成本回收周期的低耐受性，两者之间并不存在显著差异。但是，与青年组受到社会变迁引发的高时间焦虑感不同，大学生组渴望较短的回收周期，更多是由于缺乏社会经验，对于投资运作的周期、可能遇到困难等估计不足，简单地凭主观意愿制定周期标准，存在较大的盲目性。

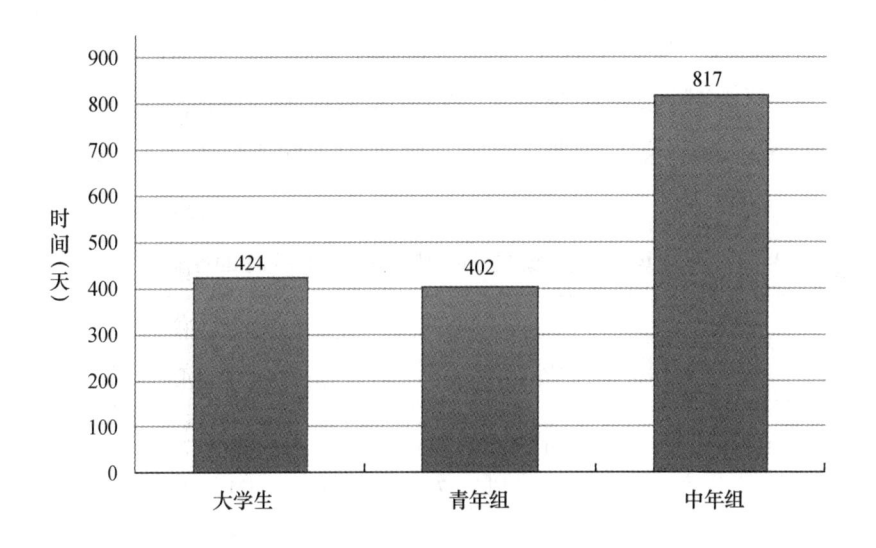

图 3-7　不同类型参与者期望收回投资的时间

结合这三道题的统计结果,我们可以得出结论:在本研究中,青年组和中年组的研究对象由于在快速变迁的社会中形成了一定的心理与行为模式,因而所感知到的时间经济价值要明显高于没有太多社会经验的大学生组。另外,青年群体在快速变迁的社会中不得不同时承载更多的对"成功"的渴望与期待,和对被时代抛弃的担忧与恐慌,因而希望可以尽快地实现期望目标,从而产生比中年群体和大学生群体更加强烈的时间焦虑感。

(三) 时间的情感价值

在本次《时间价值主观期望问卷》的调查中,有四道题目与人们对于时间所蕴含的情感价值有关,分别是第二、四、六、八题,包括 1 小时可能认识的陌生人数量、人们可以接受的成为好朋友需要的最短时间、感情维持的最短时间以及婚姻关系维持的最短时间。

如表3-6所示，本研究中，大学生组、青年组和中年组三组群体之间，在这四道与时间相关的情感问题上并没有显著的差异。本研究参与者在这四道题上的平均值如表3-6所示。

表3-6 不同类型研究对象在与时间情感价值相关问题的答案

问卷条目	组别	平均数	样本量	标准差
1小时内认识的陌生人数量	大学生	6.733个	133	9.4877
	青年组	6.924个	179	14.7842
	中年组	7.810个	63	16.4894
	合计	7.005个	375	13.4540
成为好朋友的最短时间	大学生	10.686月	132	11.7943
	青年组	14.274月	182	22.4123
	中年组	14.618月	58	14.8076
	合计	13.059月	372	18.1932
感情维持的最短时间	大学生	9.791月	130	9.0130
	青年组	17.519月	179	11.7525
	中年组	13.181月	62	25.6668
	合计	13.035月	371	31.7026
婚姻维持的最短时间	大学生	42.985月	128	57.4552
	青年组	67.159月	173	172.3202
	中年组	40.745月	59	58.7532
	合计	54.235月	360	126.9165

针对这四道题的统计结果表明，社会变迁对于每一个身处其中的人都产生了影响，也使得每个人都一定程度上受到了冲击，从而形成相应的心理与行为适应模式。因此对于情感的时间预期，在不同类型的研究对象之间并没有实质的差别。即使是处于"象牙塔"中、尚未受到直接变迁冲击的大

学生群体，尽管他们没有进入职场，但通过网络等各种媒介、实践等互动方式，也与社会产生着千丝万缕的联系。虽然对时间的经济价值还没有深刻的感知与理解，但基于弥散在其生活中的情感联系与互动，也早已对剧烈的社会变迁耳濡目染。情感作为一种人类拥有的共同体验，完全可以超越群体与组织，让大学生直接地感知与体验，从而带来时间情感价值的变化。

由此可见，当下快速变迁的中国社会，其实影响着每个身处其中的中国人。每个人的心理、行为模式都因此而受到影响与冲击，只要找到合适的路径与视角，处处可以发现这种深刻影响的结果。

（四）时间焦虑感与幸福体验

从表3-7中可以看到，不同类型的研究参与者之间的时间焦虑状态存在显著差异，后继检验表明，大学生、青年组和中年组三个群体之间的差异均显著，具体结果如表3-7和图3-8所示。

表3-7　　不同类型研究对象的时间焦虑感分数[①]

组别	平均数	样本量	标准差
大学生	212.48	106	20.506
青年组	218.44	147	22.288
中年组	204.82	62	27.358
合　计	213.75	315	23.314

① 本研究中的时间焦虑感量表中的测谎分没有大于或等于7分，但由于有研究对象出现漏填现象，在此处分析时作为无效问卷处理，样本为315。

```
                    218.44
         212.48
                                       204.82

时
间
焦
虑
感

         大学生        青年组         中年组
```

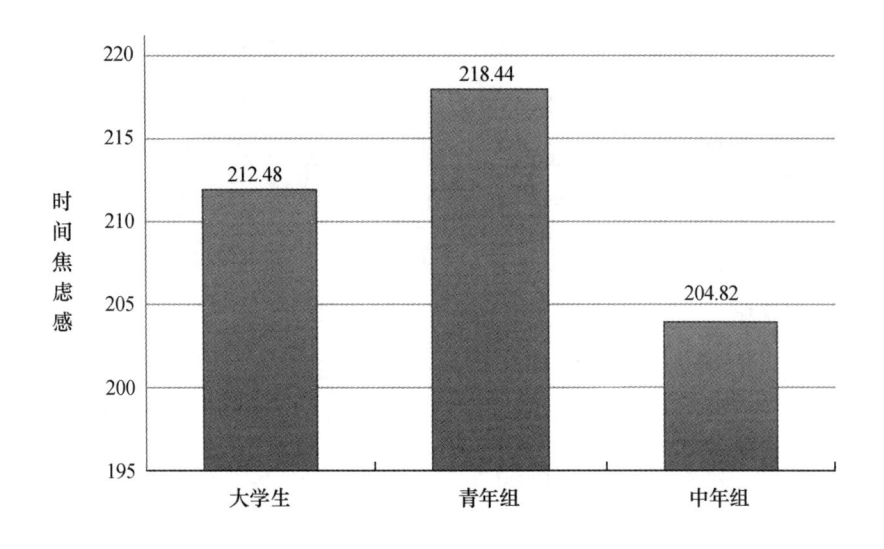

图 3-8 不同类型研究对象的时间焦虑感总分

三种群体时间焦虑状态之间的差异恰恰印证了我们前面的分析，职场中的青年群体是时间焦虑感最为强烈的一个群体，他们对速度与成功有着迫切需求。这与其身处快速社会变迁之中，受到"成功渴望"与"落后恐慌"的双重挤压有着直接的关系。相反，中年组则临近退休，处于稳定期，虽然身处变迁的社会之中，但未来个人生活变化的可能不大，对成功的渴望和对落后的担忧都非常小，因此是时间焦虑感最低的一个群体。而大学生尚未进入职场，对快速社会变迁的直接体验还比较少，但是在通过网络、实践等方式与社会发生连接的过程中，还是感受到了社会的快速变化，但此时他们对于未来的美好憧憬远远大于对落后的恐慌，因此大学生群体有一定的时间焦虑，但比起青年组要明显小一些。

在调查的最后，我们请所有的研究参与者对其幸福体验做出评价，但如表 3-3 所示，不同类型群体之间的差异达到了边缘显著的水平（p=0.064），而后继检验表明，青年组和中年组之间的幸福体验差异已经达到了显著水平。

如前所述，本研究中，对幸福体验的评价采用了 9 点量表，数值越大表示越幸福。而三个群体的幸福检验都在 6 以上，在量表上，6 表示"有些幸福"，而 7 则是表示"幸福"。可见，本研究中的参与者总体而言有一定的幸福体验，但并不十分明显。如图 3-9 所示，中年组的幸福体验最强，青年组的幸福体验最弱，两者达到显著差异水平。这与三个群体之间时间焦虑状态的差异趋势正好相反，可见，时间焦虑状态会影响人们的幸福体验，时间焦虑状态越强烈，幸福体验也就越差。

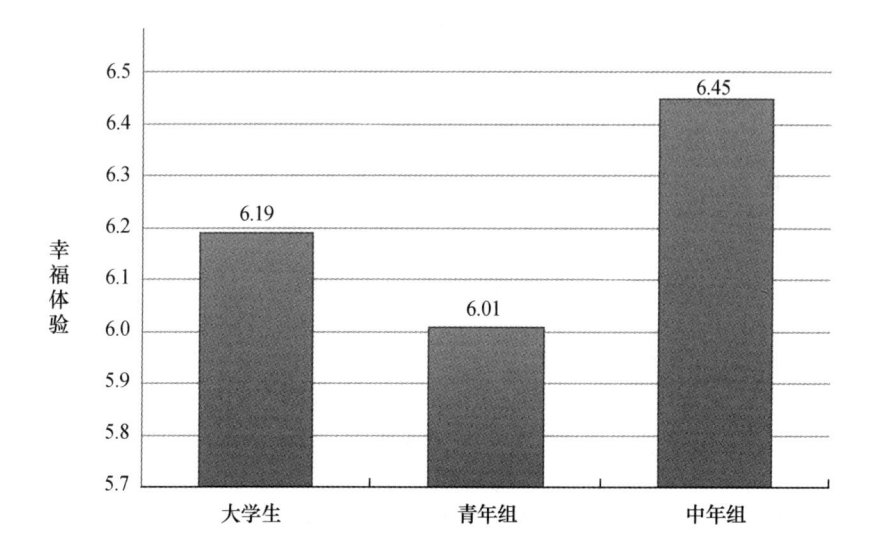

图 3-9　不同类型研究对象的幸福体验

但是时间焦虑感与幸福体验之间的相关尚未达到显著水平（$r = -0.041$，$p > 0.05$），说明幸福体验除了受到时间焦虑感的影响之外，还与其他因素有关，这有待于其他研究的深入探讨。

第三节　被时间异化的青年群体

曼海姆（Mannheim）说："只有当我们试图根据群体的希望、渴望和目的去理解它的时间观念时，才能够清楚地把握群体最深层次的心智结构。"（Mannheim，1936：188）在我们本次调查中，当下中国的青年群体希望在自己 34 岁的时候就可以达到事业的成功，并在同样的年纪获得自己最理想的经济收入。而这个年龄，意味着一个本科毕业就参加工作的人，仅仅工作 12 年就要达到自己人生的最高峰。同样，这个年龄，距离现在通常定义的退休，还有大约 26 年。这样一个在传统中国社会无法想象的年龄（时间）期望，便是今天在中国社会中不断蔓延的时间焦虑感的真实写照。

有不少研究表明，儿童和青少年的思想和行动通常指向于现在，而中老年人的思想和行动则更多地指向于过去，只有青年人的思想和行动指向未来（哈萨德，2009：71）。因此，青年人总是对未来充满了希望与期盼，希望自己在未来可以拥有让自己满意的生活，期盼可以在未来实现自己的那些梦想。因此，青年人不再像稚嫩的孩子一样满足眼下纯粹的欢愉，有了延迟满足的能力，愿意为了那个未来美好的愿景在当下付出辛苦的努力。

然而不知道从什么时候开始，青年人实现美好愿景的那个

"未来"突然有了一个"截止日期"。而这个截止日期,当然并不是本次调查中青年人期望的50多岁的退休年龄。

从"三十而富"到"非升即走"①,各类市场逻辑下的机遇、投资与行政逻辑下的政策、规定,共同构建出了一个"社会时间",为青年人的未来开启了"倒计时"。倒计时虽然并没有打破时间的连续流动,但却让时间不再向外延展,而变成了向内收敛,使原本充满无限可能的未来,也随之变成了令人窒息的边界之墙,向作为主体的青年人逐渐逼近。于是,"996"②"007"③成为当下青年人的常态,学术界也越来越多关注到包括职业白领、高校教师、城市农民工等各个行业的青年人"过度加班"的问题(崔志梅,2021;聂伟、风笑天,2020;任美娜、刘林平,2021;孙中伟、黄婧玮,2021;庄家炽、韩心茹,2021)。

尽管不少行业公开的统计数据并没有体现出这种"加班文化",但大多数青年人的加班却是"隐性"的、"自愿"的。实际情况往往是,为了能在截止日期前完成既定工作,为了能在截止日期前获得足够的成果,有机会晋升职称,为了能在截止日期前完成下达的业绩指标,获得远远超过基本工作的奖励酬金,青年人只能在回到家里之后,"自愿"拿起手中的工作,没日没夜地追赶步步逼近的截止日期。

---

① "非升即走"是目前许多高水平学校实施的一种人事制度,其中核心原则是在录用员工时签订附带时间条件的协议,对规定时间段内的员工表现进行工作量考核,如果达不到协议规定的条件,则予以解聘。

② "996"工作制是一种违反《中华人民共和国劳动法》的延长法定工作时间的工作制度,指的是早上9点上班、晚上9点下班,一周工作6天。

③ "007"工作制是一种违反《中华人民共和国劳动法》的延长法定工作时间的工作制度,指的是从0点到0点,一周7天不休息。

2018年，一篇题为《摩拜创始人套现15亿：你的同龄人，正在抛弃你》（中国青年网，2018-04-08）的网文爆红网络，"你要么一骑绝尘，要么被远远抛下"的论调一下子让青年们惊恐地发现，不仅仅是自己未来已经进入了"倒计时"，而且还充斥着同辈之间的相互竞争，只有更快速、更迅猛地超越他人，才能不至于被这个时代抛弃。

2020年，另一篇题为《外卖骑手，困在系统里》（赖祐萱，2020-09-08）的网文再次刷屏了很多人的朋友圈。外卖送得快，无论平台还是消费者当然都是开心的，但秉承着"快、再快、更快"的理念，平台用一套与奖惩体系相连的算法对外卖骑手们进行了"规训"，将送达的压力全部集中在他们身上，让这些骑手们在焦虑与恐慌中极为深刻地理解了"时间就是金钱"，同时也让交通规则甚至是生命安危变得模糊起来，形成更高的劳动强度，带来更大的安全隐患。

这个时候，我们不禁发现，让我们对时间充满焦虑，对时间价值日益恐慌的，不光是那些在市场逻辑和行政逻辑下制定的政策与规则，也不仅仅是那些义无反顾、奋勇向前的"同龄人"，现在甚至连科技飞速发展下所诞生的机器语言与算法，也反倒成为主宰人们时间分配与使用的"幕后玩家"。不得不承认，这是一种时间对人的异化，人们被控制在时间的牢笼里，却依然想方设法地提高效率，更充分地利用好每一分每一秒，期望早日突破时间的桎梏。

必须承认，尽管程度各异，但中国社会的快速变迁确实影响着身在其中的每一个人，就如同人们的"时间情感价值"都在飞速增加一样，人们的心理与行为模式都受到了急速变迁的影响与冲击。而工作中的人群，直接暴露于急速变迁的社会之中，因而受到的影响与冲击更加强烈，对于时间经济价值的感知也有了根本性的变化。因此，虽然社会变迁对每个人的生活都带来了变化，但作为青年人群体，所感受到的时间焦虑感最为深刻与强烈。一方面社会快速变迁让他们的时间价值迅速增大，并看到了未来的种种"美好可能"，从而对成功充满了渴望，极大提升了其主观期望；另一方面，社会快速变迁也让他们看到职场前景的变幻莫测，对"落后"或被时代"抛弃"充满了担忧与恐慌。同时，青年人群体也正处于事业积累和上升的关键时期，还要背负着他人与社会的期待与评价，必然使得这个群体产生强烈的时间焦虑感，为"中国体验"打上深深的焦虑烙印。

通过对不同人群之间时间价值与时间焦虑的调查，我们将时间焦虑感的视角从个体的微观层面过渡到了群体的宏观层面，从具有不同时间价值和主观期望的社会群体出发，比较了其时间焦虑感的差异，进而揭示了宏观上剧烈的社会变迁对个人和群体的影响。

时间焦虑感，作为人们对于社会时间的重要感知体验，并非中国社会所特有。伴随着工业化社会的来临，时间日渐成为人们社会生活的重要组成部分，甚至似乎能够将人异化。因此，要想真正理解时间紧迫这一"现代性体验"向时间焦虑这一"中国体验"的嬗变过程，首先就需要对社会时间这一现代性的重要特征进行分析，对人们"现代性体验"中的时间感知进行探讨，以此为深入讨论社会变迁中的时间焦虑感这一"中国体验"构建一个重要的分析框架和理论背景。

第四章
时间的现代性

　　通过连续的实证研究，我们看到了个人的时间焦虑感除了与每个人的人格特质有关外，还与时间的价值，以及个人对时间价值的预期有非常密切的关系。在此基础上，我们也发现不同的社会群体所感知到的时间价值（特别是时间的经济价值）和他们各自对时间价值的期望也是完全不同的，于是我们观察到了不同群体之间在时间焦虑感上的差异，当然这其中最特别的还是那些走入职场的青年群体。他们不仅感知到的时间价值最为巨大，同时也体验到最为强烈的时间焦虑感，也因此期待着更早可以结束自己的职业生涯。

　　虽然时间焦虑感是一种个体层面的心理体验，但我们从不同社会群体在时间焦虑感上的差异，逐渐发现宏观的社会因素对个体心理体验的影响。用最简单、最直白的语言来说，当仅有一个人对时间感到紧张的时候，那尚可以解释为是其个人因素造成的，但当社会上有越来越多的个体都对时间充满了焦虑，并形成了群体特征的时候，就需要从社会的某些特征与因素来解释这种现象了。这就是涂尔干所提出的，要用社会事实来解释社会事实。

因此,在当下的中国社会,要解释个人时间焦虑感产生的原因,除了探寻那些存在于每个人之间的个体差异之外,更需要将视角由微观的个体层面上升到宏观社会层面,从社会事实出发来探讨时间焦虑背后的逻辑脉络与路径。

第一节 时间的属性

时间,作为这个世界的第四维度,是人类用以描述物质运动或事件发生的一个过程参数。过去,最标准的时间常常是由地球绕太阳公转的周期来决定的,而现在则采用原子震荡的周期来确定,这便是天文时间,也是绝对意义上的自然时间。永远保持恒定的周期,不会增加,也不会减少;不能转移,也不可能消失;不受任何外界因素的影响,更不以人的意志为转移。

然而这样的一种绝对化的自然现象,在人类的社会生活中被赋予了特殊的意义,从而扮演着极为重要的角色,因此,自然时间只要与人发生联系,与社会生活发生联系,就必然被浸染为社会时间。

一 社会时间

涂尔干将时间作为一种集体意识的产物,认为时间被分解为各种各样的时间性活动,而这些活动又"组成一种文件节奏,时间的意义则由这种节奏所赋予"(转引自 Pronovost,1986)。在涂尔干看来,时间是所有社会成员共享的一种时间意识,这种集体时间是所有时间进程的总和,而各种时间进程彼此连接形成某种特别的社会文化节奏。因此,"集体生活的节奏包含和控制着所有集体生活基本形式的各式节奏,而得以表达的时间也就包含和控制了所有具体的社会生活进程"(Durkheim,1947:69)。而索罗金和默顿同样认为就宏观层面而言,"时间的单位通常是由集体生活的节奏决定的",但就微观层面而言,时间是不连续的、相对的和特殊的(Sorokin & Merton,1937)。

在社会生活中,时间被赋予了各种各样的意义,这些意义又是与社会生活中的具体活动息息相关的。每个不同的社会系统中,都有其自身独立的时间系统,这个时间系统并不只是一种时间规则,而是一套时间规则体系。根据个体不同的年龄、身份、职业,以及所处的群体、环境等因素不同,社会中的个体选择自己应该遵循什么样的时间规则。例如,一个人的时间感,既可能受到工作节奏的控制(职业),所以有人周一至周五的白天必须上班,到了晚上才能陪伴自己的家人,而有人却可以灵活机动地安排自己的工作与生活的时间;也可能被农历的节日循环所影响(习俗),因此才出现了每年春运时一票难求,而清明时都被堵在路上的情景;同时还有可能与其家人的生活习惯有关,所以有些年幼孩子的父母睡得再晚,第二天一早也必须起床,因为要送孩子上学。

时钟的出现,虽然看上去似乎带来了一种标准的、精确的和可靠的时间,但这种对自然时间客观反映的愿望,不过是提供了一种可见的、社会成员共同使用的时间参照标准。当人们"想知道现在是几时几刻,只需瞥一眼教堂尖塔上的时钟"

(诺沃特尼,1994/2011:25),但这里的"几时几刻"并不是人们心中真正的时间,而是那些众多受各种社会因素影响的时间规则,共同构成了人们心中的有效时间秩序,形成个体独立的时间体系,并最终整合为独特的社会时间系统。

因此,社会时间并不是绝对的、标准化的时间,而是一种在习俗、文化、社会结构等基础上,由社会生活主体建构出来的一种具有独特意义的时间。就如同在社会学领域中,关于时间的最古老、最完善的研究是时间预算的研究,即对一些人日常工作生活中使用时间的调查(亚当,1990/2009:111)。然而这样的研究并不关注时间本身的自然属性和意义,而是将人们花费在工作、生活和休闲各个方面的时间,以及花费的方式,作为生活质量的衡量指标。就像那则著名的故事《富翁与渔夫》中所述,富翁将"买更好的船、雇更多的人,从而帮助自己赚更多的钱,而自己只要舒服地躺在沙滩上晒太阳"作为最高质量生活的体现,因为这样就不需要自己去工作,还可以自由地把时间花费在休闲当中。可见,社会时间的建构性才是其根本性特征,只有把时间放回到人类社会的背景中去,才能更好地理解时间所蕴含的意义。

其实,时间最初从各种自然现象中"提取"出来,本就是一种社会建构、一种权力的建构形式。"在几乎所有社会中,都是牧师们首先按照那些超自然的秩序和神圣时间与世俗时间的区分而确立了占统治地位的时间体系。"(诺沃特尼,1994/2011:80)借助于那些神圣的仪式化活动,人们才开始有了"时间"的意识;并从活动的顺序、速度中,有了时间的感知。而这一过程所体现的,恰恰是牧师们的无上权力,这也是一个重要的"社会事实"。

然而，另一个重要的社会事实是，虽然牧师们在巩固和加强自己的权力过程中，将社会时间从自然时间中分离了出来，但随着现代社会的来临，社会时间逐渐脱离了"牧师"或"宗教"的控制。人们需要知道时间时，不再是抬头注视神圣教堂塔尖上的大钟，而是只要看看家里或工厂墙壁上悬挂的时钟，甚至只需要看看随身携带的怀表或手表就可以了。

钟表的普及预示着时间由神圣走向了世俗，社会时间所蕴含的权力也慢慢让渡出来。这一次，接过时间权力手杖的并不是人，而是轰鸣着的机器。

二　工业化时间

神圣教堂塔尖上巨大的时钟，演变成各种小巧、便携的钟表的背后，折射出人们对时间越来越强烈的需求与关注。然而，钟表是不可能制造出时间来的，能制造出来的只是象征着时间的精确刻度，只是将时间的度量做得越来越精细、越来越准确，来满足人们对于时间，或者更准确地说是对于使用时间的强烈"渴望"。

正是在钟表得益于制造业迅猛发展的同时，工业化时代在蒸汽机的轰鸣声中慢慢驶来。但正如 Mumford（1934：14）所说："工业时代的关键引擎不是蒸汽机，而是时钟。"由于社会分工的日益细化，不同社会组织和成员的功能专门化程度也逐渐提高，工业生产的组织对于时间同步性的要求也与日俱增，特别是在大型的生产制造业公司中尤为明显。

随着生产流水线的迅速发展，整个生产活动中的各个部分

第四章 时间的现代性

之间,在时间和空间上的协调就变得尤为重要。生产过程越复杂,生产工艺越精细,生产要求越高,对于时空协调的要求也就越高,也就更加依赖于复杂、精细的时间计划。在工业主义盛行的时代,有效率的组织等同于对生产进行细致的时间评估,时间表成了计划的核心特征,而时钟则是协调和控制的工具(哈萨德,1990/2009:15)。

至此,"准时"便成为工业化社会的典型特征。如果工厂在早晨八点开始工作,而工人八点十分到达就是迟到,因为这样会拖延生产,导致当天的任务可能完不成。虽然到了当代社会,准时在不同的社会和文化当中有着不同的含义与概念,对准时与否的评判标准也不同(Levine & Wolff, 1985),这也再次充分体现了社会时间的"建构性"这一根本性特征。但是在工业时代来临的初期,要组织大型的工业生产,要想能够从中获得丰厚的利润,准时的含义是统一而明确的,就是要与某种时间保持同步,以便所有的生产流程能够像一台精密的机器一样正常、高效地运转。

同样不能忽视的是,工业生产等社会活动要想准时,就必须有一个外在的、所有社会成员共同的时间参照。显然,钟表就是用以达到准时的最精确、最普遍的工具,因为它通过对时间的精确分隔与度量建构出了一个时间参照系。也就是说,每一块钟表,都表征着同一个时间标准,有了这样一个时间的标准参照系,就可以满足工业化社会中同步性的极高要求。

然而,"同步性"像一条贪婪的大蛇一样,逐渐渗透进工作的每一个时空单元之中,并很快吞噬掉一切其他标准,让自己登上了"统治者"的位置。"工时"便是根据时钟的时间单位进行计算的,而这种时间单位是恒定的、标准化的和普遍适用的;同样,也是不以人的意志为转移,是不受到情境、事件、目标所制约的。

因此,索罗金发现在这样一个由钟表所驱动的社会里,给予各种行动的时间未必能完全适应其社会环境,因此行动就被强加上了"时钟时间"的单位,人们越来越被诸如吃饭、睡觉、性等各种活动的机械时间安排所累(Sorokin, 1937)。

此时,原先那些影响社会时间的习俗、文化、价值等因素似乎渐渐消失了,时间只对标准的时钟负责,时钟的指针如同一个神圣的指挥棒,指明社会时间的长短与方向。

不断提高的同步性要求,将时钟所能显示的时间不断地细分,以分、秒甚至是更小的单位来计算,却完全与人类的生命活动脱离开来。即使是人们工作之外的休息与闲暇,也与个体的需要与生物节律脱节,仅仅跟随在钟表时间的指引下,不断向前而已。终于,人们发现,自己的生活已经不再是其生命周期的反映,却是由受到钟表(或者是日历)约束的机械周期构成。社会活动也被这种了无生气、僵硬死板的机械周期所主宰,呈现出一种非自然的、统一化的态势。

19世纪,人类凭借机器谱写了历史,却又在机器的飞速运转中被"效率"(相同时间内产量越来越高,或者生产同样数量的产品所需要花费的时间越来越少)牢牢困住。正因此,在罢工活动中,"英国的产业工人要砸烂的是高高悬挂在工厂门前的时钟,而不是他们的机器,因为让他们愤怒的,是这个记录时间的可恨标准,它客观、公正却又冷血、无情地监控着工人们,强迫他们不断提高效率"(Thompson, 1967)。

第四章 时间的现代性

工人们的反抗虽然很无力,但也从另一个侧面反映出在生产过程中的"高效率"对于生产者的束缚与压力。而对于"高效率"生产,其中最突出的代表应该就是于20世纪初期盛行于西方社会的泰勒主义(Taylorism)。科学管理之父泰勒(F. W. Taylor)是这种方法的开创者,他希望借助当时先进的技术手段和统计学方法,"为全厂的每部或每一类工具机器特制一把计算尺",找到每个产品的最佳加工方法,"给工人详细指明方向"。(泰勒,1911/1984:91)

在泰勒看来,要想在科学管理中提高效率,最重要的就是节约工人们的"动作",他制定了节约方案的几个主要步骤(泰勒,1911/1984:201—211):

第一,找10—15个不同的人(最好来自国内各部门的众多不同的企业),这些人对所要分析的工种具有特殊的专长。

第二,研究其中每个人在干被调查的活计时所应用的基本动作或意图的确切次序,以及他所使用的工具。

第三,用秒表去检验做这些基本动作的每一步所需要的时间,进而选择能用最快速度去干活计时的动作的每个组成部分。

第四,排除一切假动作、慢动作和无用的动作。

第五,在摒弃一切不必要的动作之后,把最快的动作和最佳的工具汇集成一个系列。

这便是泰勒追求效率的最佳方案。可见,在这个过程中,需要将所有与工作有关的一切都化约成可以测量的时间，进而将其标准化，最终达到精确控制的目的。

虽然看上去这样的方法可以大大地提高效率，但在整个过程中，并没有体现出人在其中的价值。在泰勒的标准化操作程序下，工人处在高度的神经紧张之中，给工人"带来无法忍受的局限和耗尽精力……；工人被降低到畜生的地位，在这种地位上禁止工人去进行思考或者做出反应；工人被降低成一部没有灵魂的机器，紧张而过度地进行生产"（博德，1983/1986：189）。人们随着这种标准化管理的推广，"智慧已从各车间和各厂中被赶走。留下的只不过是没有头脑的双臂和改装成钢铁机器人的肌肉机器人而已"（博德，1983/1986：190）。于是，时间的紧迫感便伴随着工业社会的来临，成为一种在机器大生产时代普遍存在的"现代性体验"。

泰勒模式追求人可以像机器一样精确，但人毕竟不可能成为机器，在抵制与反抗之中，对于高效率和同步化的追求，开始转向非人的因素。人们很快发现技术的革新与发明，同样可以达到对同步化精确的要求，而且不会遇到任何来自人的阻力。至此，现代社会对于时间同步性的追求，与技术的革新和扩散完全捆绑在了一起。人们在技术的催促和逼迫之下，不由自主地不断提升着速度，而且迷醉于以技术作为媒介的时间之中，却浑然不觉。看看从依赖于工人手工的操作和装配，到今天福特汽车 10 秒钟就诞生一部汽车的机械自动化装配流水线（新华网，2003 - 06 - 17），从信件、电报、电话、传真到今天的手机网络，技术将速度的提升渗透进了社会生活当中，作为社会生活主体的人根本无所遁形。

技术不仅加速了生产，而且缩短了人与人之间的社会距离，个人习惯与社会风尚的改变之快，常常让人应接不暇。这在剧烈变迁的中国社会尤为突出，无论是掌握着先进技术的"码农"①们，还是被困在平台系统中的外卖小哥，某些技术不仅没有实现其承诺的"自由"，反而成为现代工业化时间的帮凶，给人们套上了更精密、更轻薄，却又更牢固的枷锁。

第二节 社会的理性化

在现代社会中，本该服务于人的先进技术却常常反过来制约了人类。然而，受到束缚的人们却好像对技术有着一种特殊的迷恋，不断追求新技术的开发与应用，并主动帮助将技术的"触手"扩张和渗透到人类生活的方方面面。

人类这种对技术的迷恋，究其本质而言，源于一种对理性和绝对目标的追求，这其实也就是进入工业社会之后，社会时间连同人们的社会生活一起，完全被工业化时间或者仅仅是单纯的钟表时间所主宰的根本原因。

一 理性主义

在韦伯看来，合理性就是西文现代化的本质，现代化的进程就是理性化（rationalization）的过程。进而，韦伯将社会行

---

① 随着时代的变化，很多从事 IT 行业的程序员、工程师自嘲为"码农"。他们往往受过高等教育，对于编程、设计、软件开发等与计算机相关的领域有着熟练的技巧。但随着企业雇主对利润的不断追求，他们过度加班的情况也越来越普遍，个人生活的时间受到严重挤压。

动分为合理性行动和非合理性行动，其中合理性行动又可以分为目的理性行动（means-ends rational action）和价值理性行动（value rational action），而非合理性行动又分为情感行动（affectual action）和传统行动（traditional action）。

目的理性行动主要表现为对目的的关注，"当目的、手段和派生的影响都被予以合理考虑的时候，一种理性行动就是目的取向的；这种行动也可能涉及对各种可能选择的权衡，对这一目的和其他可能使用的手段间的关系的考虑，以及最后，对各种不同目的的相对重要性的比较"。而价值理性行动则主要表现为对行动固有价值的自觉信仰，其"独立于任何功利动机，仅仅受制于伦理的、美学的和宗教的标准"。（周晓虹，2002：366）

在合理性行动的基础上，韦伯认为理性（合理性）可以分为两种主要形式，即为形式理性（formal rationality）和实质理性（substantive rationality）。形式理性是一种客观的合理性，它涉及不同事实之间的因果关系判断，主要表现为手段（工具）和程序的可计算性，因此又被称为工具理性；实质理性是一种主观的合理性，它涉及不同价值之间的逻辑关系判断，主要体现为目的和后果的价值，因此又被称为价值理性（周晓虹，2002：371）。

韦伯认为形式（工具）理性与实质（价值）理性之间存在着矛盾和张力，而形式理性又是伴随着西方工业社会的到来而显现出来的。因此，现代化的进程实际上就是形式（工具）理性在社会中延展的过程。这个过程主要表现为形式理性与实质理性的断裂、冲突，以及形式理性压倒实质理性，在社会的各个领域中处于主导性地位。

在西方工业化文明的发展进程中,在形式(工具)理性的形成并与实质(价值)理性的对抗过程中,工具理性逐步彰显出以下主要特征:

> 效率,即从一个点达到另一点的最佳方法。何为"最佳"方法,就是指一种以最直接、最快捷的方式,达成某种目标的方法。如同装配线一样准确、高效。
> 可计算性,即事物可以被计算或数量化。量成了质的对等物,有了足够的量之后,似乎就意味着是好的,所以人们最关心的是如何尽快地完成工作或任务。
> 可预测性,即对事物的运作方式和结果能够进行预测,以确保事物在不同的时间和地点都是一样的。
> 控制,即用非人技术来替代人的技术,以此来降低人为因素的干扰。(里茨尔,1999:16-19)
> 去神性化,即从社会生活中祛除巫术的因素,代之以系统的、合理的和逻辑的因素。
> 去人性化,"理性化的结果是在提高了社会的效率和可计算性的同时,也使我们丧失了对人性和人类价值的关注"(周晓虹,2002:373)。

就其本质而言,理性化也包含着对自由、正义、人性的追求。但由于现代社会的理性化实质上是将价值理性转化为工具理性的过程,结果便是价值和意义的消失,形式化的经济与政治体制桎梏了自由、正义、人性等基本价值。

韦伯认为在传统社会中，价值理性占统治地位，而在现代社会中，则是工具理性占统治地位。社会的现代化过程，某种意义上说，就是一个工具理性化的过程。在这个过程中，工具理性帮助人们不断地世俗化和祛魅化。起初，在这个理性化过程中，人们的蒙昧意识逐渐消失，个人的自由也日益扩大。然而，事实上现代社会工具理性化的最终结果，却与起初的理想大相径庭，过度扩张的工具理性取得了压倒性的优势，价值理性被工具理性化约，传统的价值和规范逐渐消失，人们自己创造的形式化的经济、政治制度，反过来剥夺了人的自由。

二　工具理性的冲击

工具理性对价值理性的冲击，最突出的就是通过对量的追求，用"量"替换了"质"。工具理性中强调"可计算性"，也就是可量化。当一个事物的某种特征可以量化之后，就有可能对这一特征进行统计与分析。然而在价值判断中，很多是无法进行量化的，例如我们谈论一位教师优秀与否，一件艺术品珍贵与否，是没有办法通过量化的数值或是算式来进行（工具）理性计算的。这一方面说明我们对很多事物的价值判断是一个复杂的过程，受到诸多因素的影响，另一方面也给人们之间形成统一的共识带来困难。

此时，工具理性的可计算性就显现出巨大的优势，由于量化有着统一、直观的标准，所以判断起来就非常容易。于是，当工具理性伴随着工业化时代开始进入人们的日常生活之后，这种"先进""客观""可见"的方法很快吸引了人们试图将其引入到原先颇为复杂的价值判断领域，期待借助科学的手段,协助人们快速、准确地进行识别、做出判断,得出重要的结论。例如高尔顿与他的优生学实践就是一个非常富有争议的案例。高尔顿对英国历史上有名的法官、政治家、军事家、文学家、科学家、诗人、画家、牧师等类人物家族进行系统考察,力图证明智能遗传的存在,并给予定量描述。他把1865年出版的《时代名人辞典》收录的人定义为"名人"。通过调查,高尔顿发现平均每100个英国法官的亲属中有8.4个"名人父亲",7.6个"名人兄弟",11.7个"名人儿子",共38.3个"名人亲属",由此证明天才在法官家族中是遗传的;同时根据他的推算全英国平均每4000个人中产生一个名人(刘钝、苏淳,1988)。他还致力于建立更精确的测量方法来考察人类才能的差异,并于1883年出版了专著《人类才能及其发展的研究》(*Inquiries into Human Faculty and Its Development*),在这本书中高尔顿第一次提出了要制订一个以人类的自觉选择来代替自然选择的社会计划,为此他还创造了"优生学"(Eugenics)这个词。

尽管高尔顿当时的调查和统计还比较粗浅、笼统,也有不少有争议的观点与做法,但他希望借助于量化的方法来提高人类素质的强烈愿望可见一斑。借助技术的不断革新,人们也越来越对量化方式的快捷、简便、直接、客观感到欣喜,也越来越多地使用量化的方式。而那些复杂、麻烦、间接、主观的逻辑判断和价值思考逐渐被人们用看上去更高效、更"科学"、更"理性"的量化方法取代。

而这时追求的已经不仅仅是数量本身,而是超越了数量的质量,这就是里茨尔在他那本著名的《社会的麦当劳化》中所说的"事实上，量（尤其是大的量）倾向于成为质的一种替代"（里茨尔，1999：98）：

> 对于量的强调既与过程（如生产）也与结果相关（如货物）。就过程来说，所强调的是速度（通常是高速度）。而就最终结果来说，强调的要点是所生产和提供服务的产品的数目。这种对于量的强调有几个积极的后果。最为重要的是快速生产和获得大量东西的能力。……不过，强调量倾向于从反面影响到过程和结果的质。对于顾客来说，这通常意味着在行进中吃东西（几乎谈不上什么"有质量"的就餐了），所消费的食物至多也只是平常之物。对于雇员来说是几乎没有什么机会从他们的工作取得任何具有个人意义的东西，所以，无论是工作还是产品与服务，都会受损失。

韦伯提出的工具理性和价值理性，为我们分析现代社会提供了一个重要的理论视角。正如帕森斯所说："韦伯站在西方文明发展的一个转折点上。几乎没有一个与他同时代的人像他那样把握住了旧制度崩溃的事实与本质。比起任何个人来，他对确定新的学术方向做出的贡献更大。这种新方向对于研究正在上升的社会学界的形势具有根本性的重要意义。"（引自菲根，1998：168）在马克斯·韦伯之后，大批的学者追随他，使用理性化的分析框架，对现代性开展了大量重要研究，其中以法兰克福学派为甚。

卢卡奇认为，在资本主义社会里，"物化"作为一种普遍的社会现象存在于各个领域,是生活在资本主义社会的每个人的直接现实,主要表现在:人类主体活动的"物化";人类主体的"物化";人与人关系的"物化";人的意识的"物化";法律与国家的"物化";资本主义文化的"物化";"物化"造成资本主义科学和哲学的片面性(蒲济生、侯秋月,2007)。卢卡奇认为在这一系列"物化"中,最根本的是人的"物化",只有首先去除了人的"物化"意识,才有可能消灭资本主义的"物化"现象。

马尔库塞则认为:"在技术媒介作用中,文化、政治和经济都并入了一种无所不在的制度,这一制度吞没或拒斥所有历史替代性选择。这一制度的生产效率和增长潜力稳定了社会,并把技术进步包容在统治的框架内。技术的合理性已经变成政治的合理性。"(马尔库塞,1964/1989:7—8)也就是说,技术理性已经渗透到制度结构之中,成为一种组织化的统治性原则。而所谓单向度的社会就是这种受到技术理性统治的社会,而在这种单向社会中被操纵和控制的人就是"单向度的人"。马尔库塞试图用新的理性去化解技术理性的弊端,"这种新的理性应该包含批判和否定精神,是工具理性和价值理性的统一,是科学理性和艺术理性的统一,是理性与感性、理性与幸福的统一"(阳海音,2010)。

进入工业化社会之后,在生产与消费的巨大刺激之下,(工具)理性化已经成为一种时代精神,充斥于人们社会生活的方方面面,同样也让人们将时间作为一种资源努力将其客观化、数字化,得以计算与操作。然而,让时间这种资源变得稀缺,并引发人们焦虑与恐慌的,除了理性化之外,还源自于时间与金钱的"联姻"。

第三节 现代性时间的隐喻

马克斯·韦伯在《新教伦理与资本主义精神》（1920/2010：182—184）一书中引用了这样一段"本杰明·富兰克林给我们的教诲"：

> 切记，时间就是金钱。假如一个人凭自己的劳动一天能挣10先令，那么，如果他这天外出游荡或闲坐半天，即使只花了6便士用于消遣或坐食，也不能认为这就是他全部的花费；他其实花掉了、或者应该说是白扔了另外5个先令。
>
> ……
>
> 切记，金钱可以再生增值。钱能生钱，生出的钱又可再生，如此生生不已。5先令可以周转变成6先令，再周转变成7先令3便士，如此周转下去直到变成100英镑。钱越多，每次周转再生的钱也就越多，收益也就增长得越来越快。谁若把一口下崽的母猪杀了，实际上就是毁了它的一千代。谁若是糟蹋了一个5先令的硬币，实际上就是毁了所有它本可生出的钱，很可能是数不清的英镑。
>
> ……
>
> 谁若每天浪费可值4便士的时间，那就是一天接一天地浪费使用100英镑的特权。
>
> 谁若白白流失了可值5先令的时间，那就是白白流失

了5先令,这就等于故意将5先令扔进大海。

谁若丢失了5先令,实际上丢失的便不止这5先令,而是丢失了这5先令在周转中会带来的所有收益,这收益到一个年轻人变老了的时候会积成一大笔钱。

韦伯将这段"教诲"描述为"一种精神气质、一种独特的伦理"(韦伯,1920/2010:184),其口中天职一般的资本主义精神从中可见一斑。

不过从这段话中,我们已经可以看到,在当时,人们已经开始将时间与金钱连接起来,非常关注时间背后的经济价值。

一 时间就是金钱

在传统的农业社会里,"比如古代的中国或者封建时代的欧洲,人们一般得不到按小时支付的工资。作为奴隶、农奴或者收益分成的佃农,他们一般都是收到或者保留他们所实际生产量中的一小部分。工作时间,就其本身而言,并没有直接转换成货币"(托夫勒、托夫勒,2006:53)。同时,在传统农业社会里,人们基本上被束缚于土地之上,天气等自然因素极大地影响着人类劳动的最终价值。而人本身的劳动投入,特别是时间上的投入并不能从最终的劳动价值上直接被体现出来。也就是说,人们每天多花几个小时的时间在农业劳动上,得到的价值或货币回报并不一定会因此有多少差别。所以,那个时代的人,与时间的关系是疏远的、不紧密的。

然而,工业革命的到来,使得人们得以从土地的束缚中解脱出来,进入了工厂,通过劳动直接换取货币及其背后所代表的某种价值。人们在劳动中投入的时间开始有了直接的"回报",工作时间和劳动效率之间的差异,开始在最终获得的货币或物的价值上体现了出来,人们与时间的关系开始接近。而随着钟表的普及和日益精确,时间的基本单位也越来越小。这不仅使得人们在计量时间时越来越精确,也为人们对时间的"充分利用"提供了前提条件。

  同时,随着社会分工的不断发展和细化,开始出现了非固定的工作。因此,当需要给从事这些工作的人付工作报酬时,原先按年、按月计算报酬的方法就不适用了。于是,按周、按天计算报酬的方式随之出现,很快还出现了按小时计算报酬的方式。"雇主们为了最大限度地生产,就采用了装配线提速或者计件付酬手段,以便从工人那里获得额外的工作。基于'时间就是金钱'这一准则,工厂的工人们开始按小时获得报酬。……搞现代化的先驱们又向前迈了一步。他们在时间链上又添上了一环,从而牢固地将财富与时间连在了一起。……这样,劳动力和金钱都越来越按照时间来计价了。"(托夫勒、托夫勒,2006:53)当支付报酬的基本单位从年、月变成了周、日,甚至到了小时的时候,时间的价值性也日益凸显了出来。原来每一个小时的时间都是可以被支付报酬的,人们一方面明确了自己的价值,另一方面会不由自主地以最小时间单位的价值计算自己的时间成本。

  正如我们在前文中所提到的,人们的日常活动通常可以分为三种(Goodin, Rice, Bittman & Saunders, 2005):有薪劳动、无薪的家务劳动(如煮饭、打扫、照顾小孩、购物等)和个人的养护(如吃饭、睡觉、打扮等)。之所以称之为无薪的

第四章 时间的现代性

家务劳动，便是因为人们从这部分劳动中，是不会得到任何报酬的，但人们又必须完成这些活动，因为它是保持我们正常的生存和生活必不可少的条件。

然而，随着社会分工越来越精细化，服务性产业的迅速崛起，许多原先的无薪家务劳动，甚至是个人养护活动，并非必须由我们自己来完成，可以交由专门的人员来完成。更换煤气罐由煤气公司的送货工完成，各种鞋子由专门洗鞋店的擦鞋工护理，修理家里的水管由物业公司的修理工完成，打扫房间由家政服务员完成，购票由票务公司的工作人员完成并送票上门，个人的化妆、护理由美容店的美容师完成，甚至连排队都有专门的服务公司可以代理完成。

一方面，人们被逐渐从这些原先琐碎的无薪必要劳动中解放出来，从而将自己的时间更多地用于有薪劳动或是娱乐休闲活动中。当然，这样的解放是有成本的，那就是要向代替我们完成这些劳动的人支付报酬。而这些提供专门"琐碎服务"的工作，由于人们各种需要的独特性，自然是不稳定的，有着工作周期短、人员流动性强等诸多特点。因此，要向这样的劳动支付报酬，就绝不可能像过去那样以较长的时间作为报酬的结算周期，而只能以天、小时甚至是分这样的短暂时间作为结算单位。因此通过这种短时间的计时付费的方式，时间的价值日益凸显出来，计算这种价值的时间单位也不断减小。

另一方面，在这些"琐碎服务"中，有很多的劳动是不能按时间的长短来支付报酬的。例如换煤气罐，如果计时付费，送货工"磨洋工"的可能性就会大大提高。所以这样的劳动，只能以完成的件数来衡量。人们常常会计算某一段时间内，自己可以完成的件数,并想方设法提高工作效率,以此增加完成的数量,获得更多的报酬。

此时,人们最关注的就是马克思所说的产品的"必要劳动时间",因为只有缩短了必要劳动时间,才能完成更多的工作,获得更多的劳动报酬。当计件劳动从原来的有薪劳动,渗透到无薪家务劳动和个人养护等活动中之后,人们开始非常频繁地接触这种必要劳动时间、完成件数和劳动报酬之间的比较与计算,获得相应报酬所需要完成的单件劳动,逐渐被所需要的必要劳动时间替代。于是,人们开始习惯于进行一个转换,用时间来作为自己价值的单位,例如人们为了展示自己的能力,常常会说"我只要花 5 分钟就可以赚 10 块钱",而不常说"我花 5 分钟,做一个灯笼,就可以卖 10 块钱",或是"我做一个灯笼,就可以卖 10 块钱"。

由此可见,计件付费的劳动方式,与计时付费一样,都使人们时间的价值凸显出来,引起人们的关注(DeVoe & Pfeffer,2007)。于是,由于每个人的时间都是具有一定价值的,因此,如果没有将时间用来创造出本该有的价值,就相当于浪费了时间,更重要的是,浪费了时间背后所蕴藏的潜在价值。这便是本节开始那一段"富兰克林的教诲"中想要告诫我们的:切不可浪费时间,那就是在浪费金钱,因为时间就是金钱。

二 时间商品化

现代工业化社会中,提高效率也好,创新技术也好,其根本目的还是生产更多的产品,从而创造出更多的价值。所以人们特别强调技术的革新,并希望能够将新技术广泛地运用于各

第四章 时间的现代性

个领域，包括不断改革时间计量技术、普及计时工具，也是为了能够以技术来保证与生产之间的步调一致，制造出更多的产品，从而满足人们对于价值的追求。

当时间与金钱之间达成互换之后，时间逐渐具有了一般等价物的性质，因为两者都是一种可以定量测量的中介物。时间对人们的活动进行量化，再将其转化为金钱，就像人们按工作的时间获得酬劳一样。也正是基于此，人们似乎更像是在出卖自己的时间，交换自己的时间，而不是出卖和交换自己的劳动。同样，通过合理的组织，时间也可以"被节省"和"被操作"，从而实现更多的价值，尤其是经济价值。时间俨然成为一种经济目标，一种可以赚取、节省和消费的商品。时间作为"一种媒介，人类的活动，尤其是经济活动可以借助这一媒介获得以往无法想象的发展速度"（Nowotny，1976：330）。

不过，时间与金钱还是有所不同的。人们可以有意识地控制、节省和积攒金钱，而对于时间的流逝，人们完全无能为力，只有眼睁睁地看着时间消耗殆尽。但是，时间可以被转换成金钱，也只有通过使用时间这种资源，才能获得金钱。于是，作为一种特殊的资源，时间也会被使用、分配或出售。此时，时间彻底成为一种可以换取金钱的商品，这就是吉登斯所说的"商品化的时间"（Gidden，1981：134）。时间被商品化之后，原先均衡、平等的时间流就被切割成一个个独立的单元。工作时间与睡觉时间相区别，生产时间与休息时间相区别，工人时间和老板时间相区别。真正区别的并不是时间的多少，而是被附加在这些时间之上的经济价值。

时间的商品化将不同的时间分离开来，赋予不同的价值，人们对于不同类别的时间的态度也发生不同的转变。对于工作的时间格外重视，极力合理、高效地使用这些时间，以确保其不被浪费，并产生出最大的金钱价值。因为"现在，时间是流通货币：时间不是被度过，而是被花费"（Thompson，1967）。

同时，一旦时间成为商品，就具有了随供求关系而波动的商品特性。当人们拥有大量时间的时候，时间似乎就会有所贬值，就像流浪汉有大把大把的时间，却没有多少价值。可当人们时间不够的时候，就会格外珍惜，它的附加价值也随之增大了，就像一个成功的商人总是希望自己的时间可以更多一些。这其中，真正起作用的不是时间本身的多少，而是附加在时间之上的价值。流浪汉对于时间并没有投入多少时间（流浪之前的时间）、精力与资本，所以他的时间虽然很多但却没有什么功用；而商人已经在其时间中投入了大量的时间（成为成功商人之前的时间）、资本与精力，因此才显得弥足珍贵。

至此，三个现代性时间的隐喻完全呈现出来：时间就是金钱；时间是一种有限的资源；时间是一种有价值的商品（Lakoff & Johnson，1980）。

马克斯·韦伯认为资本主义的根本特征就是："它以严谨的计算性为基础达到理性化，以远见和谨慎追求经济成功"（韦伯，2010：201），这便是现代性的重要特征之一。在这种理性化的作用下，众多社会事实都被"理性"地计算，希望能够达到价值的最大化。而这个价值，更是集所有理性化特征于一身的"最理性"的价值，（工具）理性化为"现代性体验"做好了形式上的准备。

然而，光有形式是不够的，因为人们完全可以抑制自己的冲动，或者放任自己的"慵懒"，不去追求价值最大化。为了将传统的对个人必需品的需求，转化为对不受需求限制的利润的追逐，现代资本主义借助所谓的"天职观"，将不断地为上帝或非个人积累财富上升到道德层面。"如果为了履行天职而尽义务，那么追逐财富不仅在道德上是许可的，而且是必需的。"（韦伯，1920/2010：262）也就是说，人们就应该不断地追求利润，只要其合乎道德的"天职"。

李约瑟的研究发现，过去的中国社会也借助于时钟来衡量时间，但却没有把时间与劳动力出售和交换联系起来（Needham，1988），这便从另一个侧面论证了韦伯所强调的，正是结合了资本主义生产模式的新教伦理，才导致了现代工业社会中对待时间的方式与态度。

"这样，虚掷时光便成了万恶之首，而且从原则上说还是应受天罚的大罪。……因此，无所事事的默祷也就毫无价值，如果它还是牺牲人们的日常劳作，那就应当直接给予谴责。因为，上帝更乐于人人各司其职以积极执行他的意志。"（韦伯，2010：259）这里，将"无所事事"变成不道德，也就是将浪费时间视为一种"罪恶"。在这样一种"时代精神"之下，"不可浪费时间"的时间焦虑感自然形成了。

"天职观"不仅赋予了时间以"现代性"的灵魂，使其大行其道，而且促生了时间紧迫感这一独特的"现代性体验"。

三 时间买卖

时间应该是这个世界最绝对的、最公平的、永远保持不变的一种事物。每一个人的时间都是一样的，无论你的性别、年龄、种族、贫富、相貌等,对你的时间都不可能多,也不可能少。时间也不可能像其他物品一样赠予他人,或是占有他人的时间。

尽管时间成了一种商品,但时间是不以人的意志为转移的,它按照绝对均匀的速度客观地流逝,所以人们不可能通过任何方式制造出时间来。尽管对于整个宇宙或世界来说,时间看上去是无穷尽的,但就每一个体而言时间却是有限的,它不可能通过生产而增加,因此,在时间面前无能为力的人们,希望能够控制时间、操纵时间甚至是增加时间的愿望也更突出与强烈。人们实现这些愿望的最常见方式就是想尽各种办法节约时间,这样就可以做更多的事情,得到更多回报。

同样一件事情,假如在不同的时间去做,虽然达到的效果是相同的,但所花费的时间却不一样的话,那么节省出来的时间其实就成为了"利润",这就是"时间套利"。例如同样去银行办理业务,如果选择周末去,由于人比较多,可能排队等待的时间需要1个小时以上;但如果平时工作日去,由于人少可能不用等待,就会一下子节省近1小时的时间。因此,在可以选择的前提下,如果选择平时去办理,就相当于能够"赚取"1个小时的"利润"。通过这样的时间套利,时间似乎就"变多"了,某种程度上看,我们仿佛"生产"出了时间。

2008年底,一个叫作"陈潇的剩余人生店"的淘宝网店开张,引起了一场轩然大波。因为这家店并不售卖任何实体物品,而是店主陈潇本人的人生剩余时间。在这家淘宝网店的首页,赫然写着"陈潇的剩余人生店献给那些真正需要时间的人"。而店内的广告语是:"安排陈潇的生活是你们的权力,为

第四章 时间的现代性

你们服务是我的义务。"并且注明除违法、暴力、色情业务不接外，都可按网友安排支配自己的时间。①

陈潇出售的时间只有三种：8分钟8元，一小时20元，一天100元。购买时所要支付的费用是"时间费用+物品成本+交通费用"。比如，要陈潇帮忙写个海报"出卖时间"或是要发短信给时间吧②，便购买陈潇的8分钟；而如果要陈潇去代为看望一个朋友或是想要陈潇去学校帮忙做点事情，则得购买陈潇的1小时×数量（和路程远近有关）。

虽然现在再打开这家网店，这些介绍与广告语已经悄然消失，但三种时间的出售方式依然被置于显要位置。而自陈潇的这家出售时间的网店开张之后，互联网上也随之陆续出现了不少其他类似的出售时间的服务店家。

其实，如果从时间角度来看，无论是新近出现的代购物品、替人排队、陪人打游戏，还是传统的邮寄快递、送货上门、外包服务等，都是一种支付费用，购买他人时间的行为。只不过有些事情是必须在真实情境中通过实物完成（如跑腿、代办等），因此这些行为可以算作是线下时间购买；而一些事情则是可以在网络上直接完成（如数据整理、网络宣传等），因此这些行为可以算作是线上时间购买。但无论是线上时间，还是线下时间，都是将他人的时间购买过来，完成自己的事

---

① 淘宝网店"陈潇的剩余人生店"，2022年4月6日，http://shop33691501.taobao.com/，现已注销。

② 时间吧是中国专业的时间买卖交易平台，致力于对时间买卖、时间交易的C2C电子商务平台，还包括聚会交友、用户交流、时间拍卖等特色专区，时间吧不仅仅提供给客户一个交易匹配的服务，而且还有各种聚会活动，用户间交流学习等。"时间吧"，2022年4月6日，百度百科（https://baike.baidu.com/item/%E6%97%B6%E9%97%B4%E5%90%A7/1835033?fr=aladdin）。现已注销。

情。而时间能够购买本身，就是时间商品化的充分体现。

在购买他人时间的行为中，也包含着相同的"时间套利"的意义。既然同样是做一件事情，自己做和别人做的效果是相同的，那么就可以通过比较时间价值的高低来决定谁去完成这件事情。如果自己的时间价值高，那么选择自己去做，所花费的时间成本就高，就不如让时间价值低的"他人"去做，因为其完成此事的时间成本低。有人做了一个形象的比喻："比如你每个小时价值100元，钟点工每个小时价值30元，同样是把家里打扫干净这件事情（可能钟点工比你自己打扫得更干净，效果更好），用自己的两个小时明显是浪费的，而用钟点工的两个小时则是节约的，请了钟点工之后，你自己的两个小时可以用来做其他事情创造更多财富。"（沈良，2012：80）

原先"时间是无价的"命题已经发生了变化，在现代社会中，很多通常被认为是"有价"的其他价值被附加在了时间之上。这些特别的价值便可以通过货币或其他工具理性化的方式进行计量，于是可以根据这些价值的多少来确定购买它们所需要的费用。因此，时间也就完全成为一种商品，当人们觉得自己的时间不够用的时候，可以"自由购买"他人的时间来为自己服务；同样，如果人们觉得自己的时间富余，则可以"自由出卖"自己的时间，来将附加在时间之上的其他价值兑换成现实货币的形式。

时间不再是一个绝对不变的自然现象，或是一个不可逾越的时空维度，在现代社会，时间已经成为一种可以购买的商品。唯一的差别只是随着附加在时间上的其他价值不同，购买不同人的时间所需要支付的费用不同而已。而人们购买时间这件商品的唯一动力，似乎就是源于内心对时间的一种渴望，希望不可再生、不会停止、匀速向前的时间可以在自己的手里变"多"一点，能够购买来时间就是让时间变"多"了，或者是自己"赚"到了时间，这样就可以获取更多利润，让自己的时间更"有价值"。

这样将时间作为商品直接买卖的过程，一方面满足了人们对于实现更多时间价值的渴望，但另一方面其实又通过反复（工具）理性化地计算附加于时间之上的其他价值，更加深了人们对于时间流逝的担心与焦虑，愈加渴望有更多的时间实现更多的价值，从而进一步强化了时间焦虑的"现代性体验"。

第五章
现代性体验：期望更多的时间，实现更多的价值

时间是一种有价值的商品，这是现代性的社会时间形成的重要标志，人们原本在社会生活中的连续时间流，也基于此分离出了众多富含不同价值的时间类型。当然，这些蕴含在时间中的价值并非现代社会才有的，可能在早期的农耕社会，甚至更久远之前的远古社会，就已经存在了。但这些价值，却在现代工业化社会，特别是在技术的飞速革新与迅猛扩张之下，得到了大大的提升，并在社会生活之中凸显出来，进而影响了人们对富含着这些价值的载体——时间——的态度。

第一节 信息竞争：时间的信息价值

一 信息对于现代社会的重要性

阿尔文·托夫勒将以土地、劳动力、原材料和资本为生产要素的经济称为"第二次浪潮"，而将以知识为中心资源的经济称为"第三次浪潮"。在托夫勒看来，这里所谓的"知识"从广义上讲包括信息、资料、影像、文化、符号等很多内容，

第三次浪潮经济是高度符号性的经济体系，信息在其中起到了"点石成金"的作用，并将以信息为主体的知识视为"终极的替代品"，成为先进经济的核心资源，因此，知识的身份日益看涨（托夫勒、托夫勒，1994/2006：33）。

为了能够体现信息在高度符号性的经济体系里的关键性作用，托夫勒希望跳出传统的"农业""制造业""服务业"等分类方式，而使用一种"智力工作衡量表"对现代的工作进行重新划分，来区分工作的符号化程度。在这个"智力工作衡量表"的上端包括科学家、财务分析师、电脑程序员、秘书等，因为他们的工作都是传递、整理信息，或是制造更多的信息，是全然符号性的（托夫勒、托夫勒，1994/2006：55），量表底端是纯体力劳动的工作，这些工作与信息没有什么关系，中间则是诸如操作员、维修技师等"混合性"的工作。托夫勒进行如此划分的依据"主要是看工作量中有多少是用于信息处理，在多大程度上信息处理是日常化和程序化的，信息处理的抽象程度如何，工作者对中央数据库及管理信息系统的通行程度如何，以及个人享有多大的自主权及负有多大的责任"（托夫勒、托夫勒，1994/2006：56）。

在互联网络如此发达的今天，我们确实可以发现信息在当今世界经济中举足轻重的地位，不仅反映了一个公司的核心竞争力，还直接影响着企业未来的走向。就像在21世纪初，正当几家独霸手机市场的公司还在花费大量的人力、物力去研发更小巧、更舒适的手机物理键盘的时候，得到触屏科技信息的手机生产商一下子嗅到了商机，推动了智能手机时代的到来，彻底颠覆了手机行业的原有市场格局。

与此同时，以经济领域为典型代表，今天的各行各业当中最优秀的职业人士，并不是一个什么都知道的"万事通"——因为今天的信息资源如此丰富，人们也无法做到事事知晓、样样精通，市场最需要的优秀人才是能够在最短的时间内，获取最关键、最准确信息的人，这样才能帮助企业或机构处处领先于人，从而立于不败之地。这就是以信息为载体的时间竞争，获取正确或关键的信息，可以快人一步、出奇制胜，而得到错误或模糊的信息，就只能落后于人、受制于人了。

托夫勒也提到"除了取代原材料、运输及能源之外，知识还可以节省时间。时间本身乃是最重要的经济资源之一，尽管在第二次浪潮中公司企业的资产负债表上，看不到时间所占的地位。事实上，时间一直是一个隐而不显的条件，特别是当变化的脚步加快时，缩短时间的能力，比如迅速地沟通联系或抢先推出新产品，经常会是商场输赢的一个关键"（托夫勒、托夫勒，1994/2006：30）。

不仅信息对于现代经济至关重要，而且蕴含着信息的时间也同样举足轻重，而如今的人们也因此对于信息和时间有着近乎痴迷的敏感与追求。

二 中国人获取与使用信息的现状

《第47次中国互联网络发展状况统计报告》指出：截至2020年12月，中国搜索引擎用户规模达7.70亿，其中手机搜索引擎用户规模达7.68亿，较2020年3月底增长了2300万人，占手机网民的77.9%（中国互联网络信息中心，2021：32）。搜索引擎作为互联网的基础应用，是网民获取信息的重要工具，其使用率一直保持在80%左右的水平，稳居互联网应用率前列。

搜索引擎为人们提供了一种获取信息的重要途径，最关键的是通过搜索引擎，人们可以非常方便、快捷地获取大量信息。通过关键词技术，使信息的获取变得更加简便、高效，人们可以直接对相关信息进行整合与加工，省去了从大量信息中进行初级筛选的繁琐工作。甚至可以通过配套的定制、推送等功能，让所需要的信息自动汇集到自己的手里。这不仅缩短了信息获取的时间，也进一步加快了工作、学习和生活的效率。

在此之前，当人们需要查找某些信息时，往往需要去图书馆、档案馆等特殊场所，要在海量的资料中逐一进行查阅，或者费尽周折地询问相关部门或单位，抑或只能托人四处打听，通过人际传播的方式费力地获取信息。这样的方式不仅周期长、效率低，还有可能出现偏差，或是信息遗漏造成错误等。当然，更有大量我们想查询却因为不知道可能的源头，最终无从查起、无法获取的情况。

随着科学技术的发展，信息传播的速度大大加快，人们对于信息掌握和获取的要求也日益提高。互联网的搜索引擎这样一个功能专门化的方式，无疑可以让人们获得信息更加方便、快捷，但除此之外，人们通过通信工具、网络新闻、在线教育等方式，也都可以获得大量的信息。

从目前中国的互联网使用来看，具有信息功能的应用项目（表中"**"的项目）都有非常巨大的使用规模和较大的稳定增长，具体如表5-1和表5-2所示（中国互联网络信息中心，2021：29）。

时间焦虑感

表5-1　2020年中国网民各类互联网应用用户规模和使用率

应用	2020年3月		2020年12月		年增长率
	用户规模（万）	网民使用率	用户规模（万）	网民使用率	
即时通信**	89613	99.2%	98111	99.2%	9.5%
搜索引擎**	75015	83.0%	76977	77.8%	2.6%
网络新闻**	73072	80.9%	74274	75.1%	1.6%
远程办公	—	—	34560	34.9%	—
网络购物**	71027	78.6%	78241	79.1%	10.2%
网上外卖	39780	44.0%	41883	42.3%	5.3%
网上支付	76798	85.0%	85434	86.4%	11.2%
互联网理财**	16356	18.1%	16988	17.2%	3.9%
网络游戏	53182	58.9%	51793	52.4%	-2.6%
网络视频（含短视频）	85044	94.1%	92677	93.7%	9.0%
短视频	77325	85.6%	87335	88.3%	12.9%
网络音乐	63513	70.3%	65825	66.6%	3.6%
网络文学	45538	50.4%	46013	46.5%	1.0%
网络直播①	55982	62.0%	61685	62.4%	10.2%
网约车	36230	40.1%	36528	36.9%	0.8%
在线教育**	42296	46.8%	34171	34.6%	-19.2%
在线医疗	—	—	21480	21.7%	—

表5-2　2020年中国手机网民各类手机互联网应用用户规模和使用率

应用	2020年3月		2020年12月		年增长率
	用户规模（万）	网民使用率	用户规模（万）	网民使用率	
手机即时通信	89012	99.2%	97844	99.3%	9.9%
手机搜索引擎**	74535	83.1%	76836	77.9%	3.1%

① 网络直播包括电商直播、体育直播、真人秀直播、游戏直播和演唱会直播。

续表

应用	2020年3月 用户规模（万）	网民使用率	2020年12月 用户规模（万）	网民使用率	年增长率
手机网络新闻**	72642	81.0%	74108	75.2%	2.0%
手机网络购物**	70749	78.9%	78058	79.2%	10.3%
手机网上外卖	39653	44.2%	41758	42.4%	5.3%
手机网络支付	76508	85.3%	85252	86.5%	11.4%
手机网络游戏	52893	59.0%	51637	52.4%6	-2.4%
手机网络音乐	63274	70.5%	65653	66.6%	3.8%
手机网络文学	45255	50.5%	45878	46.5%	1.4%
手机在线教育**	42023	46.9%	34073	34.6%	-18.9%

截至2020年12月，中国网民规模达9.89亿，互联网普及率为70.4%（中国互联网络信息中心，2021：1）。随着互联网在硬件和软件建设方面的不断提高，人们获取信息的速度也随之不断加快。因此，人们在相对时间内，能够获取的信息数量就极大地增加了。

在目前的经济产业中，信息掌握的多少、获取速度的快慢，往往是经济增长的关键因素。以2020年为例，中国信息技术服务实现收入49868亿元，同比增长15.2%，占全行业收入比重为61.1%（中国工业和信息化部，2021）。目前中国的信息技术服务正在加快云化发展，而其一个产业就占到整个软件和信息技术服务业60%以上的份额，足见当今社会人们对于信息的巨大需要，以及对信息传播的巨大依赖。

三　信息背后:"质"与"量"的互换

在这样一个"信息爆炸"的时代,人们对于信息如此地渴求,想方设法扩大信息获得渠道、加快信息获取速度,期望自己占有大量的信息,似乎只要有了足够多的信息,就如同获得了成功一样。这恰恰就是工具理性对价值理性的化约,用"质"与"量"做了一个概念性的偷换,将占有大量的信息等同于得到有价值的信息,再等同于马上就能获得成功。正如里茨尔所阐述的:"可计算性是麦当劳化的第二个侧面,它包括了对于量化的强调。事实上,在麦当劳化社会中存在的倾向是对于数量而不是质量的强调。"(里茨尔,1996/1999:128)

人们似乎生活在一种数量的幻觉当中,追求更多、更广泛的信息,并为此不断付出辛苦的努力,还习惯于将学习过程和收获过程还原为数字的倾向。因为,大量的信息似乎就意味着我们把握住了重要的、高质量的关键信息,从而在事业上占有巨大的优势,或是在人际互动中占有重要的资源。而如今,在西方社会现代化的过程中出现的过度工具理性化过程同样在飞速变迁下的中国上演。

今天,获取信息的渠道越来越快速而便捷,人们在习惯于这种高速信息传播的同时,也从主观上将大量的信息价值附着在了时间之上:既然花费时间可以获取信息,而无论信息本身还是其衍生物,都是具有价值的,那么相当于花费一定时间就可以获得一定的价值。因此,人们就会不断地追求更快、更便利的信息获取方式和渠道,以期望花费更少的时间实现信息所蕴含的价值。

第五章　现代性体验：期望更多的时间，实现更多的价值

在信息高速传播的社会中，人们对于信息传播的速度有着自己的主观期望，并按照这个期望来计算时间的"主观成本"。这种主观期望在不断提高的信息传播速度下也在不断提高，进而导致时间的"主观成本"也随之不断攀升。所以，当人们面对较为落后的信息传播工具，或是较为缓慢的信息传播速度时，焦虑感就会愈加强烈，因为这与他们的速度期望不同，大大低于他们的主观预期，会给他们想象当中的时间成本造成巨大的浪费。

这种对于时间成本的"浪费"感到担忧的心态，在一款国内市场占有率极高的知名音频 App 所投放的广告中集中体现了出来。该广告选择了四个特别的场景：在开车的时候看手机无疑会影响交通秩序，还会给自己造成危险，可是，开车的时候太无聊了，又想看手机，这该怎么办？二是那么厚的书要看，不看书就会被淘汰，可是困了倦了还想看书该怎么办？三是生活中并没有三头六臂但还是要做家务，然而做家务的时候太枯燥，应该怎么办？四是为了锻炼身体去跑步，但又不能一边跑步一边看手机，也容易摔到坑里，该怎么办？[1]

这四个情景有一个共同点，就是都希望我们已经在做一件事情的同时，再做另一件事情。对于这种两难困境，广告商给出了最明确的答案："听×××FM，不用看！帮您解放眼睛，远离困倦！让您在任何时候都能安全、放心地收听消息和知识。"必须承认，这样的两难情景确实在人们的日常生活中经常出现，无论是开车、做家务等必需的事情，还是休息、跑

---

[1] 引自《喜马拉雅 FM 这支神仙广告，脑洞太大哈哈哈哈》（2018 年 12 月 18 日），2022 年 4 月 6 日，搜狐网（https://www.sohu.com/a/282914438_642306）。

步等自我放松的事情,在进行这些活动的时候,人们似乎已经无法忍受在一段时间里只做这一件事情,总是希望同时还能够做点什么,否则就好像是在浪费时间一样。

而这种时间焦虑感的背后,便是人们对于花费时间的预期发生的变化,我们期望将"附加"① 在那一段时间上的信息价值尽收囊中。也就是说,我们希望能够在花费相等时间情况下,尽可能多地获取信息,以便让自己得到更多的"成长"②。

也正是在这种对时间过度的焦虑和对信息极度的渴望之中,能"听"的App在市场上获得了巨大的成功,听课程、听书③、听讲书④……人们通过在做其他活动时用"听"来获取众多的信息,以期吸附大量的价值,也仿佛拿到了成功的金钥匙。

第二节 情感高效交往:时间的情感价值

一 现代社会特殊的情感联系

"当今一般都市居民在一星期内所接触的人,可能超过过

---

① 尽管只是人们的幻想,因为单位时间内能完成的活动是有限的,但人们倾向于想象自己可以做很多很多事情,并且好像这些事情都可以同时完成一样,详见前文关于"时间机会成本"的论述。

② 尽管人们常常并不知道自己要成长什么,因为现代传媒总是将各种各样的"成功人士"呈现在人们眼前,也总是让人们觉得自己总有不足,需要成长,但也常常忽略了思索一下,自己究竟是否需要成长。

③ 此处"听书"是指听他人为你朗读某一本书。

④ 此处"讲书"是指他人为你解读某一本书,包括主要内容、主要观点、重要思想等,是一种以非常快速的方式,协助你迅速了解一本书。

去封建时代的农民,在一年,甚至一辈子所接触的人"(托夫勒,1970/2006:55)。现代人的人际关系确实飞速激增,人们每天都要面对许许多多的陌生人,与他们发生某些工作、学习或是生活上的联系,客户、办事员、警察、快递员、出租车司机、门卫、服务员等。很多时候与这些人的关系,可能仅仅只是一面或是几面之交。当然,现代人也有较为长久的人际关系,同学、同事、朋友等。但与传统社会相比,即使是这些相对较长远的人际关系,也可能随着完成学业、调换工作或是搬家等社会流动而仅仅维持"相对短暂"的时间——在传统社会中,人们由于被限定在有限区域中,所以他们所认识的大部分人,都是在同一片土地上的"熟人",很可能都是终生之交,与此相比,现代社会的人际关系确实只能算是"短暂的"。也即:伴随着现代社会人际关系数量的不断增加,单个人际关系的持续时间却在不断缩短。

现代社会人际关系的特别之处,不仅表现在维持时间的"短暂",还表现在建立人际关系的难易与速度上,即现代人要想建立起一段交往关系变得尤为容易和迅速。传统社会中的交往,由于是建立在较长时间基础上的,因此是与交往对象整个人、整个人格的交往,必然对其大部分的特点与信息较为熟悉,所以自身卷入的程度也会很高,当然,交往开始的门槛或条件也就比较高。而今天的交往,更多是建立在较短时间基础上的,是带有功能性的交往,因此往往只是面对一个具有某种符号意义的人交往。例如当我们只是与一个具有快递员身份的人发生以业务关系为基础的互动与交往时,至于这个人名字、年龄、兴趣爱好,甚至是其对我们的态度如何,我们都一律不关心。这样卷入程度非常低的人际关系,几乎是零门槛的,所以建立起来也非常容易与快捷。

因此,心理学家考特尼·特尔(Courtney Tell)才会说:"由于流动性日渐增加,我们与相识者的关系将迅速形成、迅速结束,因此我们建立友谊的机会将比过去大为增加……未来绝大多数的友谊形式将体现为大量的短期性关系,这种短期性关系将取代过去为数较少的长期性关系。"(引自托夫勒,2006:59)

而这个在很多社会学家、心理学家口中,早晚会到来的、建立在短暂性接触基础上的社会,在当下处于急速变迁中的中国,已经成为一种非常普遍的社会事实。

二 电子化冲击下的人际关系

科技的发展,让人们彼此联系的方式越来越方便、快捷。特别是当今网络的普及与高速化,人们可以通过电话、短信、微信等各种应用模块,在任何时间、任何地点与他人发生联系,进行情感的交流。

根据《2016年中国社交应用用户行为研究报告》显示,截至2016年12月底,网民中使用手机上网的人群占比为95.1%[1],手机成为网民上网的首要设备,微信在手机端使用的比例为100%,QQ空间、新浪微博在手机端的使用比例均在85%以上(中国互联网络信息中心,2017a:15)。而在2017年发布的《第40次中国互联网络发展状况统计报告》

---

[1] 截至2021年12月,网民使用手机上网的比例已经达到99.7%(中国互联网络信息中心,2022:16)。

中，三个与交流沟通密切相关的网络应用模块也有着巨大的发展。中国即时通信用户规模达6.92亿，网民使用率为92.1%；微博用户规模为2.91亿，网民使用率达到38.7%；电子邮件的用户规模为2.63亿，网民使用率达到35.0%（中国互联网络信息中心，2017b：28）。可见，"社交化"作为一种功能元素，正在全面融合到各类互联网应用中。

随着手机的智能化，人们摆脱了原先必须通过电脑接入互联网的局限。而手机客户端的不断更新，也使得手机网络应用变得更加方便，因此，更多的人开始使用微信、QQ、微博等社交应用程序，来保持与他人之间的沟通与联系。"和朋友互动，增进和朋友之间的感情""分享生活内容"成为人们使用这些社交应用最主要的目的（中国互联网络信息中心，2017a：15-16）。有时，人们对这种网络交往的依赖已经超过了真实的人际交往，例如与他人处于同一时空时，人们还是会关注各自的手机（Walsh, White & Young, 2010; Manago, Taylor & Greenfield, 2012），与并不在同一时空的人交流，而不是身边的人。有些青年人会将智能手机放置在离自己很近的地方，并且反复察看却并不真正使用手机，以免错过电话或短信（Walsh & White, 2006; Walsh, White & Young, 2008）。很多人会在手机较长时间没有电话或信息进入的时候产生一种错觉，担心自己的手机是不是出了问题。人们好像已经习惯了这种"虚拟社交"，它在生活中的出现是那么的容易而且频繁，所以当我们有一段时间接收不到外界的社交信息时，反而会变得难以忍受。

尽管网络上的人际关系是一种"弱关系"（weak ties）

（Donath & Boyd，2004），它并没有面对面的关系那么高质量，而且对于网络交往的沉迷会增加社会隔离性（McQuillen，2003），以至出现人际疏离的情况，最终会加强个人的孤独与抑郁（Kraut, Lundmark, Patterson, Kiesler, Mukopadhyay & Scherlis, 1998；Toda, Monden, Kubo & Morimoto, 2006；Ezoe, Toda, Yoshimura, Naritomi, Den & Morimoto, 2009），对身心健康带来不良影响。但是人们还是乐此不疲，通过减少与家人和朋友的现实互动时间，而展开更多的网络人际互动（Brenner, 1997；Moody, 2001）。例如在手机网民中，以联络朋友为目的的手机网民比例最大，占比84.8%（中国互联网络信息中心，2012：17）。

人们之所以更倾向于网络人际互动，而不是面对面的人际互动，其主要原因在于网络人际互动有着面对面互动无法达到的优势。

（一）便捷性

随着4G甚至是5G网络的高速建设和手机网速的大力提升，截至2020年12月，中国手机网民规模为9.86亿，较2020年3月增长8885万人，网民使用手机上网的比例达99.7%（中国互联网络信息中心，2022：16）。手机不仅是中国网民第一大上网终端，也逐渐成为中国手机网民最主流的上网方式。与接近100%的网民使用手机上网率相比，使用电视上网的比例只有28.1%，而使用台式、笔记本和平板电脑上网的比例加在一起，也才达到95.4%（中国互联网络信息中心，2022：16）。

以手机为代表的智能移动终端，慢慢改变着人们使用互联网的习惯和方式。只要人们愿意，几乎是任何时间、任何地点都能接入网络，通过微信、QQ、微博、贴吧等各类社交应用模块与他人进行网络互动。根据调查，40%以上的网民在搭车、排队等时候使用手机上网，碎片化特征明显；同时，手机网民在睡觉前、卫生间、咖啡厅和工作学习的时候也使用手机上网，手机上网几乎占据了网民生活的所有场景，成为网民常态化的生活方式（中国互联网络信息中心，2012：16）。

聊天工具的"永远在线"，打破了原先传统人际互动的时空限制，消除了交往壁垒，同时也让人际互动更容易控制：想开始就可以开始，想结束就可以结束，为朋友间的交流沟通提供了极大的便捷。

（二）掩饰性

一方面，除了直接视频电话或语音电话交流外，其他的网络人际互动都是间接性的，并伴有时间上的延迟性。即使是使用"微信"等内置的语音聊天应用模块，也是以非连续性对话的形式进行的，不是双方或更多的人同时说话。而在一方说话完毕后，也必然存在着等待对方回应的时间间隔。这样的间接性互动，在物理空间上是隔离的，因此就会缺乏很多视觉或听觉上（主要是视觉）的人际互动线索，使得人们无法根据这些必要的信息对对方的真实想法、意图或者是真实的形象、状态进行准确的判断。

另一方面，由于这种人际互动是异步性的，无论是语音还是文字，接收与发送都会存在一个时间差。这样一种非即时性的状态就使人们有充分的时间仔细组织、编辑、审核自己的话语，将不希望别人知晓的某些方面或不想与人分享的某些信息隐藏起来，而只将希望或是允许示人的信息与内容呈现在别人面前。这就大大增加了网络人际互动的掩饰性，更容易实现对表达的控制和对自我的展示。

其实，无论是便捷性还是掩饰性，都增强了人际互动的控制感，或者说，至少让人们从心理上觉得可以更有控制感，从而带来安全感。更重要的是，人们的交往方式和习惯正在发生重大变化，在碎片化和常态化的网络人际互动模式的引领之下，人们已经习惯于可以以一直在线、关注好友动态、随时沟通等各种方式来满足日常的社交需求了。

尽管这种通过互联网形成的人际间的"弱关系"未必能真正满足人们的情感需要，为人们带来良好的情绪状态，提升支持感和幸福感，但人们似乎已经习惯于将关注他人的签名状态等同于关心了他人，将回复他人的微博等同于与他人进行了情感的交流，将通过微信的你一言我一语等同于直接的面对面交流与沟通，将"摇一摇"发现周围的在线好友等同于与陌生人的相识、相知。而之所以出现这些"等同"，正是因为我们已经习惯于在"量"和"质"之间画等号，所以也就将"有联系"等同于了"联系紧密"。

三 被提升的时间情感价值

与传统社会相比，今天人们人际情感交往的速度和广度都有了极大的提升（虽然这种提升未必是真实的、质量上的，但至少看上去在数量上确实有所增加）。一段情感从发生、发展，到成熟甚至是终结，转变的速度明显加快，而所花费的时间也因此显著减少了。而在互联网技术的支持下，由于速度的提升，人们就有了更多的时间与更多的人发生互动，就好像在社交网络上发布了一个情绪状态，会引来很多人（无论是好友还是陌生人）的回复与反馈，仿佛一下子在非常短暂的时间内，与很多人都进行了交往与沟通。

于是，在相同的时间内，人们可以进行的情感交往活动与过去相比极大地增加了，换句话说，现代的社会时间中所蕴含的情感价值大大增加了。相同的时间，人们可以认识的人更多了，人们可以进行的人际互动更丰富了，人们似乎可以交往得更"深刻"了。所以如果在某一时间段内，并没有进行这些人际互动，那么就意味着要面临巨大的情感损失（虽然这种人际互动未必真的需要进行，也未必真的增进情感）。也就是说，时间的"情感价值成本"显著增加了，如果"浪费"了这些时间，即没有进行必要的人际情感交流，所要付出的"情感代价"也就增大了。

这其实也就解释了当下人们通过网络进行交流互动之所以会出现碎片化和常态化的原因，由于时间所包含的情感价值成本增加了，人们担心"浪费"这些时间的焦虑与恐慌也随之增大，所以就想通过更加"充分"地利用时间，将其中的情感价值更充分、更高效地开发出来，于是便出现了在各种散碎的时间当中始终如一地进行人际交流与互动的行为表现。

第三节 被夷平的世界：时间的空间价值

一 空间转换：时间价值的实现

在当下社会，除了时间的经济价值、信息价值和情感价值大大提高之外,随着现代社会的发展,时间当中还慢慢突生出一种原先从未有过的价值——空间价值。

时间和空间原本是构成世界的两个不同维度,它们各自用不同的视角和标尺来衡量世间的所有事物,彼此之间互不干涉、并无交集。但在现代社会中,人们对于速度的追求将时间和空间用一种特别的方式交织在了一起,彼此印证、相互转换。

正是因为信息在当今社会的发展中起着举足轻重的作用,所以人们也希望借助科技的力量,不断加快获取信息的速度。互联网的发展一马当先,不断加快的速度、不断增加的带宽,从3G到4G再到现在的5G,让文字、语音、图像的传输几乎可以达到全球同步的水平。

然而,无论网络信息的传递有多么迅捷,都被牢牢地限制在无形的数字信号范畴内。当谈及有形的信息或是实物的获取与传递时,数字空间里的速度优势便荡然无存了——我们至今无法实现一个客观物体的瞬间转移。人们当然不会就此放弃,更不可能满意,所以便开始大力发展科技,希望将真实空间当中的传递速度也大幅提升。

我们以上海到北京之间的铁路交通为例,从中华人民共和国成立初期到2011年6月30日京沪高铁开通运行,再到复兴号投入运营,中国铁路交通的速度也如同中国社会一样,经历着一个飞速的变化过程(见表5-3)。

表 5-3　　　　　　　　京沪铁路的变迁①

时　间	火车运行时间	火车时速 （公里/小时）	备　注
1954 年	36 小时 39 分	60	—
1997 年 4 月	14 小时	140	中国铁路第 1 次提速
2004 年 4 月	11 小时	180	中国铁路第 5 次提速
2007 年 4 月	9 小时 59 分	200	中国铁路第 6 次提速
2011 年 6 月	4 小时 48 分	300	中国进入高速铁路时代
2017 年 9 月	4 小时 18 分	350	复兴号动车组投入运营

从 1954 年到 1997 年，中国铁路用了近 40 年的时间将火车的速度提高了 1 倍，也让北京与上海之间的距离仿佛缩短了一半。而从 1997 年到 2017 年，不过 20 年的时间，火车的速度就提高了近 3 倍。这种物理速度的飞速提升，花费时间的急剧减少，也仿佛让物理空间相对缩短了。

时间与空间的互换性在现代社会得以充分实现，但这种互换过程的实现，却又是借由时间的其他价值作为中介的。客观的空间距离虽然没有办法真正缩短或延长，但现在却可以通过

---

① 表中数据由网络公布数据整理而成，主要参见《铁路大提速覆盖 17 省　京哈京沪线时速最高 250 公里》，2007 年 4 月 9 日，央视网（http://news.cctv.com/china/20070409/100139.shtml）；《中国历次铁路大提速回顾》，2008 年 12 月 5 日，中华商报网（https://www.zgswcn.com/cms/mobile_h5/wapArticleDetail.do?article_id=201812051247551077&contentType=article#）；《火车速度变化简史：六次大提速-高铁大推进-中国大发展》，2020 年 5 月 3 日，腾讯网（https://xw.qq.com/amphtml/20200503A04QKG00）；《京沪高铁 10 年：已成为世界运营时速最快的高速铁路》，2021 年 6 月 23 日，央广网（https://baijiahao.baidu.com/s?id=1703339531472011841&wfr=spider&for=pc）。

选择不同的时间（速度），将空间距离相对地"延长"与"缩短"。

在过去，交通不便利的时候，无论乘坐什么样的交通工具，对于一个相对较长的空间距离而言（例如从北京到上海），在时间上的主观差别并不明显（两天和三天之间的差异并不能给人们带来主观上的快慢感觉）。然而，现代交通运输技术的迅速发展，从最高速度到常规速度再到最低速度，已经足以让人们产生时间长短上的差异感。还是以铁路运输为例，目前从北京到上海，4个小时、8个小时、19个小时这些不同的路程时间，完全可以在人们的主观意识中形成鲜明的对比。对于选择路程时间较短的人来说，由于节省了很多的时间可以用来进行其他各种活动，时间中蕴含的丰富价值基本得以实现，"浪费"在路途中的时间就显得相对短暂，因此空间距离就仿佛变短了。相反，选择路程时间较长的人来说，将大量本来可以进行其他活动的时间"浪费"在路途当中，时间的其他价值并没有得以实现，因此同样的空间距离就好像变长了。

由此可见，空间借助实现富含在时间当中的各种附加价值，得以在个人的体验中感受到"缩短"和"延长"的变化，而这种转化的重要前提就是时间价值的丰富与凸显。如果像过去一样，完成某一活动的速度较慢，实现某些价值的时间较长，花费在路程上的时间也并不能用来做太多的事情，时间的"浪费"与"不浪费"之间的差异并不明显，那么路程时间上的差异并不能引起人们的关注，心理上空间距离也不会有长短变化。正因为现代人完成各类活动的时间大大缩短，因而单位时间里的价值大幅增加，任何细微的时间差别都有可能体现在价值的巨大差异上，因此路程上时间的花费差异就变得极为明显，心理上空间距离的长短也就随之有了非常精细的划分。

二 时空转换：以货币为中介

然而，空间借由时间的"转化"并不是无条件、可以随心所欲的。不同路程时间所需支付的"票价"是不一样的，如果没有足够的货币，人们是无法选择更快速的交通工具的，也就无法减少路程的花费时间，从而"缩短"空间距离。

与此相类似的另一个实物传递形式是物流行业。我们以重量在1公斤以内的包裹为例，表5-4中列出了沪宁间不同速度物流的资费标准。

表5-4　　　　1公斤以内快递包裹的资费标准[①]

快递时间	资费（元）	快递公司
10天左右到达	5	邮政
第3天送达	10	汇通快运
第2天送达	20	邮政特快专递EMS
第2天送达	22	顺丰快递
当天送达（航空即日达）	150	顺丰快递

同样是在南京和上海之间的邮寄物品，10年前可能需要15天左右，而现在有了更快捷的选择，甚至可以在当天就送达。当然，当我们选择了更快速的快递方式时，所需要支付的

---

① 表格中资费数据2013年12月由拨打主要快递公司服务热线查询获得。

费用也就会相应提高。

因此，在当今社会，空间距离是完全可以"变化"的。而在空间"延长"或是"缩短"的过程中，经济因素似乎起了决定性的作用。因而，空间在借助时间转化的同时，也给这种转化的"自由"赋予了一种权力象征——一种与货币相联系的特权象征：只有买得起票的人才有选择的自由，否则别无选择。甚至会使人们产生一种相反的误解：只有买得起票的人的时间才是有价值的，因此他们希望可以更快速；而那些买不起票的人，时间的价值并不高，因为他们"宁愿"浪费大量的时间在慢速的运动上。这种表述其实忽略了主观上的意志，而以行动作为衡量的尺度，但这恰恰表明了另一种现象，即空间的象征意义已经完全可以由时间来替代。

三 空间区隔：以时间为象征

随着城市中现代化进程的推进，空间区隔也逐渐形成，并以城市的中央商务区（central business district，CBD）为核心，向周边扩展开来。CBD集中了城市内主要的商业和商务活动，自然也成为人们主要的工作场所，而私人住宅则开始向CBD周边，进而是城市的周边扩展。随着土地商业价值的不断开发，从城市边缘到中心CBD，地产价格逐渐攀升，民用住宅逐渐向商业楼宇过渡，形成了不同用途、不同价值的空间区隔。这种空间的差异性甚至可以扩展到不同城市之间——工作在核心大城市，而生活在周边的中小卫星城市，于是便有了"卧城""睡城"之说。

如果将视野转向国外，早在20世纪90年代，就有近90%

的美国人要独自开车去上班（Novaco, Stokols & Milanesi, 1990），人们将这种从业人员因工作等原因往返于住所与工作单位之间的行为称为"通勤"（commute）。当通勤已经成为现代职业的一个重要组成部分的时候，人们发现，这样的通勤以及伴随而来的情绪压力，与工作问题、睡眠质量和身体健康等都有着重要的关联（Gulian, Matthews, Glendon, Davies & Debney, 1990）。与通勤有关的压力不仅会降低人们的工作效率（Kluger, 1998），而且会使人们产生消极的工作态度（Koslowsky & Krausz, 1993）。而卢卡斯和黑迪的研究更是发现，即使不得不通勤的人员，如果有更多的弹性工作时间（即容许有灵活的上班与下班时间的工作时间计划），他们的时间焦虑感也要弱于弹性工作时间少的通勤者（Lucas & Heady, 2002）。

同样，在目前的中国社会里，每天为了工作而往返于工作单位与住所之间的通勤现象也已经极为普遍。一部分人以自驾的方式进行通勤，而大多数人则是乘坐公共交通工具。同时，根据不同城市的规模与发展程度，人们花费在上班路上的通勤时间也存在很大差异。根据2020年度的《全国主要城市通勤监测报告：通勤时耗增刊》显示，中国大型城市人群的通勤时间从中可见一斑（见表5-5）。

表5-5　　　　单程平均通勤时耗排在前十的城市

城市	上班花费时间（分钟）
北京	47
上海	42
重庆	40
成都	39

时间焦虑感

续表

城市	上班花费时间（分钟）
天津	39
青岛	39
南京	39
广州	38
武汉	38
大连	37

从中我们可以发现，城市规模越大，发达程度相对越高，通勤所花费的时间也就越多。

因此，随着城市的扩张与发展，城市中的区隔也日益明显，导致住所与工作场所之间通常存在一定的距离，通勤现象在所难免。而城市各个区域的住房价格是不同的，一般来说，主要与地理位置和配套设施有关。当然其中起主要作用的，还是地理位置，即相对于城市中央商务区CBD的位置。在现代都市里，逐渐形成的城市CBD，通常是一些较高收入职业聚集的工作场所，所以距离CBD越近的住宅，通常价格也就越高，而距离CBD越远的住宅，通常价格就会越低。于是，经济能力不同的人，选择住所的区域也就不同，而他们花费在上班途中的时间也就不同，因为这些住所与城市CBD（也就是主要的工作场所集中地）相隔的距离并不相同。一般情况下，经济能力不足的人，只能住在距离工作场所较远的地方，那么所要花费的通勤时间自然要多；而经济能力较强的人，可以选择住在距离工作场所较近的地方，通勤时间就比较少。因此，通勤时间的多少，便可以用来表征通勤者住所的远近，进而替代性地表征其经济承受能力，或是其所拥有的财富量。

即使是由于面积和环境的限制，有一些较为高档的住宅社区会建立在距离 CBD 较远的区域，但其中的住户仍然可以通过购置汽车自驾上班的方式，避免因搭乘公共交通工具而产生的时间损耗，从而缩短上班途中花费的时间（当然，堵车的因素是无法考虑在内的）。

于是，在同一座城市里，虽然从事相同的职业，或是做着类似的工作，但通过比较上班途中所花费的时间，就可以知道其所住区域的相对等级、所在社区的优劣程度以及个人经济能力。也就是说，个人财富的多少、居住条件的优劣、所处社区的好坏，都被夷平为时间，通过时间直接完成表征。时间与空间的相互转化，在这一角度再次得以体现，而时间的空间价值也因此更加彰显。更重要的是在现代社会中，这样的转化不仅仅体现了时间对空间的化约，从更本质的层面上看，其实是财富或权力对时间的化约。就像在银行、医院、机场、财物中心等很多服务场所都设有 VIP 通道一样，可以让一些拥有财富较多的客户避免长时间的排队等待，更快速地享受到服务。用一度很流行的一个网络语汇来说，就是"有钱就可以任性"。

有趣的事情是，撰写《中国新型城市化报告 2012》并得出不同城市上班通勤时间排行榜的专家们在对主要城市上班所花费的时间进行分析时，仍没有脱离以工具理性对时间进行分析的模式，甚至更为突出了时间所蕴含的经济价值。在接受采访时，"牛文元（《中国新型城市化报告2012》的主要负责人）算了算，按照人口来算，中国 15 个城市居民每天上班单行比欧洲多消耗 288 亿分钟，折合 4.8 亿小时，'上海每小时创造财富 2 亿元,据此算,15 个城市每天损失近 10 亿元人民币'"(南方都市报,2012-11-02)。可见,时间的价值性,特别是经济价值,在人们心目中的重要地位已经难以撼动。

一个人的住所距离工作地点越远,那么其花费在上班途中的时间也就越长。因为通勤的时间其实也就是工作时间的一个组成部分,这就意味着这个人的工作时间(或为工作做准备的时间)就变长了,其被"捆绑"在工作上的时间也就越久,"自由"也就越少,而焦虑感自然也会更加强烈。

同时,由于其工作时间相对延长了,而实际的有效工作时间并没有变化,即工作中所能产出的新价值并没有增加,那么其单位时间内的价值,与那些做着同样的工作,上班花费时间却短的人相比,其实是在减少的。正如我们前面在对个人的多次实验中所得到的结果,当人们发现自己的时间价值低于其期望价值,而且又比身边可比较的他人(工作相同,上班时间较短的人)低的时候,就会产生更加强烈的焦虑感。由此可见,人们由于通勤所带来的焦虑感,不仅仅是由于缺少自由,更重要的是过长的通勤时间让人们实际的单位时间经济价值要远低于其自身的期望,而且比周围的工作同事也要低,从而导致了时间焦虑感的加剧。

于是,在因为通勤等因素导致的单位时间经济价值偏低的情况下,人们开始想方设法让自己时间中的其他价值得到提升,从而弥补在经济价值上的损失。

第四节 时间的"利用"与"浪费"

如上所述,为了弥补单位时间内所创造价值的缺失,很多人会选择将通勤时间这种看上去"浪费"掉的时间充分利用起来,即使不能创造出经济价值,至少可以带来信息、情感等其他价值的提升。

一 个人时间的零碎化

在现代化的进程中,人们流动性的增加、城市化生活的区隔化以及社会分工精细化,将人们从许多繁重或长时间的劳动中解放出来,有了更多的时间从事自己喜欢的活动。今天的个人在完成一定量的专门化工作之后,日常生活中的空余时间变多了。但是由于人们除了工作之外,其他的社交、休闲、娱乐等活动也日益增多,以及工作地与居住地相隔较远、加班增多等各种原因的影响,人们的空余时间呈现出碎片化的趋势,例如从住所前往工作地点的时间,餐饮等待上菜的时间等。

由于这些时间的零散性,通常并不能用于完成需要集中注意力的学习和工作任务,所以最初这些碎片化的时间会被用来进行一些相对松散的活动,包括:(1)人际互动:如与他人聊天等,可以帮助自己与他们增进关系,同时也让自身产生愉悦的情绪,达到身心放松。(2)休闲活动:如看书、读报、观察周围等,既可以满足好奇心,又可以达到休息的目的。(3)发呆或睡觉:思想上什么都不想,行为上什么都不做,这样既可以避免情绪波动,又可以使个人的身心得到休息与放松。

然而在现代社会中,纯粹的时间可能只在物理学定义中存在。现实中的时间被经济、信息、情感甚至是空间价值裹挟着,许多其他价值被附加在时间之中,从而让那些看上去碎片化的，没什么用的时间也变得特别起来。

做任何事情都是需要花费时间的，因而简单来看，一个人拥有的时间越多，那么就意味着其完成更多事情的可能性就越大。当然，更深层次的意义是，一个人可以完成的事情越多，那么其可能创造的价值就越大，获得成功的可能性也就越大。所以，在完成更多事情的动机推动下，人们自然希望获得更多的时间。

但是时间是一个绝对稳定的事物，只有度量单位的不同，其本身不可能被制造或生产出来。于是人们只能通过各种节省时间的方法"创造"出更多的时间，例如购买他人的时间。[1]但对于很多诸如学习、社交等活动是别人无法替代的，必须由自己来完成。因此，另一种节约时间的传统方式[2]，在当今有了一种全新的"诠释"，就是要对时间进行"深度开发"。特别是便携式电脑、智能化手机等电子设备得到普及之后，个人零散的空闲时间就具备了被充分开发和利用的前提，原先人们在碎片化时间常做的人际互动、休息等现实活动日益减少，取而代之的是各种工作、学习、电子娱乐和线上交往等更有"价值"的活动。

二　个人空余时间被侵占

在当今的现代社会里，有一个特别有意思的共同现象，人

---

[1] 本质上是购买附加在时间之中的服务，从而减少自己的时间投入，节省出时间做自己想做的其他事情。

[2] 自古以来，都有很多关于珍惜时间、节约时间的古训、方法等，只是这些更多是聚焦于时间本身，感叹时间的流逝，从而教育人们不要浪费时间，否则最终无法完成自己想做的事情。

第五章 现代性体验：期望更多的时间，实现更多的价值

们似乎更愿意关注自己的手机。对此，我们除了用"手机依赖症"来简单地进行概括和总结之外，或许更需要探索他们如此关注手机的深层次原因。

现代人的手机似乎更像一台便携式的电脑，特别是伴随着移动网络的普及和提速，手机可以替代电脑实现几乎所有功能。也因此，人们在碎片化时间里，希望更多地借助手机等便携设备，帮助自己做更多有"意义"、有"价值"的事情。然而，这些表面上看上去丰富多元的活动，并没有真正为人们创造出更有意义的价值，相反，其实际上逐渐侵占与吞噬了个人的时间。

（一）对社交时间的侵占

在传统的人际互动中，当两人或两人以上共处同一空间，共同经历零散的空闲时间时，如聚会、同行、等待做某件事等，通常人们相互之间会展开积极的人际互动，以消除共处同一时空而无事可做的尴尬。虽然这种互动与交流的初衷是为了消除人际压力，但随着这种交流的持续，特别是带有积极性质的人际互动的增加，个人对他人的了解会更加深入，自身的正向情绪会增加，社会交往技能（如语言表达、识别他人情绪、共情、去自我中心化等）也会得到训练与提升，进而稳定个人的身心状态，促进其身心健康。

但随着手机等便携设备的普及，通过网络特别是移动网络进行人际互动更加方便和快捷，交往的速度和广度与传统人际交往相比更是大大提升，人们更愿意通过网络与他人进行人际互动。在任何一个有网络支持的时空当中，都可以与他人发生

互动，不受时间、地点、参与人员的限制①。尽管就本质而言，通过手机、电脑等终端与他人发生的网络互动是一种情感"弱关系"，还有可能增加社会隔离性，增加个人的孤独与抑郁的可能性，但人们还是愿意在各种碎片化的时间里，进行这样的网络人际互动和情感交流。

在传统的人际互动中，即使个人与他人不处于同一个时空，在出现零散空闲时间时，也往往会选择拨打电话与他人联系。而这样的人际交往同样可以使个人得到情绪抚慰，从而稳定并提升个人的情绪状态，增进彼此的相互了解，缩短彼此的心理距离，增加亲密感，并训练与加强个人的社交技能（Reid & Reid, 2007）。但在现代社会中，当人们习惯于网络联系之后，与他人之间电话联系的频率随之减少，更多是以文字或符号的形式进行沟通，因为这样更加方便、快捷。而且非同步性可以进一步增加交往的广度，所以看上去可以在相同的时间内拥有"更多"的人际交往，让自己在紧张、忙碌的生活之余，感到自己至少与他人是有连接的，进而产生些许"真实"的感觉，恢复身心的平稳，也借此"实现"时间的情感价值，更加"充分"地开发与利用时间。

然而，这样的连接毕竟是一种"弱关系"，尽管在短时间内让人产生了一种满足感，但通过文字与符号进行人际互动，情绪化和人性化的成分较少，缺乏社交性和社会情绪内容（Rice & Love, 1987），使人们的社交技能无法得到训练与提

---

① 只要有网络，人们就可以在网络上关注与发表相应内容，至于他人看不看得到，人们常常并不关心，因为他们相信，只要对方同样也登录了网络，就自然可能看到自己留下的内容。

升,甚至出现退化(Bargh & McKenna, 2004),而且会使得彼此之间的亲密感随之降低,人际疏离感和孤独感随之上升(Kraut, Lundmark, Patterson, Kiesler, Mukopadhyay & Scherlis, 1998;Toda, Monden, Kubo & Morimoto, 2006;Moody, 2001;Reid & Reid, 2007)。

因此,放下手机、断开网络,面对被(工具)理性化规训的生活,人们还是会感到孤独与空虚,为了弥补这样的感觉,可能会再次通过网络与他们进行人际互动,周而复始,在无法真正得到满足的情感需求之下,让自己真正有效的社交时间被网络人际互动侵占,最终增加自身的人际疏离感和孤独感,影响个人的身心健康,产生焦虑、紧张等消极情绪。

(二)对休息时间的侵占

社会分工将人们从繁重的劳动中解放出来,增加了大量的空闲时间,人们原本可以有更多的时间休息与放松,更好地恢复身心,进而更好地完成专业化工作,但由于各种电子产品的不断更新,便携性越来越强,使得个人零散空闲时间的"功能性"大大提升了,将原本那些可以用于休息的碎片化时间,常常转化为三个主要用途:(1)处理工作事务。由于电子办公设备的便捷性,现代人的工作也已经延伸到了乘坐交通工具等零散空闲的时间中,人们觉得在这些时间内处理公务,既不浪费时间,又可以增加工作的连续性。(2)接收、掌握信息等学习活动。人们常常会在手机或其他便携阅读器中储存大量的阅读性材料[1],以便在零散的空闲时间里阅读;也可以通过移动的

---

[1] 包括通过视觉和听觉两种不同的阅读方式。

终端上网阅读，或者收集必要信息，以增加个人的信息量。
(3) 娱乐活动。人们也常会在零散的空闲时间里通过便携电子设备玩游戏、看视频、刷微博等娱乐活动。

  基斯勒等人认为时间压力是人们大量使用计算机作为交流媒介的重要原因之一（Kiesler, Sieyel & Mc Guire, 1984）。同样，现代人通过手机（便捷计算机）增加零散空闲时间功能性的主要原因，也还是源于对个人可控时间的焦虑，所以想充分利用零散的空闲时间，完成更多的"任务"（Reid & Reid, 2010; Matusik & Mickel, 2011）。而手机的便携性，以及其各种功能的集成性，恰好满足了个人这种随时进行工作、学习、娱乐的需要，但人们原本用于休息的时间也因此被极大地压缩了。特别是工作、学习等任务借助手机，对零散的空闲时间实现了侵占，如即使在工作之余还要不断查收和处理电子邮件等，早已成为当下职场人士的常态（Mazmanian, et al., 2006; Orlikowski, 2007）。

  这些活动都会使人处于疲劳状态，得不到必要的休息，进一步提升人们的压力感觉，增加人们的焦虑感。即使是进行娱乐活动，也并不真的意味着人们就可以得到休息与放松。很多人喜欢在学习、工作间隙，或其他零散的空闲时间玩电子（手机）游戏，而便携电子设备中的游戏多涉及手眼协调以及平衡能力，因此人们在进行游戏时，其神经系统依然处于紧张状态，并未得到休息，常常是感到进一步的身心疲劳后才会放下游戏转回到其他工作、学习中。这不仅可能改变人们对于工作学习的期待与动机，使工作学习由"主任务"转变为"次任务"，而且也使人们无法得到应有的休息与恢复。另外，目前许多游戏或娱乐综艺节目中的间歇性强化模式,常常会使人们出现上瘾的行为,不断地重复简单甚至是无意义的活动(Kamibeppu & Sugiura, 2005)。类似地,由于网页、微博中超文本链接的"无限性",造成人们在阅读和浏览时常常不停地点击浏览下去,反而增加了个人的阅读负担,无法正常地休息与恢复。

正因为通过便携性设备为载体的各种活动,侵占了人们的正常休息时间,不断增加个人的疲劳状态,无法通过休息与放松恢复身心能力,最终增大了个人的生活压力、增强了其焦虑感。

(三) 多任务时间的低效化

就像前面提到的国内知名音频 App 在广告中所反映的"困境"一样,边开车边看新闻、边做家务边刷剧、边做运动边阅读信息,是现实中很多现代人渴望"充分""高效"利用时间的一种典型情境。要想充分利用和开发时间的附加价值,往往意味着要同时进行几种工作,用一个专业名词来说,就是要进行多任务操作(multi-tasking)。一般来说,多任务操作表现为三种方式(Jarmon, 2008):(1) 个体同时进行两项或多项工作,例如边读书边听音乐。(2) 个体在多项任务之间反复地转换,例如边回邮件边参与视频对话。(3) 个体很迅速地完成多个有顺序的工作,例如学生在上课前的几分钟迅速回顾上节课的内容,完成简单的测试题,再快速地浏览课程纲要,然后开始听课。

很多年轻人有多任务作业的习惯,并且认为自己可以有效地进行多任务行为,在同一时间关注不同的任务(Friedman,

2006)。他们可能会坐在通勤的地铁上,一边看着电子书,一边听着音乐,一边时不时地查看一下即时消息,一边还在等着社交软件上的好友回复信息。看上去这种"一心多用"的方式有效地提高了时间的使用率,实现了"时间增值",但实际上这种多任务行为会使个体正在进行的那些任务被打断,并且引起不必要的分心,这种情况在互联网无处不在的当代社会中更为普遍。

虽然早先有不少研究认为多任务活动有利于促进个体认知能力的发展,习惯于"媒介多任务者"(heavy media multitakers)往往在多感觉通道的作业中有更好的表现(Lui & Wong, 2012),有些企业甚至将进行多任务操作的能力看作是应聘者的必备技能(Jarmon, 2008)。然而,越来越多的研究表明,个体其实无法进行真正意义上的、高效率的多任务活动,因为人们不可能不受到不同任务之间的分心与干扰,多任务操作往往会干扰到目标任务完成的效率和质量(Small & Vorgan, 2008)。

一方面,尽管人们认为这样可以完成更多的工作,但是实际上,要让每个任务都达到与单任务工作时同样的水平,个体进行多任务工作时必须花费更多的时间(Bowman, Levine, Waite & Gendron, 2010)。例如研究发现学生在听课的时候,如果使用电脑回复邮件或是发送即时信息,频繁的多任务工作就会使得他们无法集中注意力听讲,课堂的表现也不够好(Fried, 2008;Bowman, Levine, Waite & Gendron, 2010)。与学业无关的多任务工作,会导致学术阅读的分心以及一定程度的强迫性,迫使个体无法控制自己的行为(Levine, Waite &

Bowman，2007）。另外还有研究表明，个体的认知资源是有限的，将认知资源分散在不同的任务中，将会导致表现水平的下降（Pashler，Johnston & Ruthruff，2001），最典型的就是那个广告中所表现的，想一边开车一边了解新闻。司机在驾驶中使用手机会占用其认知资源，导致其无法注意到视线中的信息（Strayer，Watson & Drews，2011；Strayer & Johnston，2001）。

  这些现象在便捷式电脑或智能手机的使用上可能会更加突出，导致更多的任务转换（tasks-switching）。个体不会再长时间地集中于一项工作，例如阅读，而是同时进行多项任务，而在不同的任务间不断地转换注意力。研究表明，在有相似特征的任务中进行转换，会导致目标任务表现水平严重被影响，如果个体是在阅读、编写和发送 iMing[①] 与写论文、听课这些任务中转换，其学业表现就会被严重影响（Rogers & Monsell，1995；Bowman，Levine，Waite & Gendron，2010）。

  另一方面，这种多任务的方式也容易改变人们进行任务的期望与动机，可能会增高完成任务时的分心程度（Hillstrom & Chai，2006）。例如，由于不喜欢等待，很多人会将网络视频缓冲或广告的时间用来进行学习或工作，视频一旦缓冲完成或者广告结束，就会放下学习或工作任务进而转向娱乐活动。这不仅让视频本身的视、听刺激占用了工作记忆的空间，引起高程度的分心（Bowman，Levine，Waite & Gendron，2010），而且还会变换主次任务的位置，改变学习或工作的期望与动机，降低完成的效率与质量。当人们发现工作的效率与完成质量不

[①] 即时通讯的信息，如 ICQ、QQ、MSN 等。

高，读了信息并没有记住，阅读的材料不能很好理解，看上去同一时间做了多个工作，但没有一个做得好时，焦虑情绪自然也会升高，试图更快、更高效地完成任务，进而引发更强烈的时间焦虑感。

（四）信息的强迫与超载

由于互联网的普及，现代人更多是以网络超链接的形式获取信息。这看上去不太可能再导致信息缺乏的情况发生，任何人都可以通过网络获取海量的信息。但是实际上，超链接的形式往往只能呈现信息的一部分，个体无法从超链接标题中看到全部的信息，就像我们打开搜索引擎、输入关键词，点击搜索后会出现很多相关的信息内容，但仅从标题上，我们根本无法判断哪些信息是有用的，哪些是无用的，就不得不逐条打开查看。

这种"不完全的信息"使个体意识到仍然存在自己尚不得知的信息，可能会引发一个新的不确定情境，由此便使人们产生一种相对于外部环境的不确定性而言的内部不确定性（internal uncertainty）（Kamal & Burkell，2011；Dequech，2004）。而"不确定感"又是一种会引发焦虑与缺乏自信的认知状态（Kuhlthau，2004），它会进一步引发人们产生搜索信息的动机，以降低不确定感。例如伯格和卡拉布雷斯在 1975 年提出的"不确定递减理论"（uncertainty reduction theory）中就认为，个体会通过人际交往来互换信息以达到不确定感的降低（Berger & Calabrese，1975）。

因此，人们获取信息就产生了一定程度的强迫性特征。人们渴望获取与掌握信息，信息是以一种社会资本的形式存在的

（Nahapiet & Ghoshal，1998），更是当代社会的重要资源，是获得价值的重要工具。它不仅保证个人在社交中可以处于优势地位，更帮助个人通过各种方式获取更多的价值与成就。

然而，正如前面论述中提到的，现代社会中工具理性对价值理性的冲击，使得"量"替代了"质"，成为人们更直接的追求目标。同样，在信息方面，人们也是希望在有限的时间内获取更多、更大量的信息，以替代性地认为自己似乎就获得了更多有价值的信息。当人们发现自己永远都不可能掌握所有信息时，不安全感与焦虑感就会油然而生，并且形成一种带有强迫性的习惯来对抗这种负面的情绪。智能手机等设备恰好可以让人们更方便、更快捷使用互联网络，于是人们便会在任何时间、任何地点，不断地通过网络查看与搜索更多的信息，即使搜索到的有效信息并不多，或者搜索行为本身已经花费了太多时间。

当人们开始强迫性地浏览与查询信息的时候，就必然带来"信息超载"。信息超载通常出现在两种情况下（Farhoomand & Drury，2002）：（1）信息量超过个体所能吸收的范围。（2）信息加工所需要的时间超出了个体所能提供的时间。因此，信息量以及信息加工的深度就成为评估信息是否超载的主要指标（O'Reilly，1980）。因为将信息的"量"等同于信息的"质"，所以过多的信息会使得人们获得满足感，但是这其实并不利于人们的行为表现，例如太多的信息就会让人们在决策时反而更加困难（O'Reilly，1980），当通过搜索引擎查找到数万条信息的时候，每个人都会对此深有体会。

法霍曼德和德鲁里在2002年进行了信息超载的调查研究，

结果表明（Farhoomand & Drury，2022）：（1）信息超载很有可能导致个体感到时间的不足，因为其花费了越来越多的时间在不具备实际意义的信息处理上；（2）信息超载可能会降低工作的效率；（3）信息超载会导致个体产生挫折感、疲倦感，感受到较大的压力，并且影响决策的质量。

当然，信息的超载与强迫性并不是给所有人都会带来消极体验，有些人甚至体验到了某种"激发"（stimulation），在信息的搜索与查看中有强烈的满足感和刺激感，但是这也同时带来了另一个问题，就是"信息成瘾"（Hemp，2009）。其实现代人对信息的"成瘾"可能是必然的事情，因为占有更多的信息就仿佛拥有了高质量的关键信息，仿佛就离成功及拥有更多价值更近了一步。所以，才有了那个戳中现代人"痛点"的广告，即使在开车、干家务、做运动甚至是睡觉的时候，人们也急切渴望着可以同时看点什么、听点什么，获得更多、更"重要"的信息。

由于时间的不可生产性，人们只能通过"节约"时间、"开发"时间，来实现更多、更大的附着于时间之上的其他价值。于是，原本从繁重劳动中被解放出来的人们，应该拥有更多的空余时间，但现在这些空余时间几乎都被"功能化"了，被人们"开发"用来工作、社交、信息收集等活动。结果，越是这样"节约"时间，越是深度"开发"其中的时间价值，人们越加觉得社交不足、情感隔离、孤独抑郁、疲惫不堪，也越发被信息所"异化"：因为渴望获取更多量的信息，而强迫性地收集与查询信息，出现信息超载或成瘾的行为。而这些又都反过来让人们越来越觉得时间不够用，"现代性体验"中的时间焦虑感也愈加明显。

三　浪费时间：精英的自由

（一）时间：交换价值的抽象物

鲍德里亚（Jean Baudrilland）在《消费社会》一书中，这样描述过时间："现实或幻想的大量财富中，时间占据着一种优先地位。仅仅对这种财富的需求就几乎相当于对其他任何财富需求之总和。"（鲍德里亚，2008：146）由这段描述我们看出，鲍德里亚不仅在时间与财富之间画上了等号，而且将时间作为一种特殊的财富，放置在了最突出的位置上，优先于其他所有各种形式的财富。

这是对时间认识的一次重要的飞跃：原本我们通常会认为时间是一种绝对的客观存在物，是不以人的意志为转移的。它不会因为任何原因变快或是变慢，或是停滞，更不可能变多或是变少，所以它原本应该不太可能与人类的活动特别是财富活动有着关联。

但在现代社会中，时间与工作的结合越来越紧密。虽然科学技术的不断发展，人们得以从简单繁重的劳动中解放出来，工作中的劳动时间也被法律严格限制，但是人们依然要将时间花费在隐性的工作当中，例如将工作带回家完成、花更多的时间学习与工作相关的内容等。因此，纯粹休闲时间[①]的多少就成为一个人是否被工作所"束缚"或"异化"的重要评价指标。如果一个人的纯粹休闲时间很少，或几乎大部分时间都用来工作，那么其在工作中出现异化的程度可能就比较高，因为

---

① 这里的休闲时间是指个人除去与工作有关的劳动时间、家务劳动时间和个人的养护时间后剩余的空余时间。

其被牢牢地限制在了工作之上，不太可能再有其他活动了。相反，如果一个人的纯粹休闲时间较多，那么其个人的自由度就比较大，除了工作还可以有很多其他活动的选择，通常认为其被工作异化的程度就比较低。

因此，经由这个过程，对于个人而言，时间就逐渐成为一个与工作相联系的、可以被"保留"或"舍弃"的个人私有财产。鲍德里亚"隐约感觉到时间很可能只是某种文化、更确切地说是某种生产方式的产品。……'自由'时间的深刻要求就在于：为时间恢复其使用价值，将其解放成空闲范畴，并用个体的自由将其填满。然而，在我们的体系中，时间只有作为物品、作为每个人都能'随心所欲地'用于'投资'的由年、时、日、周构成的计时资本才能得到'解放'。因此事实上它已经不再'自由'了，既然它的计时要受到总体性抽象即生产系统的抽象的支配"（鲍德里亚，1970/2008：147）。

原本与"个人自由"相关联的时间，不再满足于仅仅由"空闲"或"自由"作为其使用价值，而开始更关注并更强烈地追求交换价值。通过"投资"与"回报"的反应模式，人们将时间逐渐物品化、私有化，并随之力图将其资本化，变成一个从属于交换价值的物化抽象物。

但正如我们在前面已经谈到的，随着工业社会的来临，社会在（工具）理性化的进程中，时间的计算往往直接与其所能产生的价值对应起来。于是，"时间就是金钱（财富）"就成为现代性时间的重要隐喻与箴言。说"时间就是金钱"，并不是要在时间与金钱之间简单地画上等号，而是指通过时间的使用价值（即使用时间）转换而来的活动（成果），可以通过交换，兑换成为金钱（财富），从而实现时间的交换价值。

在此情境中，时间不过是一种有价值的商品，一种可以兑换金钱的客观抽象物，也只是众多财富中的一种。

（二）兑换时间：难以维持的喜悦

当原本绝对的客观存在物——时间，成为一个从属于交换价值的物化抽象物之后，时间越来越成为一种个人的私有财产。人们也就越发希望可以通过各种方式将"属于自己的时间"兑换成直接的价值（虽然这种价值不限于经济，还包含其他诸如情感等价值），并最终作为私人"财富"被保存了下来。

然而，这个私人时间兑换不同价值的过程，并不是现代社会中时间所有用途的终结，更不意味着人们对时间的追求就会止于其交换价值。正如鲍德里亚敏锐地觉察到的，时间对于其他一切财富而言，占有着优先的位置。由于时间作为客观存在物，具有绝对的稳定性，不可以人为地变多或变少，在个人层面，即使拥有再多的财富，也无法通过购买来增加个人的时间量[①]。时间这样一种绝对、稳定和不可购买的特性，使得人们在将自己的个人时间兑换成各种现有的价值之后，重新又将视线聚焦于时间的使用价值，因为无论之后做任何事情，都是需要消耗时间的。

由于时间的商品化赋予了时间重要的交换价值，它可以与现实中的各种现有价值进行兑换。兑换本身确实增加了人们对某种价值的持有量，然而这种量的变化还不足以给人带来惊

[①] 即使直接购买他人的时间其实也是购买他人的时间来进行活动，帮助自己获得更多的价值或财富，自己本身的客观时间并没有增多。

喜，因为这无非表示一些人比另一些人拥有更多一些的价值。更重要的是，这种在价值量上获得的优势，还是需要付出代价的，就是必须要用自己的时间去交换。所以这种只是用对等的时间换来价值量增加的等价交换，并没有什么了不起，相反还会由于时间过度消耗而有可能引起人们的疲劳与焦虑之感。

然而，人们却并不能因此舍弃对时间交换价值的追求。因为，任何价值的获得都是需要时间的，也就是说，人们必须将时间用于兑换，才得获得维持自己生存或者保证在某一阶层中不至于被淘汰所需要的某些价值。所以，即使充满疲劳、很不情愿，人们依然要不断投入时间进行交换，这样才能维持自己的某种生活状态。恰恰由于这样的兑换是一种"必须"，是人们不得不接受的程序，当人们将时间兑换成各种不同的价值之后，愉悦与惊喜的情绪并没有随之而来。在此过程中，人们体验到的，更多是消极的焦虑感，并不情愿，却必须为之；陷入矛盾，却又找不到缓解的方法。

真正可以给人惊喜的，是所获得价值的"质变"，即当人们发现自己已经拥有了可以明显区别于他人或是让自己达到某种特殊境界的价值量，可以与一般人不同，实现阶层的跃迁，成为更高"等级"的人，这可能才是人们真正想要追求的——无论是出于安全的需要，还是成就的需要。显然，老老实实地用时间兑换来积累价值或财富，并不能实现这样的跃迁，或者必须花费很长的时间才能实现，这其实本质上又是需要使用时间来交换的。

（三）浪费时间：卓越不凡的"精英"

通过时间与价值进行交换达到个人满足的希望落空之后，

第五章 现代性体验：期望更多的时间，实现更多的价值

人们重新发现，时间的绝对性和不可购买性具有非凡的意义。既然时间是不以人的意志为转移的，是不能通过购买而增加的，并且任何价值的获得都必须使用时间、消耗时间，那么如果有人不用时间去兑换其他价值（无论是金钱、情感、信息，还是其他形式的价值），唯一的解释就是这个人所拥有的价值或财富已经足够多，多到其根本就不再需要用时间去兑换了。也就是说，如果有人不需要实现时间的交换价值，而甘愿让时间静静地流逝，则说明这个人一定相当"富有"（不仅仅局限于金钱），不再需要积累价值，而且也不用担心自己已经拥有的财富被消耗。此时，时间不再需要通过交换而实现自身的价值，恰恰是不用于交换的时间更具有"价值"，也就是时间的存在就实现了自身的价值，因为通过它的存在和"不交换"，才真正表征了一个人的"富有"，表征了一个非常高的"位置"，这才是人们期待的"质变"。

至此，时间的优先性就被充分展示在我们眼前，鲍德里亚对于时间"这种财富的需求就几乎相当于对其他任何财富需求之总和"（鲍德里亚，2008：146）终于得以印证。不需要花费时间来交换，才是真正高社会阶层的反映，原来当人们不用拼命实现时间的交换价值，任由时间从身旁静静地溜走时，这些人才会真正的与众不同，才是真正的"精英"。

由于时间的绝对流动性，即使没有将时间兑换成价值，它依然在流逝，所以时间总是在被"消耗"的，如果消耗的同时没有实现交换价值，那么这种消耗就成为一种"浪费"，似乎时间就是被浪费掉了。于是时间作为一种符号，或者更确切地说，时间的交换价值成为一种符号，一种表征着不凡与卓越的

符号。当人们将时间用于直接的价值交换时,这种卓越与不凡很少能得以体现,但当人们对时间不做任何价值的实现,任由其流逝,以达到"浪费时间"①的目的,时间的这样一种"使用价值"(更准确地说是"不使用"),极大地体现出卓越与不凡。浪费的时间越多,象征着个人也越加卓越、越加不凡。

此时,时间不再是一件商品,也不再是一种普通的财富,而是一种象征。个人可以用来"浪费(不进行价值兑换)"的时间象征着真正的富有,象征着拥有绝对的财富,是其他任何形式的财富可能都无法比拟的。

当然,不可忽略的是,即使时间与另外的价值进行了交换,也可能存在一种炫耀性的符号,就是当时间兑换的价值非常巨大,远远超出正常范围时。此时,我们不得不相信其超凡的能力,因为其时间的交换价值已经远远超过一般人,同样象征着此人的卓越与不凡。

当时间的使用价值具备了符号化的特性之后,自然也就具备了区隔的能力。个人能够用于"浪费"的时间的多少,或者说人们自由时间的多少,区隔出了人们的"卓越等级"。自由时间越多的人,等级越高,越加卓越。

当时间的使用价值这种符号性和区隔性日益强烈和凸显之后,人们对时间追求的方式也随即转向,从"时间就是金钱"向"休闲面前人人平等"转移。此时,时间的交换价值虽然依旧是大多数人苦苦追寻的目标,但同样在他们的心中,对时间使用价值的期望已经发生了变化,从大量兑换现有价值,变成

---

① 当然,这里人在浪费时间时,是愉悦与轻松的,否则,则可能是另一种对时间的焦虑与恐惧。

了取消使用价值,即单纯地消耗时间,不做任何价值的转化。因为只有这样,才能让人们有机会加入到卓越与不凡的行列当中(至少是心理上的加入)。于是,"休闲"就变成一个重要的生活要素。

(四)休闲与有闲阶层

休闲一方面将人们从繁重的劳动中解脱出来,通过休息与娱乐来恢复身心状态,为重新工作做好准备。另一方面则创造了一种时间使用的新形式,对个人而言,它既不产生任何新的价值甚至还要消耗自身的一些价值,例如购买景区门票、住宿餐饮等消费,但却对个人有着非常重要的意义。它是一种象征性的形式,更为重要的,这种象征外化了人们的阶层(等级)。

高阶层(等级)的人们,总是希望用一些方式将自己与低阶层(等级)的人区分开来。早先是通过限制某些人身权利,减少不同等级的人之间的接触与互动,划分出不同等级人群的空间区域等,进而保护高阶层(等级)群体的相对地位。然而人权的平等诉求消除了空间上的等级差异,于是高阶层(等级)的人们继续企图通过服饰、礼仪、不动产等方式将自己与他人加以区分。而到了现代社会,消费的符码作用更是极大地体现出这种区隔性。

所以,古往今来,人们(特别是位处高阶层的人们)都在力图寻找一种可以迅速、直接地判定个人所处阶层(等级)的方法。礼仪、规范、不动产这样的社会产品,需要人与人之间相当时间的接触才能判定,加之即使是低阶层(等级)的人也完全可以通过模仿与学习来掌握礼仪与规范。甚至有些极高阶层(等级)的人常常会借助破坏礼仪、规范来表征自己的特权,这就降低了使用这些方式进行区隔的有效性。而现代社会中的个人消费能力,或者说个人拥有的物品价值,无疑是休闲出现之前最行之有效的评判标准,成为"树异于人"的重要手段。

然而,与时尚流行中的趋势一样,低阶层的群体自然希望通过模仿高阶层的人群,通过"求同于人"来实现自身身份的提升。于是,在今天消费行为便被人们广泛地模仿,即使是较为昂贵的奢侈品,较低阶层的人群也可以通过倾其所有购买少量奢侈品而成为"外表奢华"的"高阶层"群体。如今这几年出现的"轻奢"① 便是最典型的表现——在自己消费能力有限的条件下,通过购买一线奢侈品牌的小件商品,让自己在某种程度上保持与高阶层人群的一致性,从而满足自己心理上的"归属感"。

但这样"巧妙"地"求同于人",又再次降低了消费作为区隔标准的有效性。虽然这样的符号总体而言依然是有效的,但常常会从心理上让那些高阶层群体"树异于人"的愿望落空,甚至还会因为大量以假乱真的赝品而让自己的身份地位受到威胁与挑战。

恰恰由于绝大多数的价值(世袭或是赠予除外)实现都是需要消费时间的,所以在"现代性体验"中,时间的交换价值被日益强化。因此,通过是否能够取消时间的交换价值,敢于消耗"宝贵"的时间而"无所事事",即不让时间"商品化",

---

① 轻奢即"轻度的奢侈",系当前社会存在的一种生活消费观,指在消费能力虽不足以与一掷千金的富豪相提并论,但对于大牌的喜爱与忠诚却丝毫不逊于前者;乐于在经济能力许可的情况下,购买诸如钱包、腰带、墨镜、香水等小件轻奢侈品,装点自己的生活。

来衡量个人阶层（等级）高低的评判方式，就成了区分阶层的一种极为有效的方法，因为这往往是低阶层（等级）的群体无法简单模仿或是以假乱真的。同所有的外化标准一样，阶层较低的群体必然会想办法对此标准进行模仿，但"是否将时间商品化"这个标准并不是那么容易模仿和实现的。虽然休闲已成为现代人的一个重要生活方式，但一般人的休闲，从本质而言还只是工作之余的休息，或是纯粹对于休闲符号的模仿。看看在"五一""十一"的假期里，各个景点里人满为患的情景，看看高速公路在法定节假日免费通行后沦为超级停车场，便可知晓，对于大多数人而言，唯一可以用来白白消耗、不必在意其商品化价值的，还只是规定的节假日，并不能像一些高阶层（等级）的群体，可以随意地消耗各种时间，或是有更长的时间可供其"浪费"。

一个真正具有"卓越"意义的符码性休闲，通常会毫不犹豫地取消时间的交换，即并不在意时间商品化价值的流失，更不在意要将时间用于什么样的休闲，因为即使这些人什么都没有做，也不会为此而担心。所以他们可以花上一整天坐在海边发呆，而不会关心明天的行程是什么，就是这样的随兴。相反，具有模仿意义的符码性休闲，则通常并不能绝对地取消时间的交换，人们仍然非常在意休闲的方法与内容，希望可以花尽可能少的时间，获得更多的休闲项目，达到更好的休闲效果。于是，大量走马观花式的旅游便开始流行起来，人们并不想深入了解目的地的各种风土人情，在意的只是目的地是否著名、景点的数量、行程的紧凑以及能否拍到"打卡"照片。

因此，就本质而言，他们并没有取消时间的交换，也没有放弃时间的商品价值，只不过这些时间的商品价值不是有形的，而是通过时间与休闲的交换，来获得某些符号意义（诸如自由、卓越、格调、有闲等）的价值。所以，此时的时间依然是商品化的。也正是由于这个具有符号意义的时间交换，为了能让自己看上去更有格调与品位，人们想尽办法，将自己塞进休闲的大军之中。即使为此不得不让自己在工作中花费更多的时间，即使要消耗掉更多的时间"价值"，人们也乐此不疲。因为，似乎只有这样，才代表着他们是自由的，有着"诗和远方"。

这时的人们，似乎被时间再次异化或奴役，一方面想获得时间上的自由，有更多的时间用于休闲；另一方面却又不断地花费时间，实现时间商品价值的兑换，让自己牢牢地束缚于时间之上。

四　时间的现代性体验

然而真正将人们推向异化的不是时间，而是人们内心的期望！

通过各种方法"拥有"更多的时间，完成更多的事情，这样就可以用时间兑换出更多的价值，将时间完全商品化。这恰恰是"现代性体验"的重要内涵之一，因为注重时间的商品化价值而对时间的使用有着非常"科学"的要求。这里不仅包含了充分利用时间、更多地工作、获得更多的价值，这些与"天职观"相一致的内容，还新生出更丰富地娱乐、更投入地休闲，这些在"天职观"里不被允许的需要，因为这些在早期的

第五章　现代性体验：期望更多的时间，实现更多的价值

"天职观"看来是非道德的。当然，对时间的"现代性体验"当中，还有更加特别的使用时间的方式，就是干脆什么都不做，只是纯粹地浪费时间，以此最大限度地体现时间最为"重要"的象征意义（"精英化"的表征）。这让我们想起那个著名的《富翁与渔夫》的故事，都可以舒服地躺在沙滩上晒太阳，让时间就这样从身边慢慢地溜走，那么富翁与渔夫之间，究竟谁才是真正"合理"地利用了时间呢？

正是这样的"现代性体验"，推动人们合理地规划时间、充分地利用时间，追求一件又一件的工作"量"、一秒又一秒的时间"量"，其目的就是希望可以获得更多的时间、完成更多的事情，得到更多的价值。当然，时间不过只是一个载体，最重要的还是能够做更多的事情，得到更多的价值。但做事情总是需要花费时间的，因为这些对时间商品化价值量的追求，还原成了对时间"量"的追求。但恰恰时间是一种稳定、客观、永不消失、永不停止、永不再生的自然现象，因此对时间，或者高效率使用时间的不断追求，在现代社会非但没有满足人们的期望，反而会增强人们的紧迫感和焦虑感。

可见，正是在时间商品化之后，时间所能够兑换的价值（即时间的商品化价值），也就是我们前面提到的"时间机会成本"使得人们对时间有一种前所未有的饥渴感。社会时间背后所蕴含的经济、信息、情感，以及象征价值在今天急剧增加，特别是在现代先进科学技术的帮助下，人们可以更多、更清晰，也是更痛苦地意识到其他不同生活方式的存在。"他们越发意识到，在这个世界上，有其他许多地方可以选择，有其他许多男人或女人可以交往，有其他许多聚会、讨论、展览可

以参加，有其他许多路可以走，有其他许多书可以读，有其他许多个洒满月光的晚上可以消遣。"（Young，1988：217）每做一个决定就意味着要摧毁其他无数的、丰富而精彩的可选项，我们也就要再一次意识到自己的时间是多么匮乏。因此，对于自身时间的稀缺所带来的紧张和焦虑，在现代人的生活中广泛地蔓延开来。

同处在现代化进程中的中国人，同样对时间有着"现代性体验"。人们同样期望拥有更多的时间，可以用来完成更多的事情。也同样由于时间的稳定而客观的自然属性，人们无法在现实中增加或是额外得到时间，不得不想尽方法充分"开发和利用"时间。然而，当人们发觉"需要"（更可能是"可以"）做的事情很多的时候，更加渴望能够拥有更多的时间，也就更加感受到时间的匮乏与不足。缘于充分"开发和利用"时间的"现代性体验"，也就嬗变为一种对于时间的焦虑感。

我们已经发现，时间焦虑感与工具理性在现代社会的蔓延与扩张有着密切的关系。当"量"可以替代"质"，完成更多"量"的事情似乎就意味着会给自己带来更多美好的价值和结果，这样就需要更多的时间"量"来完成更多的事情。而当时间完全商品化，可以兑换越来越丰富的价值，且这种兑换能力在现代社会由于科技的发展变得越来越强大的时候，即在单位时间内赚取的金钱、获得的信息、交流的情感变得越来越多的时候，人们的主观期望也就一再被提升，也自然会对"拥有"更多的时间趋之若鹜。

或许，当下中国社会的时间焦虑感，不过只是任何一个社会在现代化进程中的一个例证，是"现代性体验"的又一个翻版而已。但如果仔细梳理中国社会的变迁过程，我们就会发现：除了时间价值与主观期望之外，还有一些更深层次的社会因素在左右着人们的心理体验，从而使时间焦虑感成为了一种独特的"中国体验"。

第六章
合法性视角下的时间焦虑感

如果我们把中国社会变迁的视野从改革开放这 40 多年扩展到从 1949 年中华人民共和国成立至今，不禁惊异地发现：时间焦虑感并非当代中国人的专利，在新中国成立初期，人们以极大的热情建设社会主义的时候，同样有着强烈的时间焦虑感，或者说是时间紧迫感。只是这种对时间的紧张感觉随着中国社会现实的变化，也发生着起伏与变更。

而作为一种特殊的"中国体验"，中国人时间焦虑感的变化，不仅直接折射出中国社会的剧烈变迁，更暗含着国家政策与制度安排的隐形之手。

第一节　中国社会时间焦虑感的演变

一　时间焦虑感与合法性资源

1958 年，中共八大二次会议正式通过了"鼓足干劲、力争上游、多快好省地建设社会主义"总路线，并提出中国正经历着"一天等于二十年"的伟大时期（赵有福、田根生，

2006）。

马克思在1863年4月9日写给恩格斯的信中提道，"在这种伟大的发展中，二十年比一天长，虽然以后可能又会有一天等于二十年的时期"（马克思，1863/1975：336—338）。即在历史发展进程中，当处在政治消沉时期，似乎二十年才走完一天的路程，而当处在革命大变动年代，就有可能出现一天等于二十年的飞跃式发展（李振城，2005）。这样一种有着深刻辩证唯物主义思想的描述，被用来作为中国在那个特殊时期的重要指导思想，激励和要求中国人以一种前所未有的热情和紧迫感，为加快建设社会主义奋勇争先。

当时的中国，特别是其中的"积极分子"，在20世纪70年代以前的历史时期，总体上"既能忍受清贫的物质生活，同时又能保持'积极'的劳动热情和'旺盛'的干劲"（王宁，2007）。可见，这一时期人们还是受到这种"奋勇争先"精神的影响，对国家的相关政策与制度安排比较拥护，并能够比较好地贯彻与执行。

然而，到了20世纪70年代的中后期，职工劳动积极性开始降低（Walder，1986：197—201），社会生产率的增长也非常缓慢（Field，1983）。这样的"颓废"局面，直到改革开放，"一切以经济建设为中心"之后才开始好转。

由此，我们不难发现，中华人民共和国成立初期的时间紧迫感受到了国家政策与制度安排非常直接的影响。而同样的政策与制度，到了某一特殊时期又失去了效力，以致不能再促发人们建设社会主义的时间紧迫感了。因此，我们就不得不把视角投射于中国社会不同时期、不同社会情境下的国家行为。

然而"国家本身并不是一个行动者,行动着的应该是代表国家的人群"(陈那波,2006),因此我们还需要关注那些社会历史情境中的政策制定者,"尽管这些政治人物是一些个体,他们却不是普通的、在微观层面上行动的个人,而是'宏观行动者'。……国家政策和制度的制定,表面上看似乎包含许多'宏观行动者'的个性化偏好与不确定的'任性'成分,事实却未必尽然"(王宁,2007)。所以,探寻在社会情境与"宏观行动者"背后可能存在的逻辑路径,或许将是解释时间焦虑感与中国社会变迁关系最为关键的环节之一。而"宏观行动者"们的行动,往往与社会情境中的国家或组织的合法性程度有关。

合法性是一种"政治系统使人们产生和坚持现存政治制度是社会的最适宜制度之信仰的能力"(西摩·马丁·李普塞特,1997:55);哈贝马斯(Jürgen Habermas)则认为合法性"意味着某种政治秩序被认可的价值"(哈贝马斯,1989:184)。而合法性资源便是"那些可以证明政治系统统治合法性的有形的物质利益或无形的价值符号"(郝宇青,2007),或者更简单地说,就是"国家或组织所拥有的民望、声望或威望,以及获取这些民望的途径和资源"(王宁,2007)。

对于一个国家或组织来说,人民群众对其合法性的信仰是必需的。合法性资源的多寡体现为人们对国家或组织的接受、支持、拥护和顺从程度(王宁,2007)。如果"没有对系统合法性的一些适度的信奉,任何系统都不能延续,至少不能延续很久"(伊斯顿,1999:336)。

马克斯·韦伯概括了三种合法性类型:第一种是建立在一

般的相信历来已久的习惯和传统神圣不可侵犯之上的传统型合法性；第二种是建立在某个领袖超凡魅力、非凡品质之上的个人魅力型合法性；第三种是建立在合理合法准则之上的法理型合法性（韦伯，2010：215）。从这三种合法性的类型出发，合法性的资源有意识形态、政治制度、执政绩效、领袖魅力等多种具体形态。

国家或组织的合法性建立并不是一劳永逸的，它随着合法性资源的变化而发生着改变。当国家或组织的合法性资源丰富而雄厚的时候，国家或组织就可以在既定的轨道上稳定运行；相反，当合法性资源不断流失甚至枯竭的时候，国家或组织内部就会出现混乱甚至被瓦解。因此，要保证一个国家或组织保有稳固的合法性，就必须保证合法性资源源源不断地供给。而那些"宏观行动者"们在进行国家政策和制度安排的决策时，必定将合法性资源的保障与维护放在一个相当重要的位置上（尽管也有由于决策失误等原因，造成合法性资源流失的可能）。因此，借由对合法性资源供给与流变的探讨，我们就有可能了解国家政策和制度安排背后的逻辑路径。

二 改革开放初期时间紧迫感的恢复

早在中华人民共和国成立初期，为了迅速摆脱贫穷落后的国家面貌，一种"现代化冲动"普遍产生，并在宏观层面上确立了实现社会主义工业化的目标（远期目标是实现共产主义）（王宁，2007）。但在新中国成立初期，匮乏的物质条件与劳动要求中的时间紧迫感之间存在不小的张力。而这种张力在相当程度上得以消解的重要原因，正是当时国家有着极为丰富的意识形态、政治制度和领袖魅力的合法性资源，并以此换取了人们极高的工作热情和极大压缩的物质需求，以及极为迫切的实现共产主义理想的时间紧迫感。也正是由于国家拥有丰富的合法性资源，使人们在被要求不断提高生产效率、加快国家建设速度的时候，没有因为这种时间紧迫感而产生焦虑。

然而，到了20世纪70年代末，人们的劳动热情和时间紧迫感随着社会生产的相对停滞而急剧降低。1978年，全国8亿农民每人年平均收入仅有76元（杨继绳，1998：18）。而在城市中，大部分职工实际生活水平趋于下降，那些在工资冻结期间就业的职工比起以前的职工生活更为困难（王宁，2007）。

对此，当时的党和国家领导人有着非常清醒的认识，因此，在这个时候，必须通过重建国家的合法性资源，实现长治久安，要让人们重新感受到社会主义的优越性，重新燃起对幸福理想和美好蓝图的希望与热情。在改革开放之初，为了消解国家的合法性危机，重建和再生产合法性资源，党和国家领导人认为最直接、最根本的就是要让国家中的个人重新感受到社会主义的优越性，具体来看，就是要大力发展经济，增加国民的收入，提高人民群众的生活水平。

因此，邓小平在1978年指出："社会主义要表现出它的优越性，哪能像现在这样，搞了20多年还这么穷，那要社会主义干什么？我们要在技术上、管理上都来个革命，发展生产，增加职工收入。"（邓小平，1978/1883b：268）

此后，邓小平还多次强调经济建设的重要性，如：

> 我们干革命几十年，搞社会主义三十多年，截至一九

七八年，工人的月平均工资只有40、50元，农村的大多数地区仍处于贫困状态。这叫什么社会主义优越性？因此，我强调提出，要迅速地坚决地把工作重点转移到经济建设上来。十一届三中全会解决了这个问题，这是一个重要的转折。从以后的实践看，这条路线是对的，全国面貌大不相同了。（邓小平，1982/1993a：10—11）

从一九五八年到一九七八年这二十年的经验告诉我们：贫穷不是社会主义，社会主义要消灭贫穷。不发展生产力，不提高人民的生活水平，不能说是符合社会主义要求的。（邓小平，1985/1993b：116）

我们坚持社会主义，要建设对资本主义具有优越性的社会主义，必须摆脱贫穷。（邓小平，1987/1993c：225）

要摆脱贫穷，就要找出一条比较快的发展道路。贫穷不是社会主义，发展太慢也不是社会主义。否则社会主义有什么优越性呢？（邓小平，1987/1993d：255）

经济发展速度……不只是经济问题，实际上是个政治问题（邓小平，1990/1993e：354）。

正是在"以经济建设为中心"的指导思想下，国家通过各种渠道，大力解放生产力、发展生产力，"追求效率、兼顾公平"。在较短的时期内，就迅速激活了经济发展，全面提高了人们的生活水平。物质生活水平的提高，极大地刺激了人们的劳动积极性，"能者多劳、多劳多得"，不仅提高了劳动生产效率，最重要的是重新又让人们自愿为实现理想目标而抓紧时间、奋勇争先。因为这一次国家的理想目标除了建设有中国特

时间焦虑感

色的社会主义以外，更是与每个人的生活水平、物质财富提高等具体目标相结合，对人们有着极大的鼓舞和刺激作用。于是人们的时间紧迫感又日渐恢复，希望"抓住机遇、充分发展"，让自己成为"先富起来"的群体。

同样，这一次由国家政策和制度安排催生出的时间紧迫感，也没有让个人产生较为严重的焦虑感或是抵触情绪。因为此时人们所产生的时间紧迫感，源自于迅速改变自己贫穷、落后状态的积极动机，源自于让自己带领"改革大潮"、领先实现生活富裕的美好愿望。即使个人不具备这样的紧迫感，不能够抓住机遇、迅速致富，也未必会给个人带来什么巨大的损失，更不会有被社会抛弃的威胁。因此，在改革开放之初，在人们身上日渐恢复的时间紧迫感，更多的是一种富有挑战性的积极体验，而不是引起紧张和焦虑的消极感受。

改革开放之后的中国社会，变迁速度大大加快。以经济建设为中心，解放生产力，不仅使个人恢复了劳动积极性和紧迫感，使整个社会的生产效率空前高涨，更是迅速为党和国家积累了丰富的执政绩效合法性资源，从根本上重建了党和国家的合法性。因为随着人民生活水平的迅速提高，国家兑现了实现个人"幸福生活"的承诺，人们对社会主义优越性又重拾信心，从而使得国家在意识形态、政治制度，以及领袖魅力方面的合法性资源也得以恢复与再生产，最终全面推动了国家合法性的建设。正如亨廷顿（1998/1991：312—313）所说："政绩的合法性在第三波新兴民主化国家中扮演着一个重要角色。"而李普塞特也指出在现代社会，政权统治的有效性"主要是指持续不断的经济发展"（李普塞特，

1997/1981：60）。而法国政治学家让·马克·夸克更为直接地指出:"经济增长以及它对中国社会产生的深远影响是中国政权政治合法性的源泉。"（让·马克·夸克，2002：7）

三 "绩效"推动的中国现代化进程

改革开放以来，在执政绩效合法性资源不断丰富的基础上，国家的合法性得到了重建与稳固。由于此时国家的绩效与个人的生活水平有着高度的一致性，所以人们的时间紧迫感、机遇感也再次被激活，劳动积极性随之大幅度提升，从而使整个社会的生产力被充分释放出来，生产效率迅速提高。这使得社会资产日益丰富，人民生活水平也不断提高，又反过来进一步推动了个人的劳动热情，从而促进合法性资源的积累与再生产。

一方面，随着社会财富的积累，中国从物资匮乏与短缺中逐渐走向了产品过剩。而 1997 年东南亚金融危机之后，为了突破市场需求不足的瓶颈，同时也为了能继续促进国家执政绩效合法性资源（经济水平）的持续再生产，国家就需要促进消费来消耗过剩的产品，保证生产的持续增长。正如当时孙立平所说，中国"正进入耐用消费品时代，一个社会向耐用消费品时代转型的一个至关重要的问题是形成与耐用消费品时代相适应的消费模式"（2003：237）。因此，从 1998 年开始，国家采取了刺激消费的政策，多次降低银行存款利率，降低商品房、汽车等耐用消费品税率，推行消费信贷，延长节假日（"五一"、"十一"、春节三个"黄金周"）等。这些国家政策都是以促进国内消费为基本目标。（李通屏，2005；房爱卿、范剑

平、朱小良，2006）

另一方面，由于社会财富的增长，个人生活水平的提高，国家重建了在人民心目中的合法性地位，重新树立了较高的威信与威望。因此，在执政绩效合法性资源较为丰富、合法性得以基本保障的情况下，国家对于其他方面合法性资源的要求就会有所降低。因此，在改革开放以前，作为国家重要的政治制度合法性资源之一的免费福利制度①，便在刺激消费、促进经济增长的基本政策推动下，发生了重大的变化。1994年，国家提出了"效率优先、兼顾公平"的原则（王宁，2007），进一步推进了医疗、养老、住房等社会福利和保障领域的市场化改革。

国家在改革开放初期，大力发展经济取得丰富的执政绩效合法性资源，重建了国家合法性之后，依然希望借助于市场经济之手继续推动执政绩效合法性资源的再生产。国家通过出台一系列相关政策，试图刺激消费、促进生产，保持经济的高速增长，以此来长时间体现和"保持"社会主义的优越性，加强和巩固其合法性。然而正如亨廷顿所提出的"政绩困局"，"经济增长不仅会用一种速度改善人们的物质福利，同时还会以更高的速度，增加着人们的社会挫折感"。（亨廷顿，1998/1991）

正如前文所述，当下的中国社会，依然处于快速变迁的态势，人们在不断努力，希望实现"中国梦"的同时，更加担忧的是错失良机之后有可能被社会"淘汰"、被时代"抛弃"，

---

① 虽然在改革开放以前，由于社会物资的短缺，免费福利制度已经不能对国家合法性予以支持和保护。

成为落后的"弱势群体"。因此,我们不难发现,此时人们的时间紧迫感被渐渐地消极化了,从主动、积极变成了被动、消极,其中对未来的焦虑与恐惧色彩大大增加了。

当然,由于在执政绩效合法性资源极大丰富的前提下,国家对其他类型的合法性资源要求降低,因此敢于通过市场经济之手将其转化为执政绩效合法性资源。然而,由于某些经济原则对于福利保障、社会公平等其他非经济领域的不适用性,这样的转化并未能很好地实现,还造成意识形态、政治制度等合法性资源的流失,虽然这并没有对国家的合法性带来根本性的危机,但也不容忽视。

而在此之中,起到一个非常关键作用的,便是现代性中的(工具)理性化进程。就像无法用某些市场经济的原则(工具理性)去指导福利保障、社会公平(价值理性)等领域的行为一样,当工具理性开始以压倒性优势在现实中取代或是颠覆价值理性的时候,人们消极的"现代性体验"也就随之而来。当然,这种消极的"现代性体验"在中国社会日益突出的"量"替代"质"的矛盾与冲突中,逐渐演绎成了普遍存在时间焦虑的"中国体验"。

第二节 对量的追求——"量"就是"质"

受益于经济高速发展带来的国家繁荣与活力、人民热情与信心,一段时间内,国家也希望能够借助推进以经济建设为中心的现代化进程,持续取得更为丰富的绩效合法性资源。也因此,在这段时间内,经济发展依然是各级政府、部门的重中之重。

一 全民的时间焦虑感

而在当时"效率优先"的经济大环境中,中国社会一部分人的富裕程度不断提高,这些"富裕人群"的平均年龄也在不断降低。因此,个人的主观期望被强烈地提升了。正如我们先前的研究所发现的,真正决定时间焦虑感与时间价值之间关系的关键因素是个人的主观期望,它构成了一个临界点,在没有达到这个临界点之前,时间价值就对时间焦虑感有抑制作用;而超过这个临界点,时间价值就对时间焦虑感起积极作用。即使将真实、客观的时间经济价值替换为心理贫富感(虚拟的时间价值),主观期望作为临界点,依然对时间焦虑感起作用。

当人们在中国的经济腾飞中提升个人的主观期望时,人们相信在这样一个急速变迁的社会中充满了机遇,成功不需要按既定的道路前进,而是要通过自己的开拓与创新,这进一步缩短了当下中国年轻人获得成功的"时间期望"。同时,社会的普遍期望也被提高了,让年轻人承受了更大的"超时"压力与焦虑,担心在"规定"的时间内,无法达到某个目标,或是随着时间的推移,实现目标的可能性会逐渐减小。

然而这样的时间焦虑并不只针对无法"按时成功",从更广阔的范围来看,这种焦虑更体现在一种担心"落后"于社会步伐,被社会抛弃的心态。身处这样一个还在迅速变化的"断裂社会"之中的人们,也常常体验到落后掉队、被社会或时代抛弃的恐慌。这样的恐慌,又进一步提升了人们"尽快""尽早"成功的主观期望,因为这样才不会"被抛到社会结构之外"。

因此，面对急速变化着的中国社会，当下的中国人不仅期望可以获得更大的成功、拥有更多的财富与资源、进入更高的社会阶层，而且期望成功来得更快、更早，以免错过了"关键期"而落后于社会，甚至被社会淘汰。

在这样的诉求之下，一个行为上或者说是表面上的主观期望就凸显了出来：通过各种方法"占有"更多的时间，在相同时间内完成更多的事情，这样就可以实现更多的价值。当"量"可以替代"质"，当时间变成可以"购买"的商品，当时间的象征意义更加突出的时候，人们自然对"占有"更多的时间趋之若鹜。

工具理性中强调"可计算性"，也就是可量化。当一个事物的某种特征可以量化之后，就有可能对这一特征进行统计与分析。也只有实现了量化以后，才可以进行计数，从而对速度进行测量。尽管我们的主观意愿可能并非如此，但当我们需要用一些具体的指标来对国家建设、社会进步、人民生活进行重要的评估时，数字化的具体标准确实会让这种评价与比较变得非常容易、直观，结果显而易见。

而这样一种"量化"的工具理性式的思维方式很容易借助它直观、便捷、快速的优点，在各个领域扩展开来，成为人们评价事物的习惯，从而渗透到生活的方方面面。假如在一些非客观化的领域，也就是涉及价值判断（理性）的领域也使用量化的标准时，就有可能打破"质"与"量"之间的平衡，造成混乱。

事实上，人们苦苦追求的，并非数量本身，而是超越了数量的质量,因为似乎数量越多就说明能力越大,也说明质量越高。就像在新媒体时代的语境下,已经习惯于用 GDP 来衡量国家的国力,用财富排行榜来衡量一个人的实力,甚至用其捐出善款的数量来衡量名人的"慈善"程度。这就是里茨尔在他那本著名的《社会的麦当劳化》中所说的"事实上,量(尤其是大的量)倾向于成为质的一种替代"(里茨尔,1999:98)。

二 服务性行业的量化标准

2012 年 12 月,央视《经济半小时》播出了一期题为《在快递公司卧底的日子》的节目,记者通过应聘,进入快递公司,目睹了快递分拣员暴力分拣的场面。原则上说,一般快递货品有一些诸如"大不压小、重不压轻"的码放原则,以及"快件分拣脱手时不超过 30 厘米"的分拣规则。然而,当"一个 60 人左右的班次要处理 5 万到 10 万票快件"时,这些原则就根本不存在了,"贴不贴易碎标志都不再重要","有多大的力气,就可以扔多远","分拣员明知道暴力分拣会把一部分货物摔坏,但是包裹被扔来扔去,漫天飞舞的场景仍然见怪不怪"。(网易新闻,2012 - 12 - 25)

快递业是一个典型的以速度为基本需要,计件支付酬劳的行业。所以在量化的要求和速度的驱动下,分拣员们追求的,只是分拣货品的数量,因为这是他们获得酬劳的直接标准。至于货品的质量,或是否受到损害,他们毫不关心,因为他们"不用担心物品摔坏了要承担责任",且会有很多办法逃避这种责任。(网易新闻,2012 - 12 - 25)我们可以清楚地看到,当规则存在一定的漏洞,并让人们一味地追求数量的时候,质就有可能受到极大的损害，显然，量与质之间并没有必然的对等关系。

类似的案例还有为了满足大家"多读书"的需求而出现的一种新的服务项目——讲书。这样的服务有两大特点，一是号称"精选"精品好书，由"顶尖专家"在仔细阅读后撰文帮助你解析原著；二是一般都录制成音频，在上下班途中等"碎片化"时间供你收听，充分"利用"时间。在某品牌 App 的广告中赫然写着"行万里路，读万卷书：每天开车路上阅读一本书，一年读完 500 本好书！碎片化时间不再浪费，阅读量在开车路上累积"[①]。

这种服务一方面强调阅读的时间量，常常以"每天阅读 15 分钟"等相对较短的阅读时间量（主要为上下班路上的"空余"时间）吸引大众，按照积少成多、聚沙成塔的"古训"将少量的碎片化时间累加起来，得出一年几千分钟，近百小时的较长时间。再按照某种阅读速度，就可以得出"每天阅读 15 分钟，每年读完上百本书"的结论。然而，阅读并不是简单的时间累加，除了小说、故事之外，可能很多书籍如果每天只有 15 分钟的阅读时间，很可能无法将不同时间阅读的内容连贯起来，也无法很好地完成认知功能上的整合与加工，结果只是"读完"，而并不能真正理解。

讲书服务的另一方面强调的是阅读的书籍量。它并不是真的帮用户把书从头到尾朗读一遍，而通常是有所谓的"专业人员"事先已经完成了某本书的阅读，然后用相对较短的时间将

---

① 路上读书（驾车听书）App 页面广告词，见 2021 年 9 月 27 日，http：//www.5577.com/s/80588.html。

书中的重点、要点或亮点给你解读一番。这不失为一种快速、迅捷地"博览群书"的方法，可以在较短的时间内用一些特别的方式完成大量书籍的"阅读"。但显然这样的阅读方式与通过自己实际的阅读，充分汲取书中的信息与养分，并形成自己独特的见解与主张，还是有着"质"的差距。

不难发现，无论是阅读的时间量，还是阅读的书籍量，讲书服务都蕴含着"替你读书"的意思。但即使是这样，其中强调最多也是最大的"卖点"，显然是想象当中能够完成阅读书籍的数量，而不是读完一本书之后的质量。

三 教育领域的量化标准

"闻道有先后，术业有专攻。"教育，应该是一个百家争鸣、百花齐放的领域，很难用一种统一的思想或是统一标准进行衡量。无论是教育者还是接受教育者，原本都应按照个人的需求、特点采用不同的教育方法和评价体系。"十年树木，百年树人"，既然教育是一个塑人心智的过程，那么在教育当中，当然应该更加注重"质"，而不是"量"。

然而，在教育领域内也同样充斥着许多"量"的标准。各种考试的分数至上早已受到人们的诟病，而对此进行调整的素质教育也出现了流于形式，只注重完成多少学时，而并不注重内容与学生接受程度的现状。各种各样的校外辅导班、培训班更是将"单科成绩提高多少分"、"考试排名提升多少位"、重点学校升学率等作为宣传的重点，以漂亮的"数字报表"来吸引无数的家长趋之若鹜。

甚至即使是教育者本身，在这样的"量化"过程中，也同样无法逃脱，或多或少都受到了"量"的束缚。例如在中国高校教授晋升要求中，通常会对教师的各项工作和成果，特别是各种"量"的要求予以明确的规定。兹举某高校有关发表论文的数量和经费数量方面的要求，摘录如下（见表6－1）。

表6－1　　　　国内某大学教授选聘标准（节选）[1]

	必要条件	应具备条件（满足其中之一即可）	
理学类	在国内外重要学术刊物发表至少10篇学术论文，其中至少7篇为SCI、EI收录。	承担至少一项国家重点科研项目或者至少两项省部级科研项目，本人可以支配的年均科研经费一般不少于10万元。	确认为国内领先的教学、科研成果，或获得过省部级二等（含）以上奖励。
信息与工程类	承担至少一项国家重点科研项目或者至少两项省部级科研项目，本人可以支配的年均科研经费一般不少于30万元。	在国内外重要学术刊物发表至少8篇学术论文，其中至少4篇为SCI、EI收录。	确认为国内领先的应用研究成果；或者获得省部级二等（含）以上奖励。
人文科学类	在国内外重要学术刊物发表至少8篇学术论文，并独立出版一部高水平学术专著。	承担至少一项国家重点科研项目或至少两项省部级科研项目，本人可以支配的年均科研经费一般不少于2万元；或者从其他研究类项目中获得的本人可以支配的年均科研经费不少于5万元。	确认为国内领先的教学、科研成果；或者获得省部级二等（含）以上奖励。

---

[1] 引自某著名高校人事部《关于印发〈××大学教师职务聘任条件〉的通知》，2013年10月4日，http://hr.pku.edu.cn/zyjszwpr/zcgd1/13041.htm。

续表

	必要条件	应具备条件（满足其中之一即可）	
社会科学类	在国内外重要学术刊物发表至少 8 篇学术论文，包括为中央部门决策和立法提交的内部研究报告，并独立出版一部高水平学术专著。	承担至少一项国家重点科研项目或至少两项省部级科研项目，本人可以支配的年均科研经费一般不少于 3 万元；或者从其他研究类项目中获得的本人可以支配的年均科研经费不少于 8 万元。	确认为国内领先的教学、科研成果；或者获得省部级二等（含）以上奖励。

如果在达到一定水准的期刊（如表中的 SCI、EI 收录期刊）上发表学术论文，还可算作对其学术"质量"的确认（但此种简单计算论文数量的方式也在"破五唯"[①] 的专项工作中作为主要清理对象），但是以一个教师每年平均可支配的科研经费数额作为一个重要衡量标准，就颇值得玩味了。

尽管我们可以理解这是为了体现教师在课题当中的重要位置，以及课题本身的重大程度，然而 30 万元的课题项目是否就会比 10 万元的课题项目具有更高的研究意义和学术价值呢？如果一个科研项目只是要在现有资源的基础上重新进行理论的挖掘与探讨，需要更高的智力水平、更多的思维突破，而并非经济投入，那么这样的经济投入小、却意义重大的研究项目，

---

① 2018 年 10 月，科技部、教育部、人力资源和社会保障部等部门联合下发了《关于开展清理"唯论文、唯职称、唯学历、唯奖项"专项行动的通知》（国科发政〔2018〕210 号），随后 2018 年 11 月 8 日，教育部办公厅发布《关于开展清理"唯论文、唯帽子、唯职称、唯学历、唯奖项"专项行动的通知》（教技厅函〔2018〕110 号），在各高校开展"唯论文、唯帽子、唯职称、唯学历、唯奖项"（简称"五唯"）的清理工作。

在这样的评价体系中显然是没有立足之地的。

我们可以非常大胆地从表 6-1 中的评定标准中推断出这样一个隐含的假设，只有可支配的研究经费多，才表明地位更重要、意义更重大。如果我们将这个假设作为一个前提，那么可以连续推导出一系列层层递进的有趣内含：

前提：只有可支配的研究经费多，研究项目才地位更重要、意义更重大。

第一层含义：经费少的或者不需要经费的研究项目就没有什么研究意义和学术价值。

第二层含义：如果想要完成一个有价值、有意义的研究项目就必须有大量的研究经费。

第三层含义：只有花费较多的金钱，才能做出有价值、有意义的研究项目来。

第四层含义（结论）：所以应该争取获得更多的金钱作为研究经费。

最终，当研究项目被还原为经济投入的多少时，就将教育者彻底推入了追求"量"（项目经费的数量、论文发表的数量等）的大潮之中。

让我们再回到这个循环的起点，即使我们将前提中的"只有"两个字去掉，当我们认定"如果可支配的研究经费多，表明其地位更重要、意义更重大"的时候，其实就已经确认了一个隐含的假设——经费的"量"与研究的"质"是对等的。

即使是教育这样一个对"质"的衡量常常并没有什么确定

标准可言的领域,似乎也被这种"量"等同于"质"的过度工具理性化占据了一定的位置。然而,当教育者不断计算着完成论文的篇数和每年可支配的经费数量,并努力达到某个数量上的"标准"时,除了道德与良知,还有什么可以用来保护教育的"质"不受损害呢?

四 时间领域的量化标准

再次回到时间这个主题上来,在时间领域,同样也存在着用"量"来替代"质"的倾向。

对于时间"量"的追求,通常有两种表现形式,一种是希望有更多的时间,可以做更多的事情;另一种则是缩短做事情的时间,加快速度、提高效率,就可以在同等时间的情况下完成更多的事情。

在资本主义的早期,工厂主们便是通过前一种方式延长工人的劳动时间,生产出更多的产品,获取更多的利润。"靠超过法定的过度劳动获得额外利润,对许多工厂主来说,是一个难以抗拒的巨大诱惑。他们指望不被发觉,而且心中盘算,即使被发现了,拿出一笔小小的罚款和诉讼费,也仍然有利可图。……甚至偷啃吃饭时间。"(马克思,1867/1972:271)

但是这样的方式自然会受到工人们的强烈不满与抵制,随着资本主义企业的发展,当第一种延长时间的方式频频受阻之后,第二种方式慢慢出现,即缩短每项任务的完成时间,提高单位时间内的工作效率。这种方式显得更加"人性化",更富有技术含量。泰勒便是这种方法的开创者,他希望借助当时先进的技术手段和统计学方法,"为全厂的每部或每一类工具机

特制一把计算尺",找到每个产品的最佳加工方法,"给工人详细指明方向"。(泰勒,1911/1984:91)

然而,这种对"时间和动作"有苛刻要求的"泰勒主义",在今天借助于科学技术的飞速发展,超越了对劳动者身体的简单规训,以更加"科学"的名义,以更加"温和"的方式,却对个人实施了更加"严苛"的规训。即使那些非生产的企业或组织,也会使用这套"科学标准"来协助争取获得更多的时间和更高的效率,即将事情都安排得非常紧凑,环环相扣,要求每件事都能高效完成,以避免影响后续环节。

这与传统的大工业装配线本质是相同的,每一环节构成了个人一整天的基本工作,环节之间紧密相连,前面一环一旦出现了延误,就会影响后面的事情,从而影响整天的安排。所以,必须仔细地安排、高效地完成,以保证在每一件事情(即每一环节)上最大限度地发挥效能。看看那些白领们密密麻麻的日程表、布满各种颜色的电子时间表,就仿佛又看到了福特制时代生产流水线一样的紧张与忙碌。只不过在今天监督和控制个人行为的不再是某种特殊身份的人群,也不仅仅是现代化的技术手段和精心设计的奖惩机制,而是更为"智能"并且不断"优化"的算法。

2017年底,某外卖平台的技术团队在一篇介绍智能配送系统优化升级的文章中指出,优化算法让平台降低了19%的运力损耗,过去5个骑手能送的餐,现在4个骑手就能送了,效率、体验和成本,将成为平台追求的核心指标(赖祐萱,2020)。而这个优化算法的直接结果是"2016年,3公里送餐距离的最长时限是1小时,2017年,变成了45分钟,2018

年,又缩短了 7 分钟,定格在 38 分钟——据相关数据显示,2019 年,中国全行业外卖订单单均配送时长比 3 年前减少了 10 分钟";而更为可怕的结果是"超速、闯红灯、逆行……在中国社科院研究员孙萍看来,这些外卖骑手挑战交通规则的举动是一种逆算法,是骑手们长期在系统算法的控制与规训之下做出的不得已的劳动实践,而这种逆算法的直接后果则是——外卖员遭遇交通事故的数量急剧上升"(赖祐萱,2020)。

不仅是外卖骑手,似乎每个人都想把自己的日程安排得像列车时刻表一样精确,因为这样就可以完成更多的任务,获得更多的奖励。就像外卖、网约车等平台都为骑手或司机设置了积分等级体系——跑的单越多,准时率越高,顾客评价越好,骑手或司机获得的积分便会越高,积分越高,等级就越高,奖励收入也会更多。(赖祐萱,2020)

但是一旦一列火车因为某个原因发生了延误,整个铁路网就会出现混乱,就需要迅速、及时地做出调整,加速节奏,将延误的时间尽量追回来。现代人同样如此,一旦前一件事情耽误了,就会立即要求更改时间,并希望加快后面事情的速度,以弥补耽搁的时间。然而,现在的铁路网是由电脑来进行运算,而追赶和调整也是由自动化程度相对较高的高速列车来完成。人毕竟不是电脑与火车,当原先的计划与节奏被打乱之后,难以像机器一样"冷静",紧张与焦虑立即显现出来。即使一切正常,人们的神经也是紧绷的,生怕出一点差错而影响后面的安排。在这样的紧张与焦虑状态下,完成事情的质量恐怕也未必能够得到保证。焦虑与恐慌在科学技术(特殊"算法")面前是必然的,"你导着航,系统这边还要不停地提醒你说,美团众包又有新订单,请及时查询,然后又跟导航的声音混在一起,马上又要超时了,有的顾客会打电话问你到哪儿了,你可能还要边导航边接单,再边接电话跟他解释为什么超时了……那种感觉让她觉得,每一分钟都很重要,每天都被追着跑,只能快,更快"(赖祐萱,2020)。所以有学者认为,表面上骑手们 App 只是一个辅助人们工作的生产工具,但实则是一套精密的劳动控制模式,在这套模式下,工人原有的主体性被全面塑造乃至取代,他们看似用更自由的方式在工作,但同时却遭受着更深切的控制。

但是为什么我们又往往出于自己的选择,心甘情愿地被控制呢?归根到底,人们希望缩短完成每项任务的时间,从而可以完成更多的事情。平台希望缩短时间,赚取更高的利润;骑手希望缩短时间,获得更多的报酬;就连客户都希望缩短时间,更快地完成用餐这件"事情",可以去做其他更多的"事情"。因此,人们追求一件又一件的工作"量"、一秒又一秒的时间"量",希望通过这样的累加,可以为自己带来高质量的生活。但事实似乎并未遂人愿,提高了效率,获得了更多的时间、完成了更多的任务,但量的积累非但没有带来想象当中的美好,反而让个人感受到了更大的束缚与控制,体验到更强烈的焦虑与恐慌。

因此,假如降低对"量"的追求,预留充足的时间以保证"质"的稳定,甚至践行"慢工出细活"的理念,那么即使未必会带来"质"的明显提升,但至少人们心理上的紧张与焦虑会得到一定的缓解。在这一点上,那些"慢生活"的倡导者们应该深有体会。

五 情感领域的量化标准

2016年12月24日,一档叫作《中国式相亲》的"国内首档模式创新的全新代际相亲交友节目"出现在电视荧屏上,并以其"打造了代际相亲交友新概念,让子女带着父母一同来到节目现场相亲"的时代特点而迅速蹿红。① 确实,《中国式相亲》也秉承了"有爸妈更放心"的理念,在节目中让嘉宾的父母承担更多"挑选"的角色,给予其更充分的表达机会。

众所周知,父母加入相亲"团队"之后,便充满了多元的分析与考量,从多个不同角度解读恋爱与婚姻的基础。但在以"中国式相亲"为代表的婚恋节目中,相亲似乎也成了"抢亲",遇到条件不错或是相当的,众父母便拉开舌战群儒的架势,纷纷为自家拉票。更有趣的是,当一个新的令人"中意"的嘉宾出现时,众人随即展开新一轮的"抢夺",再一次表达对方是自己的"不二人选",仿佛对于之前嘉宾的喜欢、倾心完全没有发生过。究其原因,婚姻这样一个原本非常主观的情感领域,也已成为一个以理性分析为主导的判断过程。

因此,这个节目确实非常好地印证了相亲中的"中国式",因为这是将以"父母相亲会"(曹慧中,2007)为代表的"白发相亲"(孙沛东,2013)模式直接搬到了电视舞台上。父母的存在就是要进行比较、分析、权衡与推算。当然,这档节目一直强调要打造以"结婚为目的的相亲",但这似乎就隐含了

---

① 《中国式相亲》,2022年4月6日,乐视网(http://www.le.com/zongyi/10033284.html)。

一个前提：恋爱可以谈情说爱、情意绵绵，一旦谈婚论嫁，就得拿起尺子好好量量、算算，因为这是"一辈子的事情"。某种意义上说，这可能是在消解婚姻中的情感成分，将恋爱与婚姻割裂开来。虽然这不过是一档电视节目，其中演艺的成分也未可知，但节目中充斥的理性与权衡，倒确为当下中国社会的真实写照。

（一）情感世界的（工具）理性化

正如马克斯·韦伯认为合理性就是西文现代化的本质，现代化的进程就是理性化的过程。实际上（工具）理性化的过程也是一个去情感化的过程（陈昌凯，2016），而中国的现代化进程更是将西方世界一百多年甚至是数百年的变迁，压缩在中国短短数十年之中，自然也无法回避这样"现代性体验"，甚至把情感"去"得更加彻底。虽然恋爱与婚姻本应是一个绝对的情感世界，但在中国快速而剧烈的（工具）理性化进程中，也已无法"置身事外"。否则，在北京、上海等大城市公园里，为何会出现摆摊挂牌，详细罗列子女年龄、学历、收入、职业等标准的"父母相亲角"？又如何会有《中国式相亲》这样一个火爆的电视相亲节目？不仅仅是适龄青年和他们的父母们，甚至是子女已经成婚的父母们在热捧这个节目时也有着非常强烈的代入感，因为他们内心关于娶媳、嫁女的"标准"再一次被激活了。

在相亲市场中，学历、收入、职业、婚史等客观的标准，或者至少是"颜值"之类可以外化的显在特征都是评估合适人选的重要条件。因为只有这样的特征才是方便用来直接进行比较，并且帮助众人在非常短的时间内做出选择。无论是众家长们的无意为之，还是节目环节的有意设置，在《中国式相亲》节目中，留给嘉宾自我陈述的时间非常少，留给男女嘉宾之间互动的时间更是少之又少。在这样的情境下，大家似乎都"一切从简、直奔主题"了，一开始便把自己的理性化标准放在他人面前，为自己争取留在台上和权利反转的机会。

传统的恋爱过程，通常是从相识到相知，再到相恋。而传统的相亲过程也是在双方当事人见面之后，凭借接触、互动之后的感觉，哪怕仅仅是"眼缘"来决定下一步的可能。但在《中国式相亲》节目中，这些都被删减掉了，相亲被简化成了三步：第一步，先摆出你的客观条件；第二步，我们进行判断，你的条件有没有达到我们的要求；第三步，如果你达到要求了，我们就摆出我们的客观条件，看你愿不愿意。虽然《中国式相亲》作为一档电视节目，其中可能有娱乐和演艺的成分，但这个节目似乎在向人们不断地提示着，外在客观的条件成为婚姻的前提——只有达到标准，才有机会！就像某位男嘉宾的母亲对一位女嘉宾说的："20岁的男人是期货，30岁的男人是现货，40岁的男人是抢手货。"在这样一个更像是"招标会"的相亲中，中国人婚恋情感世界里，至少在父母的观念中，（工具）理性化的标准越来越多、越来越重要，甚至已经远远超出了内在旨趣和价值观的匹配。

（二）（工具）理性化背后的未来焦虑

前述这位母亲之所以要对女嘉宾说男人的年龄这番话，是因为想要阻止自己23岁的儿子与这个40岁的单亲妈妈在一起。所以当她说完"20岁的男人是期货，30岁的男人是现货，40岁的男人是抢手货"之后，便问40岁的女嘉宾：

第六章 合法性视角下的时间焦虑感

"他才23岁,你有多大的把握,在未来的十年后还能拥有他?"这位母亲的这番言论看似是情急之语,但恰恰反映了以其为代表的诸多女性对年龄的一种焦虑,担心随着自己年龄的增长、容颜的衰老,再也无法维持自身的魅力。这也体现了当下中国青年接受了理性化洗礼之后的一种焦虑和恐慌,一旦失去了那些外化的"客观条件",我们也就失去了自信,因为好像我们除此之外别无他物。

而在《中国式相亲》节目中,对此形成强烈反讽的恰好是另两位男嘉宾,都是一出场就着力展示自己丰厚殷实的家底,"两家公司""四套房"等,然后却又说希望自己的另一半"并不是看上自己的物质条件"。可见,我们是多么的不自信:即使内心充满了对纯真爱情的向往,还是不得不屈服于工具理性的巨大压力。我们一方面期望对方有着不错的客观条件,另一方面又期望对方不要看重我们的客观条件。这当然可以从个人层面说是由于其自身安全感的缺失,既希望自己少奋斗、多享受,同时又害怕他人"惦记"自己的财物,但当这种焦虑成为一种普遍现象时,恐怕就要从宏观层面进行解释了。正如我们在前面的调查结果中看到的,当下中国的青年群体希望在自己34岁的时候就可以达到事业的成功,同样在这个年龄,可以获得自己最理想的经济收入。按照这个年龄,一个硕士按时毕业的话,仅仅工作9年就会达到自己人生的最高峰。这恰恰反映了当下中国青年的焦虑心态——希望更快地获得更多的财富。

在一个变迁相对比较缓慢的社会里,青年人通常可以根据他人的经验对未来进行预测,但由于这短短几十年中国社会的变迁压缩了西方国家数百年的历程，必然没有任何既定的道路可循、没有确定的经验可鉴。当青年人无法从他人的成长与发展中获得有效经验，预知自己可能的未来时，必然手足无措，从而产生焦虑与恐慌。而之前的房价飞涨、股市莫测，中国社会的先发优势和资本优势也尤为明显，所以能够快速地拥有得以让自己安身立命的"资本"才最为重要。

而物质的获取除了家庭的传承之外，婚姻成为另一条极为重要的捷径。对于自己，中国的青年人或者至少是其家长们，渴望着这样的路径；对于他人，他们却又害怕这样的路径，因此才有了之前两位男嘉宾这样矛盾的内心独白，更彰显出在焦虑之中对于精神慰藉的渴望。

（三）（工具）理性化背后的情感焦虑

显然，在相亲中的青年人并非只是重外表轻内在的"物质派"，虽然家长们对此颇为重视，但青年人自己也同时期望精神的满足。男孩子常常强调另一半要"能照顾我"，而女孩子的希望则是要"宠我"，这其实也恰恰反映了青年人对于情感缺失的焦虑。（陈昌凯，2017）

如前所述，虽然在家长们的眼里，择偶的标准已经工具理性化了，但青年人并不希望自己的另一半只是因为那些"客观条件"而喜欢自己，其希望的是一种情感上的寄托与陪伴，更直白地说是渴望"真爱"。但是"真爱"如何体现出来呢？即使在现实生活中的相亲，这也是难以通过短时间的接触表现出来的。因此，当青年需要表达"真爱"这个情感诉求的时候，已经被工具理性化的他们，便使用了"宠我""照顾我"之类的词语来将真爱"可操作化"。

第六章 合法性视角下的时间焦虑感

当今社会,"由于流动性日渐增加,我们与相识者的关系将迅速形成、迅速结束,因此未来绝大多数的友谊形式将体现为大量的短期性关系,这种短期性关系将取代过去为数较少的长期性关系"(托夫勒,1970/2006:59)。在我们前面的调查中也发现平均年龄为 28 岁的青年人能够接受最短的恋爱关系是 13 个月,而婚姻关系也仅仅是 54 个月。这样"短暂"的情感生活,恐怕是传统社会中的人们难以想象的。新媒介时代,移动互联使人与人之间的联系变得异常方便与快捷。虽然很多研究表明,基于网络的"弱关系",不仅不能替代面对面的"强关系",而且会让人们产生更多的孤独感、隔离感和抑郁,但人们依然乐此不疲,沉浸于网络人际互动之中(Brenner, 1997; Donath & Boyd, 2004; Ezoe, et al., 2009; Kraut, et al., 1998; McQuillen, 2003; Moody, 2001; Toda, et al., 2006)。因为在这样一个理性化的社会里,我们太渴望情感的联系了。面对客观、冰冷的(工具)理性化社会,青年人通过移动网络可以随时随地与他人发生连接与互动,但他们面对的只是一连串的数字信号或是字符串,依然是一个客观、理性的世界,而不是有血有肉、可以给人以温暖拥抱的人类实体。

正是在这样一个(工具)理性化的社会里,青年人的周遭充斥着各种客观量化的标准与规条。当工作的成效仅仅以完成任务的数量来衡量,当人生的成败常常以存款数字来判断,就连作为教师的好坏也主要以发表成果的数量来决定时,青年人自身作为人的本质价值、本真属性已经被工具理性压抑和消解。这样的桎梏让当下的青年人感到虚无与焦虑,因此也更加强烈地渴望情感的支持和精神慰藉,以恢复些许对自己人性价值的关怀。

在理想与现实之间，目睹了社会急速变迁下的分分合合，青年人一方面变得更加"理性"，适应性地降低自己对于情感的期待；另一方面却又渴望在情感中得到更多的支持与寄托，以抚慰自己在现实生活中焦躁不安的漂泊之心。甚至正因为他们对于情感的预期是短暂的，所以他们才更渴望在已经非常短暂的情感生活中，获得更加强烈与深刻的情感体验。因此，"被宠爱""被照顾"不仅仅是当下青年人在（工具）理性社会中对情感的需求，更是其在理性化社会里焦虑的真实写照。

第三节 时间焦虑感的极性

改革开放以来，国家合法性的巩固与加强，主要集中于执政绩效合法性资源的积累与再生产上。通过"以经济建设为中心""效率优先"等一系列的政策理念，在重实干、重效益的现代化建设过程中，也让工具理性开始在中国社会得以发展壮大。而人们对于经济发展速度的渴望，也在不断提高人们主观期望的标准，随着社会的变迁，从带有积极体验的时间紧迫感演变成了消极恐慌的时间焦虑感。

社会变迁的速度决定了时间焦虑感的强度乃至存在与否。当社会变迁速率较低时，个人未来的可预知性比较强，前人的经验与方式有非常高的借鉴意义，因此个人有着可见的、现成的发展道路与规律，很难形成时间焦虑感或紧迫感。而在社会变迁速度相对较快时，个人未来不可预知，也没有现成可供借鉴的前人经验，个人对自己的发展前景没有足够的把握，便会产生时间紧迫感或焦虑感，希望更快达到某种让自己感到"安全"的状态。

而快速的社会变迁之下，究竟是产生相对消极的时间焦虑感，还是比较积极的时间紧迫感，这就需要由国家合法性资源的多寡来决定了。在国家合法性资源不够丰富，合法性受到一定威胁的时候，个人对未来的不确定更多持有担心与恐慌的态度，害怕自己会在窘迫的生活中被抛弃，因此在被动、无奈之下，更希望迅速获得一定的资源，以尽快摆脱被抛弃的威胁，从而产生较为强烈的时间焦虑感。相反，当合法性资源较为充足，合法性地位较为稳固之时，个人对未来充满了未知的期待与希望，因此，会更为积极主动地提升自己的工作效率，试图在较短的时间内实现自己的理想或达到一种较为"幸福美好"的状态。此时，个人就产生了充分利用时间，做自己想做的事情，实现自己价值的时间紧迫感，这是一种带有积极性质的时间感知。

在 21 世纪初的那段时期，国家以经济发展来巩固国家的执政绩效合法性资源，这一方面是由于在改革开放初期，国家在通过绩效合法性资源的再生产，重建国家合法性上有着巨大的成功经验；另一方面则是由于绩效合法性资源，是各种合法性资源当中最直观、操作性最强的。而这一过程恰恰体现了工具理性在执政绩效合法性资源中所起到的关键性作用：工具理性中强调可量化，从改革开放开始，中国执政绩效合法性资源的积累与再生产，主要就是体现在经济发展上，而无论是国民经济的核心指标 GDP，还是能够体现人民生活水平的人均 GDP，都是可量化的经济指标。

于是，这样一种"量化"的工具理性式的思维方式借助它直观、便捷、快速的优点，在各个领域扩展开来，成为人们评价事物的习惯，从而渗透到生活的方方面面，不仅服务行业、教育行业，甚至个人私领域的情感世界，这些原本无法用"量"来衡量的主观领域都被量化的工具理性占领了。其实，此时人们苦苦追求的，并非数量本身，而是超越了数量的质量，因为似乎数量越多就说明质量越高，也说明能力越大。

因此，改革开放以来，在中国社会的急速变迁之下，人们对时间格外重视，形成"时不我待"的"现代性体验"是理所当然的。但是，为什么这种珍惜时间、奋勇前进的强劲动力，会变成一种焦急恐慌、努力挣扎的时间焦虑感呢？其背后的原因，还与急速的社会变迁巨大提升了人们的主观期望有着直接的关系。在这种带着浓郁消极色彩的"中国体验"中，藏着中国人强烈的渴望——早日进入精英阶层！

第七章

中国体验：社会变迁中的期望与焦虑

改革开放以来，国家通过大力发展经济建设，在积累大量的合法性资源的同时，催生出一个又一个财富奇迹，让人们看到了成功与富裕的希望。但在生产过剩的经济大背景下，为了进一步巩固和促进经济的长期发展，国家出台了一系列旨在刺激国内消费的政策，其中包括对医疗、养老、住房等社会福利和保障制度进行市场化改革。面对急速的社会变迁，人们没有直观的、确定的发展规律可循，无法预知自己未来的方向，而看似不尽如人意的社会福利与保障（更确切地说是与人们的主观期望存在一定的差距），让人们陷入了对未来的焦虑与恐慌之中。此时，人们只能沿着唯一一条看上去还算清晰的道路一直前进——追求能衡量自身价值的财富"量"。

第一节 积累财富：中国机遇

一 你不理财、财不理你

自2009年开始，招商银行和贝恩公司每隔两年会联合发布《中国私人财富报告》。在 2019 年的这份财富中显示：中国高净值人群①呈现逐年上升的趋势，从 2008 年至 2018 年十年间，中国高净值人群每两年的复合增长率分别为 36%、22%、23% 和 12%，其中可投资产超过 1 亿元的超高净值人士的增长率更是达到 56%、29%、32% 和 20%（招商银行、贝恩公司，2019：5）。

尽管这些"高净值人士"致富的原因或积累财富的方法多种多样，但有一点是肯定的，就是当下中国"富豪"的人数是在不断增加的。即使在 2020 年，受到 COVID-19 疫情的影响下，中国的超高净值人群②还是增加了 9830 人（总数为 28130 人），这比 2019 年增长了 54%（Credit Suisse Research Institute，2021：22）。甚至有人提出，中国的超富人群将会在 10 年内超过美国（新浪财经，2021）。这似乎暗示我们，在目前中国的形势之下，看起来只要个人自己愿意，完全是有积累大量财富的方法的。从 20 世纪 80 年代的"万元户"到现在的千万富豪、亿万富豪，中国社会中总是有人通过自己不懈的努力与尝试来实现自己的致富梦想。而且似乎在当下的互联网社会，这样的机会要比 20 世纪改革开放的初期，或是 21 世纪最初的几年，都要大得多。对于那些处在中间阶层，尚未进入"富裕阶层"的人们来说，自然也就意味着可以"抓住机遇"，寻找更多的机会，尽可能多地积累自身的财富，从而进入更高的阶层。

---

① 该报告中将可投资产超过 1000 万人民币的个人定义为高净值人士，可投资产超过 1 亿人民币的个人定义为超高净值人士。

② 瑞士信贷（Credit Suisse Research Institute）在《全球财富报告》中定义的超高净值（ultra high net worth）人士为可投资产超过 5000 万美元的人士。

因此,"理财"似乎就成为人们除了工作之外的主要生活重心之一。无论是股票、基金、债券、期货等非实物财富,还是其他诸如黄金、古玩等实物财富,人们似乎都想通过自身的各种努力,实现财富的增值。尽管这样的增值缓慢而微小,但大多数人仍然乐此不疲,因为毕竟这还是在增长的过程中,而不是停滞或是倒退。看看前几年电视、广播、报纸中的理财栏目的数量与变化趋势,便可以了解人们的热情。而"你不理财、财不理你"这句中央电视台财经频道(CCTV 2)著名理财节目的广告语,更是在不同人群之间广泛流传。

当然,对于普通人来说,彼时的基金、债券、股票等"理财"方式,不过是手上闲散资金的"小打小闹",真正能够有机会让财富快速增长的,可能还是投资房产。房地产市场发展的初期,作为一个投资大、收益大、似乎无风险的财富积累手段,成为众多通过原始积累,拥有一定实力群体的"理财"热点。房产,作为人们的主要不动产,其价值的上升,以及由此给人们带来的收益是完全超乎人们想象的。以至于在网上有人发布了一个"如果你可以回到20年前,你会做什么"的问题,无数人做出的回答竟然完全一致——"多买几套房"。确实,21世纪以来,房产增值已经成为人们财富积累的重要方面。

无论是小量财物的升值,还是大量资本的运作,整个社会似乎都在通过各种理财渠道尝试财富增值,以致营造出一种社会氛围,似乎人们生来就"应该"将自己的财富不断升值,让自己所拥有的财富不断扩大。"你不理财,财不理你",这句广告语正是这种社会氛围的集中体现。如同韦伯所说的追求价值成为新教的根本教义一样,追求财富似乎也成为当下中国社会的第一要义，仿佛只有不断扩大自己的财富拥有量，才是对自身价值的最好体现。而且，价值的增长似乎就不该是少量地、缓慢地，而应该是巨大地、急速地。

二 财富新贵：无形标杆

根据胡润百富调查显示，截至 2021 年 1 月，中国总资产（包括实物资产和金融资产）超过 1 亿元人民币的超高净值家庭数量达到 13.3 万户，比上年增加了 2.5%，而总资产 1000 万元以上的高净值家庭数量达到 206 万户，比上年增加 4 万户，增长率为 2.5%（胡润百富，2022 - 04 - 14：7）。而从 2011 年至 2021 年，资产 1 亿元的内地超高净值家庭数量规模快速增长，平均每年增长比例超过 5%（胡润百富，2022 - 04 - 14：69）。

正如我们在之前关于"心理贫富感与时间焦虑感的研究"中经过调查所发现的，企业员工和大学生们都普遍希望可以在 34 岁[1]之前让自己的收入达到理想状态，同时也希望在 34 岁[2]之前达到事业的成功。虽然达到理想收入和实现事业的成功，并不等同于成为"富豪"，但这也确实反映了当下中国人希望在生命的前半期就达到某一高峰的普遍心态。而事实上，中国的"富豪"们确实都比较年轻：资产千万元以上人群的平均年龄为 38 岁，资产过亿元人群的平均年龄为 39 岁（胡润百富，

---

[1] 企业员工和大学生期望达到理想收入的年龄平均值为 33.9，标准差为 8.6，样本量为 387。

[2] 企业员工和大学生期望达到事业成功的年龄平均值为 34.4，标准差为 5.9，样本量为 398。

2014：3），5亿元资产以上人群的平均年龄为51岁，20亿元资产以上人群的平均年龄为53岁，60亿元资产以上人群的平均年龄为58岁，比全球富豪平均年龄年轻6岁（全球60亿元资产人群平均年龄为64岁）（胡润百富，2015：8）。

"第三次浪潮文明最基本的原料……就是信息加上想象力……当然，也有随之而来的经济剧变。"（托夫勒，1980/2006：227—228）而当下的中国，也正处在这样一个第三次浪潮冲击的时代。正是在这个新浪潮之中，技术与知识的优势凸显出来，也让那些在这个领域内较为领先的年轻人得到了更多的机会，得以在非常短的时期内积累了大量的财富，从而跻身于富豪之列。调查显示，资产千万以上的人群中，以企业主（55%）和大型企业或跨国公司的高层金领（20%）为主（胡润百富，2019：8）。更重要的是，与那些老一辈的富豪相比，这些"新生代"们更加年轻，财富积累得更快，增长也更迅速，更像一种爆发式增长。正是这些"财富新贵"们的出现，让人们在看到希望的同时，也将这些不可复制的"传奇道路"当作了自己的目标，并将自己"成功"的年龄期待不断提高。

在中国的传统教化里，是找不到任何颂扬或鼓励"一夜暴富"的箴言的。"不积跬步，无以至千里；不积小流，无以成江海"（《荀子·劝学篇》），一直是传统中国的基本行事理念。所以人们已经习惯了"三十而立、四十而不惑、五十知天命"这样一种循序渐进、逐渐成熟的过程。

然而，今天社会的快速变迁、科技的日新月异，让当下的中国人，特别是年轻一代，一下子将所有那些关于积累和稳重的理论全部抛在了脑后。"年轻无极限""年轻就是资本""年轻就不要怕犯错"等主张敢为、争先的理念逐渐占据了青年一代的行事意识。所以，当一个个鲜活而年轻的"财富新贵"们通过各种媒介为人们所认识的时候，精神的振奋与行动的渴望自然接踵而来。正如目前世界上两大著名体育运动品牌的宣传语一样，因为"Nothing is impossible"（没有什么不可能），所以"Just do it"（赶紧去做）！

不可否认，这样一种开拓敢为的精神是青年人不可或缺的，原本可以激励青年人不甘落后、勇往直前。但当社会氛围有所转向，不是以一种鼓励的方式，而是以谁更早成功来衡量个人成就的时候，青年人行为的动力就会慢慢演变成落后的焦虑。

反观我们当下的社会，是不是常常充斥着"某某成为最年轻的……"这样的论调，或是反复使用"某某刚刚才……就已经拥有了……"这样的句式？此刻，人们已经不会再关注那些隐藏在背后的大多数，只会更加关注这样一个被塑造的"典型"案例，从而产生一种想象当中的，已经落后的焦虑。而这种对落后的恐慌最直接地表现为对时间的焦虑："别人在某某岁就已经成功了，我只差一年了，我必须更加努力！""我离那个'应该'成功的年纪越来越近了，还没成功的我究竟应该怎么办？""我已经过了'最佳'年龄了，肯定已经落后别人许多了，我得尽快追回来！"……

正如在本书一开始就说到的，"三十而立"现在变成了"三十而富""好像30多岁你还没富，你这辈子就没机会了"（陆娅楠，2020）。一旦以这样的标准来衡量成功与否，人们必然会担心在"规定"的时间内，无法达到某个目标，或是随着时间的推移，实现目标的可能性会越来越小。在这种"集体记忆"的构架过程中，本该催人奋进的行为动力，却一再变成引人焦虑的精神压力。

三 中国人创富的信心依旧

国际知名的波士顿咨询公司发布的《2021全球财富报告》（BCG，2021）中指出，2020年中国金融财富总额超过1亿美元的超级富豪已经达到7800人，比2019年增长了23.9%，并将在未来十年内超过美国，成为世界上超级富豪最多的国家；在可投资财富方面，目前中国的年增长率为13%，保持这个势头到2029年，中国超级富豪的资产将达到10.4万亿美元，超过美国预计的9.9万亿美元。

不仅仅是富豪的增加和财富积累，中国社会也随着改革开放发生着剧烈的变迁，而"这场社会变迁的规模、速度、广度和深度都是绝无仅有的"（周晓虹，2012d）。身处这样一个急速变迁的社会之中，人们的主观期望也随着狂飙的速度不断地攀升着。以广州为例，1949年的人均居住面积为4.5平方米，而到1978年人均居住面积不升反降，只有3.82平方米，但从1978年到1988年的十年间，就增加了近1倍，人均居住面积达到7.29平方米，而到了2008年，这20年间，人均居住面积已经增长到了1949年的10倍（人民网，2009年8月24日）。人口在不断增加，人均居住面积也增长得如此迅速，这正是改革开放以后人们主观期望迅速增长的前提条件。

社会的剧烈变迁，让人们的内心也涌动着变化的强烈愿望。改革开放把人们从那个单一、匮乏的社会里解放出来，长期被压抑的欲望仿佛脱缰的野马,在快速、剧烈变迁的社会中得以释放。而无论从各种"财富报告"来看,还是国人的自身体验看,可以认为中国是一个能够产生"(财富)奇迹"的国家。

急剧抬升的主观期望、每年持续增长的富豪人数,几乎让所有人觉得,只要抓住机遇,自己完全是有机会成为其中一员的。1998年11月央视财经频道推出了著名的益智竞赛类节目《幸运52》,这个节目曾经风靡全国近十年,而节目中最深入人心,几乎是路人皆知的,应该就是主持人李咏一直挂在嘴边的那句"谁都会有机会!"

的确,"谁都会有机会"已经成为那时深深镌刻在人们内心深处的"至理名言"。在充满机遇的时代,仿佛最关键的,只是你想不想抓住这个机会。

然而机会其实并不是永远有的。在财富增长的过程中,似乎存在着非常明显的先发优势,即先行者可以获得极大的收入和利润。越早找到路径,机会越多、难度越小、收益越大、增长越快;越晚开始,机会越少、难度越大、收益越小、增长越慢。所以人们逐渐形成了"一切尽快"的期望,当速度达不到人们期望时,人们便因此担心自己落后了,机会变少了,收益就小了,焦虑自然也就出现了。

"时间就是金钱!"这句话在当代不但强调了时间本身的价值,更加突出了效率的意义,即只有速度越快,才有机会跑在别人前面成为先行者,进而才能得到更多的收益,成为上层(富裕)人士。因此,人们在对生活美好向往中不断提升的"主观期望",逐渐聚焦成了对行事速度不断提高的要求。快速已经不再仅仅是反映社会变迁程度的一种现象，更是成为人们内心当中的重要期望，就如同"时间就是金钱"后面常常跟着另一句话——"效率就是生命！"

第二节　剧烈变迁：被抛弃的恐慌

一　要致富、请趁早

米尔斯（C. Wright Mills）在他那本著名的《白领》一书中曾经引述过凡伯伦的一段话："一个人的生活环境十分宽广，他在这方面的好名声不可能传播到方方面面，甚至连起码的声望需求都满足不了。在那些与自己在社会生活中不熟悉的人眼中，一个人要保持自己的尊严——同时保持其自尊——他就必须展示能体现自己经济价值的东西，这实际上是和……经济上的成功相吻合的。"（引自米尔斯，1951/2006：202）

当下中国社会似乎看上去有很多机会，可以让人们获得大量的财富与价值。这便与人们想通过对财富的追求来展示成功、保持"尊严"的强烈愿望形成了一股合力，想方设法地充分利用每一分每一秒来寻找机会，创造价值、增长财富。

然而，机会并不会自动出现在每个人的面前。有些人确实发现了机会，并抓住了机遇，实现了财富的积累与巨大增值。而那些不善于发现机会的人，身处一个"抓住机遇、发家致富"社会氛围中，却又找不到机会，自然会增加内心的焦虑。所以，大量的人在别人发现机会之后便会跟随而上。过去的一段时间，整个社会上先后掀起过对股市、基金、房产等各种投资领域的热潮，显然与人们求富心切，又不得门路，只好大量跟风有关。

即使是跟风，诸如房产等资产门槛比较高的领域，对初期财富投入的要求也比较高，对于那些财富值达不到门槛标准的人来说，自然也会更加焦虑，因为他们好像连让财富增长的机会都没有了。为了能进入"致富"的大军，让自己的财富开始不断增长，人们自然希望能尽快达到这个标准，从而尽快获得财富增长的机会。这就强化了人们通过种种方法迅速改变自身现状的期望，即使能够改变，也要求够快、时间够短，如果速度不够快，人们的焦虑就会又一次出现。

当然，不可否认的是，我们可以看到：无论高净值人士还是超高净值人士，其增加速率是在慢慢缩小的。也就是说，中国富豪规模扩大的势头正在渐渐减缓——如前所述，招商银行发布的《2019中国私人财富报告》显示，从2008年至2018年十年间，中国高净值人群每两年的复合增长率分别为36%、22%、23%和12%，其中可投资产超过1亿元的超高净值人士的增长率更是达到56%、29%、32%和20%。这似乎预示着中国人通过各种手段大量积累财富的难度在变大。正如早期房产的增值所表现出来的，只要人们有经济实力进行投资，就一定可以获得收益。而且利润与人们投资时间的早晚成正比，也就是说，投资得越早，需要的成本就越小，而获得的收益却越大，净利润也就越高；相反，投资越晚，进入的成本就越大，而获得的收益却在变小，因此净利润也就随之减少了。这就再次给人们一个警示——要想获得更多的财富积累，必须尽早找到合适的路径，否则致富的难度就越来越大，而收益也会随之越来越小。由此，人们对"快速"或是效率的要求再次被强化了,用最短的时间,实现最大的目标(最多的财富),成为人们的最终期望。不仅仅是因为希望追逐利益的最大化,而且隐藏着人们对落后或缓慢就可能导致难度加大、机会变小甚至无法完成目标的一种恐惧。

所以,从这个角度来看,当下中国人追求财富而引发的时间焦虑,更像是一种积极进取而没有达到目标的失望,或是对进取机会转瞬即逝的忧虑。

二 中间阶层的地位恐慌

就像戴维·麦克莱兰(David McClelland)一再向世人展示的,成就动机背后总是隐含着两种不同的动机,一种是渴望成功,而另一种是害怕失败。在我们积极进取、渴望成功的行为之下,在我们为没有达到目标而失望,为机会转瞬即逝而忧虑的背后,可能还隐藏着更深的原因。从某种意义上说,当下中国人对追求卓越与财富的道路如此痴迷,或许是源自于一种地位恐慌(米尔斯,1951/2006:200),即害怕自己被抛到社会之外,被社会彻底淘汰。

法国著名社会学家图海纳(Alain Touraine)认为,法国的社会已经从金字塔的等级结构变为一场马拉松赛。"每跑一段,都会有人掉队,即被甩到社会结构之外。被甩出去的人,甚至已经不再是社会结构中的底层,而是处在了社会结构之外。"(孙立平,2003:17)中国的社会学家孙立平认为图海纳所说的这种现象,实际上也正在中国发生,"由于新的技术革命的作用,一些传统的职业正在被淘汰。当然也会有一些新的职业被创造出来。但如果我们看一下失业和下岗群体的状况，再看一下新创造出来的职业的需求，就可以发现，新的工作岗位并不会给失业或下岗人员提供多少再就业的机会"（孙立平，2003：17）。

孙立平在2003年时，还主要将下岗工人、进城务工的民工看作被抛在社会结构之外的主要人群。然而到了今天的中国，我们不得不开始担心，被抛到社会结构之外的人可能正在变得越来越多。2006年，波士顿咨询公司发布的《全球财富报告》显示："在中国，0.4%的家庭占有了70%的国民财富，而在发达国家，一般情况下是5%的家庭占有50%至60%的财富，中国已经成为财富最为高度集中的国家之一。"（王冲，2006）而瑞信研究院发布的《2021全球财富报告》中数据显示，2000年时，中国前1%最富有的人占据了20.9%的财富；到了2005年上升到了24.3%，2010年为31.4%，2020年略有下降，达到30.6%（Credit Suisse Research Institute, 2021：24）。

自2003年以来，中国的基尼系数①一直在0.47以上，在2008甚至达到0.491（新华网，2013-01-18），之后缓慢下降，从2014年开始，降至0.47以下（叶初升、李承璋，2021）。基尼系数是国际上常用的一种收入差距测量指标，数值是在0至1之间波动。"按照国际通常标准，基尼系数在0.3以下为最佳的平均状态，在0.3—0.4之间为正常状态，超过

---

① 基尼系数是衡量居民收入差距的常用指标，通常可以用居民收入和消费支出两种不同的方式来计算基尼系数，世界银行对这两种指标都进行了计算。这里的基尼系数指的是中国居民收入基尼系数。

0.4为警戒状态,达到0.6则属于危险状态。"(新京报,2010-08-24)而我们2014年前的近十年,基尼系数都在0.47以上,这几年也一直保持在0.465以上,可见中国的收入差距水平还是相当大的,而且已经达到了具有一定风险的程度。而这样的一种风险,投射到生活在中国社会的普通民众身上,就直接演变成了一种恐慌,一种对富人与穷人之间的巨大差距的恐慌,生怕自己被远远地甩在后面,甚至被社会抛弃。

就像美国白领的"地位恐慌"一样,作为目前生活在中低阶层的中国人,因为非常害怕自己可能会因为落后而被别人抛在后面,沦落到底层,所以为了保持住自己在社会结构中的相对位置,他们才要更加努力,不断地进取,以此避免自己被别人赶超——其实更重要的是不被众人抛下。

三 不可预知的变化恐慌

如果只是贫富差距大一个因素,未必会引起人们如此强烈的焦虑感。更为重要的是,中国社会贫富差距的扩大是在非常短暂的时间内急速形成的。"在改革开放之初的1981年基尼系数只有0.281,到2000年,我国居民收入差距的基尼系数已经达到了0.4089。"(马广海,2012)而到了2003年,基尼系数就已经升到了0.479,到了2008年更是达到了0.491之高,2009年为0.490,2010年为0.481,2011年为0.477,2012年为0.474,2013年为0.473,2014年为0.469,2015年为0.462,2016年为0.465,2017年为0.467,2018年为0.468,2019年为0.465,2020年为0.468(滕晗,2021;新华网,2013-01-18;叶初升、李承璋,2021)。在不到20年的时间,中国社会"就从一个平均主义的社会跨入了一个贫富差距过大的社会"(马广海,2012)。

相比较西方社会而言,这样的变化不可谓不剧烈,完全可以用飞速变化来形容。以美国为例,"基尼系数1967年为0.397,1970年为0.394,1980年为0.403,1990年为0.428,1995年为0.450,2000年为0.462,2005为0.469,2007年为0.463,2008年为0.466"(马广海,2012)。2017年达到0.482,2018年为0.485(中国新闻网,2019-09-27)。不难发现,在50多年的时间里,美国社会的贫富差距同样也有一个不断扩大的趋势,但其扩大速度却是缓慢的,比中国的速度缓和得多。

基尼系数只是中国社会剧烈变迁中的一个小小缩影而已。"在1949—1978年的三十年间,我们因为制度的刚性的问题、学习苏联体制的问题,整个社会的变迁非常慢,虽然社会一直有各种的政治运动,但是其整个社会结构、经济增长、人文精神、生活方式的变迁并不大。"(张潇爽,2013)然而改革开放40多年以来,中国社会发生了巨大的转型与变迁,正如中国社会学家周晓虹所概括的,这一变迁可以从四个方面来理解:

第一个方面是变迁的规模。这是一个关乎14亿人的巨大变迁,其他国家和地区都是不可比拟的。"无论是美国、欧洲抑或日本的现代化,充其量就是1亿到3亿人的变化"(张潇爽,2013),而一个拥有14亿人口的国家开始向现代化迈进,是世界上史无前例的。

第二个方面是变迁的速度。1980年后的"短短三十多年间,我们经历了西方世界100年的变化"(张潇爽,2013)。

第三个方面是变迁的广度。这三十多年的社会变迁"从经济领域的改革开始,推向社会生活的纵深领域,现在正在向被称之为'改革攻坚战'的政治领域尝试性地推进"(周晓虹,2012d)。

第四个方面是变迁的深度。这场剧烈的变迁"所触及的层面非常深刻,有相当一部分触及中国人传统的价值观和我们这个社会体制的深层结构,由此带来了中国人精神世界的大动荡、大起伏"(周晓虹,2012d)。

这样一个涉及14亿人口的急速转型与深远变迁,必然会给中国社会中的每一个人、每一个组织与团体甚至整个社会带来巨大的冲击。生活在其中的中国人,在短短的40多年的生命历程中,如同坐过山车一样飞速地经历了其他国家几个世纪才完成的发展,这种浓缩式的嬗变必然引起人们精神层面的"反应",即所谓的"中国体验"。

由于变迁的速度非常之快,同时在中国社会各个层面存在的差异性作用下,很快就出现了一些不平衡的现象。依然可以以图海纳所说的"社会马拉松"为例,原本一开始匀速缓慢前进的马拉松选手,在突然加速后,那些体力充沛的选手自然昂首飞速向前,而那些体力不够好的选手自然就会陆续出现速度跟不上、逐渐掉队,甚至是体力透支而退出比赛的情况。这就是众多社会学家眼中的"断裂"社会。

孙立平认为:"断裂的社会,从表面上看来好像也是一种多元的社会。至少从表面上看起来,似乎有着更强的多样性。其实这两种社会有着本质的不同。概括地说,在多元社会中,尽管社会结构分化深刻、各种社会力量并存、不同的价值观甚至互相对立,但这些不同的部分基本是处于同一个时代的发展水平，社会的各个部分能够形成一个整体的社会。但在断裂的社会中，情况却截然不同。其不同的部分几乎是处于完全不同时代的发展水平，他们之间也无法形成一个整体的社会。也就是说，整个社会是分裂的（不是在政治的意义上，而是在社会的意义上）。"（孙立平，2003：11）

很显然，这样的"断裂社会"是由于中国的巨大社会变迁造成的。随着社会的飞速转型，逐渐分化出不同的阶层、区域，仿佛一块块漂浮在海面上的冰块一样。有的冰块很小，也很脆弱，站上去很可能就会掉到海里，因此危险性很高。这些群体相对比较弱势，对社会变迁的承受力很薄弱，很容易被社会淘汰。这可能就是图海纳所说的"被抛到社会结构之外"的群体。而有的冰块非常巨大而且稳重，也非常的牢固，站上去就如同平地一样安全。这些群体虽然规模不一定庞大，但拥有大量的资源，对社会变迁的敏感性和适应性也相对较强，往往成为社会变迁的带领者，或者至少是站在变迁潮头的先行者。当然其中大部分可能就是前文中所述的"高净值人士"。

正是身处这样一个"断裂社会"，在这样一个害怕落后掉队而被社会抛弃的时代背景下，焦虑成为"中国体验"的重要组成部分，而这种焦虑正是源于人们在这样一个社会中所感受到的风险。

第三节　风险社会

一　快速变迁之下的风险与恐慌

1986年，德国社会学家乌尔里希·贝克（Ulric Beck）提出了"风险社会"(risk society)这个概念,并将其与我们传统意义上的阶级社会进行了比较(贝克,1986/2004:56—57):

> 概括地说,这两种类型的现代社会表达着两种完全不同的价值体系。阶级社会在它的发展动力上(在它从"机会均等"到社会主义社会模式的各种变体这些不同的表述中)仍旧与平等的理念相联系。风险社会就不是这样。它通常的对应(conter-project)——这既是它的基础又是它的动力——是安全。"不平等的"社会价值体系被"不安全的"社会价值体系所取代。平等的乌托邦包括很多实质的和积极的社会变迁目标,而风险社会的乌托邦仍旧是特别消极的和防御性的。基本上,人们不再关心获得"好的"东西,而是关心如何预防更坏的东西。……阶级社会的驱动力可以概括为这样一句话:我饿!另一方面,风险社会的驱动力则可以表达为:我害怕!焦虑的共同性代替了需求的共同性。在这种意义上,风险社会的形式标志着一个社会时代,在其中产生了由焦虑得来的团结并且这种团结形成了一种政治力量。

虽然贝克是从一个更加宏观的角度探讨着现代化社会中的环境、经济、政治等各种风险,但这样一种对未来的担心与恐惧在今天的中国也有所表现。一个重要的原因,就是由于我们社会的变迁速度太快了,大大增加了社会的不确定性,而这样一种不确定性,则会直接引发恐慌与焦虑。

在一个变迁相对比较缓慢的社会中,人们通常对未来的种种可能有一个基本的认识,也非常清楚地知道自己的选择可能带来的未来结果。因为通过周围人特别是上一辈的发展轨迹,完全可以对自己的未来做出大致预测。这样的社会确定性就比较高,选定了目标或是未来的方向后,只要按照既有的道路稳步前进一般不会有什么问题。

然而,改革开放这40多年来的中国社会发展,是完全超出当时人们想象的。恰恰是由于我们将其他国家几个世纪的变迁过程,浓缩在了短短的40年当中,社会变迁的速度之快、范围之广已经远远超出了人们能够通过理性预判的范围。

每个人的发展轨迹似乎都是独特的,也是不可复制的。因此,人们没有办法从他人的成长与发展中获得可以借鉴的经验,预知自己可能的未来,自然无从知道每条发展路径可能达到的未来是什么样的。今天选择的道路,可能明天就不得不做出改变甚至转向;今天设定好发展路径,期望实现某个目标,可能明天就发现,要实现同一个目标必须选择一条完全不同的路径。整个社会的不确定性急速上升,而面对这样瞬息万变甚至是毫无发展模板与成功范本的社会,人们必然显得手足无措,从而产生焦虑与恐惧。

正如周晓虹所说:"自己的父辈的今天就是你的未来,若一代一代都是如此,作为个人,无论在未来或是在当下都不会倾向于折腾;但如果父辈的今天不是你的未来,甚至兄长的今天与你的未来都可能迥异、几岁几年都会发生变迁的话,巨大的焦虑感就产生了。"(张潇爽,2013)

关于这一点,贝克给出了一个重要的注脚:"风险意识的核心不在于现在,而在于未来。在风险社会中,过去失去了它决定现在的权力。它的位置被未来取代了,因而,不存在的、想象的和虚拟的东西成为现在的经验和行动的'原因'。我们在今天变得积极是为了避免、缓解或者预防明天或者后天的问题和危机——或者什么也不干。"(贝克,1986/2004:56—57)

急速的社会变迁,使人产生了强烈的风险意识,同时也增加了人们的焦虑。面对未来种种可能的"风险",有的人选择什么都不做,被动地等待未来的到来;有的人是选择抗拒,拒绝新事物,将自己封闭在自己制造的"安全圈"内,来减少无措与焦虑;也有人不断地更新自己,掌握各种新技术、新知识、新方法,试图跟上变迁的脚步。而无论他们做出何种选择,都不可避免地将面对更为强烈的焦虑感。尤其是第三种情况,人们越是想要应对未来未知的风险,就越需要掌握更多的信息与技术。然而日新月异的社会又在不断产生出各种新兴的信息与技术,于是人们便疲于应付,不断地投入时间和精力,但依然跟不上变化与更新的速度,这就必然导致其更加迫切地希望可以拥有更多的个人时间,来满足大量的需要。然而,正是由于时间的绝对性,在缺乏时间的时候,时间本身不可能增加,人们只能通过高效利用时间、合理安排时间、压缩和加快行为进程等方式来提高时间的利用率。也正是因此,人们对于时间的焦虑与紧迫感也就随之而来。

二 买得起船票吗? 风险社会的延伸

在科幻电影《2012》中,在地球陷入被巨大洪水淹没之前,整个世界的联合政府制造了20艘巨大的如同诺亚方舟一般的大船,为少量的地球人口提供庇护。然而毕竟船只有20艘,能保护的人类极为有限,所以只有社会上层的人才有机会获得登上"方舟"的船票。在影片中,社会上层的定义与构成是非常复杂的,有的是知识精英,有的是政府高官,有的是经济富豪。尤其是那些富豪们,因为其他的上层精英都是通过"公平筛选"机制而免费获得船票,而富豪们却是要花钱去购买船票。但无论是直接获得还是花钱购买,只要有了船票,就可以上船,让自己的生命在全球的灾难中得以保全。

虽然这只是一部灾难题材的科幻影片,但它也从另一个视角诠释了某种社会现实,特别是特殊的社会结构。现代社会学通常将财富、权力和社会声望都看成是资源,所以就有了经济资源、政治资源和社会资源(孙立平,2004:99)。布迪厄也根据资本在不同场所所起作用的不同,将资本划分成了经济资本、文化资本和社会资本。其中文化资本是指世代相传的一般文化背景、知识、性情及技能,是具有文化价值的财富(引自周晓虹,2005:224)。

无论资本或是资源的划分标准如何,之间存在着什么样的差异,但可以肯定的是,如果能大量掌握这些资源的任意一种或多种,就可以算作是社会的精英阶层(即社会上层)。所以,在目前的社会结构中,政治精英、财富精英和社会精英都应该属于社会的上层人士。这也就是在《2012》中,无论是政要,还是精英,或者是富豪,都能获得船票的根本原因是这些人属于社会结构的上层或中上层。

在改革开放的初期,在这场中国社会的转型与变迁的开始阶段,我们确实也看到这样一种精英阶层的形成与发展。20世纪80年代末开始形成的"稳定话语",在中国形成了经济精英与政治精英联盟的基础,并在地方和基层的层面上,经济精英与政治精英建立了密切的关系;而此后,一些官员或有极强官方背景的人变为商人,促进了体制内与体制外的亲和性(孙立平,2008)。周晓虹等人的研究也发现,"我国中产阶层从20世纪90年代大量涌现"(周晓虹,2005:227)。而"今天的中国中产阶层,他们所生活的时代不一样,他们的生活场域也不尽相同,但是他们大多是由高考这架'社会地位的提升机'造就的。1977年以后重新恢复高考,1999年起,我国开始了大规模的高校扩招,接受高等教育的比例不断增加。……在中国当代中产阶层的形成过程中,文化资本的获得不仅来自家庭的传承,同样借助于自身的成就动机而实现的社会流动。同时,一旦进入中产阶层的行列,他们还会不断接受继续教育以保持自己在文化资本占有上的优势"(周晓虹,2005:239)。

可见在中国改革开放、社会转型与变迁的开始阶段,不同的资源与资本之间常常是分离的,不同的个人,按照不同的原则占有和积累不同类型的资源,进而成为不同领域的精英,并加入到整个社会的精英阶层(即上层阶层)当中。这就是所谓的"弥散型分配",即指分配不同种类的资源时实行的是不同的原则。"在这样的社会中,拥有某种资源较多的人或群体不一定也拥有较多其他种类的资源。而在另外一种社会中,则可能实行一体化的原则。也就是说,各种不同的资源按照一种单一的原则进行分配,其结果,往往是各种资源都集中到同一部分人的手中。按照这两种不同原则进行资源分配所产生的结果和社会影响是完全不同的。"(孙立平,2004:86)

最重要的是，这样两种不同的分配原则，还形成了不同的社会流动通道。弥散型分配社会中，资源分布与积累方式不同，掌握着不同资源的个人就可以通过不同的方式积累各个类型的资源而得到向上层晋升的机会。如此一来，社会流动的通道就更多、更顺畅，社会也更加稳定。相反，对于一体化分配的社会来说，资源积累与分配方式完全相同，那么各种资源就会不断向最初掌握着某种资源的群体汇聚，使得同一部分人慢慢大量掌握各种资源，而其他群体则望尘莫及。于是，在这样的社会中，社会流动通道就会比较有限，也难以保持畅通，社会的隔离与排斥就逐渐在社会中弥散开来。因此，孙立平认为"社会排斥"就是当下断裂社会的内涵之一，"所表明的是一种不同社会群体或社会阶层间的群体与阶层的排斥。实际上，任何社会中都有地位低下的群体与阶层的存在。因此问题不在于有没有地位低下的群体或阶层的存在，而在于地位低下的群体与阶层有没有向上流动的机会"（孙立平，2004：91—92）。

因此可以说虽然在改革开放初期，资源资本的弥散分配原则，似乎使得社会中的每个人都有自己的发展路径，都有可能跃迁进入精英阶层，社会流动频繁与顺畅，确实也形成了这样一种政治、经济、文化或社会精英的联盟。但是，随着社会结构的逐渐稳定，特别是各类型资源积累与分配的方式日益单一化，社会流动开始减少，通畅程度似乎也在减弱，各种资源也不断向一小部分人汇聚。在这样的背景下，特别是那些无法获取资源，或是无法进入社会上层的人们，就会越发开始担心与焦虑起来，因为原本可供他们跃迁与晋升的大门正在徐徐关闭。

三 中国社会阶层的"凝固化"

一方面,正如孙立平观察到从 90 年代中后期开始,社会中的各种门槛在加高,"在 80 年代和 90 年代初期的时候,只要很小的资本就可以进入一个经营领域。现在的一些大房地产开发商,有的当初就是借几万元钱就进入房地产领域的,而在今天,已经完全没有这种可能"(孙立平,2008)。另一方面,社会阶层的传承趋于狭窄,"过去人们常说的农之子恒为农商之子恒为商的现象开始出现了。十几年前,我们社会中有了'第二代富人'的说法,近几年中又有了'第二代穷人'的说法,这说明社会地位的继承和世袭的现象开始出现"(孙立平,2008)。

这些现象表明,中国的社会结构正在趋于稳定。尽管这样一个定型化过程,是一种社会发展过程中的正常现象,但正常的定型化应该是以顺畅的社会流动为前提的。而 21 世纪之初的中国,这样一种社会结构的定型过程,也被称为"凝固化"。"中国社会科学院社会学研究所陆学艺等人的研究表明,在工人这个阶层中,'凝固化'的现象已经开始出现。实际上,不仅在工人中,在农民和由农民工构成的打工者中这种现象也开始出现。农民在经历了 80 年代和 90 年代初的分化与流动之后,社会流动与地位变动已经明显减弱。上亿人的打工者群体如果说在最初的时候体现的是流动,而在今天则更突出体现为定型——定型为一个特殊的打工者群体。"(孙立平,2004:92)

中国社会的"凝固化"态势,一方面让社会中的中、下阶层的群体,很难向上流动;另一方面,则通过延伸出的阶层内部认同、阶层边界形成等方式，不断加大上层群体与中、下阶层群体的距离。这种距离既是物理上的，也是心理上的，这不仅加重了社会隔离与排斥，同时也可以说是"断裂"的表现之一。

在21世纪初的十年，围绕着房产税的征收、养老保险金的入市、医疗体制改革等方方面面的问题，上层群体与普通民众，在视角和思路上都存在着较为严重的分歧，甚至这种分歧有愈演愈烈之势。当某房产商高喊着"房地产就该是暴利行业""买不起房为什么不回农村"的时候；当某专家说"这是非常专业的事情，老百姓不可能弄懂"的时候，社会上层群体的霸道与专横彰显无遗。同时，这也恰恰表明了社会上层可能正在主动设置对话壁垒，放任其与中、下阶层的裂痕在不断地加大、加深。吉登斯所倡导的对话、哈贝马斯所期望的交往理性，在当时的中国，正在失去根基与土壤。于是，便有了"上层寡头化，下层民粹化"（孙立平，2008）这样非常需要警惕的社会结构特征。应当说，这是值得警惕的，也正是我们党和政府在努力避免的。

正是在当时这样一个日益"凝固"的社会情境中，尚未进入上层的人们更加焦虑，因为向上的社会流动通道似乎正在关闭，如果再不尽快进入，恐怕就再无机会了。所以人们必然争分夺秒，选择他们认为正确的上升路径，希望在最后时刻能拥有一张登上这艘精英之船的"昂贵"船票。

第 八 章
人生意义：时间背后的焦虑

第一节 时间焦虑的公众传播

20世纪末21世纪初，国家以经济发展来巩固执政绩效合法性资源，无论是国民经济的核心指标GDP（国内生产总值），还是能够体现人民生活水平的人均GDP，都是国家绩效中重要的经济指标，也是一个非常简洁、直观、易懂的量化指标。而以"可量化"为典型代表的（工具）理性化的思维方式也伴随着中国的现代化进程而慢慢传播开来。但原本倡导与价值理性均衡发展的工具理性，却在公众传播的过程中被诸多因素影响与干扰，逐渐成为左右社会心态的主导价值理念之一，形成了一种较为消极的中国体验——时间焦虑感。

经济的发展有效地改善了人民的生活水平，在一定的时期内，确实对中国社会产生了非常积极的影响。但一旦对经济增长的追求失去平衡，就可能让精神文明与物质文明之间产生断裂，形成另一种"文明的冲突"。与此同时，伴随着倚重经济指标而来的工具理性化偏向，也开始感染大众，并将这种心态从经济领域向其他领域逐渐泛化，正如我们前文所看到的，在服务行业、教育领域，甚至是个人的婚姻情感中，工具理性慢慢成为一种主导性的思想观念，从而成为一种全民的"中国体验"。

一 （工具）理性在社交媒体的泛滥

如果说国家对经济发展的关注，让大众普遍认识了"绩效"的重要性，使得工具理性化的思维方式得到强化，并且从经济发展领域向其他领域扩展，那么，真正将工具理性推向极致，完全在社会生活中占据绝对强势，进而在全民中引发"时间焦虑"的，其实还是科技发展带来的传播工具的革新，也就是当下无孔不入的社交媒体。

2017年7月，一篇题为《北京，有2000万人假装在生活》的文章在网络上引发热议。① 或许这篇文章本来只是想细致白描在北京这样大城市生活人群的不易，无论是辛苦打工的外地人，还是勤奋工作的本地人。但在网络上，却被很多人解读成了北京的冷漠，理解成了新老北京人的互撕。有许多人可能并没有仔细阅读原文，但仅仅凭那句文中流传极广的"没有五套房，你凭什么气定神闲？凭什么感受生活气息？"，就已经感受到现实的残酷与冰冷。

2018年4月，另一篇红遍网络的爆款微信推文《摩拜创始人套现15亿：你的同龄人，正在抛弃你》，给出了"你要么一骑绝尘，要么被远远抛下"的论调。无数正在默默奋斗的青年

---

① 《北京，有2000万人假装在生活》（2017年7月24日），2022年4月6日，媒体匣（http://edu.meijiexia.com/yonghuyunying-3998.html）。

们惊恐地发现，自己人生的未来要么已经进入了"倒计时"，要么早已成为了"过去时"。随后，更有一篇题为《溥仪3岁已登基：你的同龄人，正在抛弃你》的推文，如法炮制，只是用了更加虚无甚至有些荒谬的例证。但即使如此，这篇网文依然成了当时的爆款，被大量民众转发，又一次刷爆了朋友圈。尽管这样的文章往往牵强附会，甚至是漏洞百出，但仍然被不少人奉为激励与警示自己的"深度好文"，究其原因，就是它们刺中了人们心中的那份焦虑，并且将它无限放大了，这便是在自媒体时代"流量为王"之下，随之而来的"贩卖焦虑"。

因此，在《摩拜》一文仅仅发出3天后的2018年4月11日，《人民日报》便发表了一篇评论员随笔《没有谁可以轻言被抛弃》（盛玉雷，2018），针对这些催生焦虑的文章做出了如下的评述：

> 在一些爆款文章中，制造焦虑就可以撬动流量，催生焦虑也就成了一门生意。从"北京有2000万人在假装生活"到"在三四线城市里过着平淡却一眼看到未来的日子"，从"人到中年，职场半坡"到"时代抛弃你时，一声再见都不会说"，总结这类文章的共性就会发现，一个博尽眼球的标题、几个似是而非的故事、一个以偏概全的结论，就构成了一篇牵动无数人神经的爆款。只不过，助长焦虑而不疏解情绪，渲染紧张而不顾及感受，以传递正能量为名却行释放负能量之实，读者恐怕没有多少收获，也谈不上什么感悟。

正如《人民日报》所言，催生恐慌、贩卖焦虑，从而借此撬动流量已经成为如今社交媒体惯用的伎俩。通常来说，主要有两种形式：

第一种是急于求成。"50秒带你读懂一本书""一分钟为你解读一部电影""三分钟教你脱离投资小白"，这样的网文与广告是其中的典型代表。

原先，在中国社会里一直有着非常重视积累的传统，积少成多、聚沙成塔，似乎是亘古不变的真理。无论是滴水穿石，还是铁杵磨针，或者愚公移山，这些源远流长的寓言故事，不断在告诉人们，面对目标，只要下定决心，专心致志，肯下苦功花时间，终有一天会实现目标的。当然，究竟要花多少时间并不重要，关键是这样一种专心与坚韧的精神，以及平和与稳重的心态。

然而，今天的网络媒体中已经不太容易能够看到这些坚韧与持久的痕迹。循序渐进、持之以恒的观念早已被人们抛到了脑后，网络中更多的是充斥着各种"捷径"与"窍门"，鼓励人们想尽办法用最小的代价换来最大的成功。当然，这里的成功主要是指能够在短时间内获取最多的信息与知识，至于你是否能够理解和吸引这些信息与知识，是否能够真正为你所用，那就不那么重要了。可见，这还是工具理性主导了价值判断，出现了"量"替代"质"的表现。人们急于求的，是那些信息与知识的表面数量，仿佛有了这些"量"，自然就能"成功"了。

第二种是极度攀比。"全市平均工资出炉，你达标了吗""30岁开上这几辆车才算成功""为什么别人家的孩子学习好,看看人家的课程表就知道",这样的字眼常常出现在各种自媒体的微信推文中,往往使用夸张渲染、偏差样本等方式,刻意营造或拉大相互之间的差距,形成一种"落后于人"的态势。

更有甚者,像"你的同龄人正在抛弃你""一个人已经废掉的10大特征""过了35岁你还能干什么"这样的网文,从标题里就已经暗含着你的失败,注定将被淘汰的未来。当然,如果仔细推敲其中的内容,不难发现,本质上他们还是使用了夸张、渲染的手法来进行不恰当的比较,只是在此基础上,会使用更加绝对化、极端化,也更加容易吸引眼球的语汇。

可以说,为了能够吸引大众的注意力从而提升自己的阅读量,很多自媒体不惜使用极易造成曲解与恐慌的词语,戳刺人们心中非常敏感和惧怕的东西,达到自己撬动流量的目的。

但在这些极度不恰当的攀比中起到混淆视听作用的关键性指标,还是那些以数量、品牌为代表的(工具)理性化指标。而且,在这样"贩卖焦虑"的传播过程中,更将这种工具理性化的比较推到极致,形成一种"内卷",将某些原本没有比较意义的物品、数量级等抽象的符号推演成了人生的唯一意义。在此过程中,还要将原本没有任何可比性的"同龄人",作为承载所有这些符号的具体载体,树立成更为具体的"榜样",成为催生焦虑的"工具人"。

因此《人民日报》不得不疾呼"在每个人的坐标系中,需要超越的从来都不是同向而行的同龄人,而是一个个标注成长的过往节点,是属于过去的自己"(盛玉雷,2018)。

二 （工具）理性的代际传承

现代化的进程是一个理性化的过程，而（工具）理性化的过程也是一个去情感化的过程（陈昌凯，2016）。在当下很多中国家庭中，与青少年成长相伴随的是父母颇为"理性"的安排与教化——父母可能从孩子出生不久就开始为其未来打算，培养兴趣、报辅导班、选择名校等活动亦随之而起。

不知道从什么时候开始，孩子成长的每一步都要提前设计好，既不能"输在起跑线上"，还要保证在其成人之后能功成名就、出人头地。这时父母对孩子的养育，更像是一种经过仔细测算过的长期投资，有计划、有选择地让孩子学习各种知识与技能，参加各类社会活动，目的就是将来能够达到"收益的最大化"。所以，父母拼命工作、辛苦养家、倾尽所有，保证孩子所有的物质条件所需，但却往往缺少了对孩子的陪伴，以及精神层面的呵护与慰藉。不少子女长大成人之后，谈及个人的成长史常常印证了这种遗憾，学历、头衔、技能等一应俱全，却对童年的孤单与寂寞耿耿于怀。

要实现亲代为子代"理性选择"的目标，就要求亲代投入更多的资源与精力对子代的未来进行设计与规划，以达到选择的准确性和收益的最大化。在中国，家长陪读、陪练早已成为人们习以为常的事情。为了保证子代日后的成功，不惜牺牲亲代的个体利益。而大众对家长为了孩子能有一个"好前途"，连夜排队摇号，或是倾其所有交纳高额的赞助费、购买学区房，常常以"可怜天下父母心"来表达认同。这无不体现出家长的"理性控制"：对孩子的成长要精确计算、合理选择，保证其一直走在"正确、光明的道路上"。

理性化的投入是需要回报的,当父母花费了巨大的资源与精力之后,对孩子按照自己规划成长的期望也随之大大提升。"我们什么都给了你,你怎么可以不听我们的?!"这就反过来大大加强了代际间的捆绑性,以及对子代服从性的要求——父母高昂的投入,不允许孩子"跑偏",否则就意味着前面所有的计划与投入都白白浪费了。所以,当下中国社会就出现了一个非常有趣的矛盾现象:一方面父母希望能够培养出一个独立、自主、在社会上崭露头角的精英,另一方面却又希望孩子能够按照父母设计好的既定道路走下去,不要"越线"。于是在《中国式相亲》节目中,当宋玉洁辞去德企白领去英国学做蛋糕的时候,当庾颖婕放弃美国的精算师去任新媒体运营官的时候,从他们父母的脸上我们可以读到很多的失望与无奈。

在传统的中国社会中,代际关系就非常紧密,亲代对子代的未来负有巨大的责任。而中国社会家庭教养(工具)理性化的进程,在强化了亲代理性选择的重要性,加大亲代投入的同时,也使得当下中国社会的代际关系在"控制(投入)—服从"维度上愈加明显。在这种代际关系中,一方面接收西方教育中独立、自主的现代理念;另一方面又恪守家庭生活的捆绑原则,将亲代的生活更多地附于子代的"未来"之上。而以成功为导向的教育(工具)理性化,让亲代的投入更多,控制更多,对子代的服从要求也随之更多,从而形成新的"理性循环",大大加深了代际关系的捆绑性。

事实上,现代中国许多家庭教育的过程,不仅是去情感化的过程，消解了代与代之间的柔情与温暖，而且通过父母的言传身教，让孩子耳濡目染，习得这种"过度（工具）理性化"，完成了理性的"代际传承"，并助推了工具理性对人们情感生活的侵蚀。正如我们在前文中所看到的，在《中国式相亲》这档节目里，男女嘉宾与其父母携手推出的那一条条"理性"的择偶标准。

而青年人的内心也在两极之间徘徊与彷徨：一方面渴望着真正的情感慰藉，希望维持长期、稳定，甚至是纯真的情感关系；另一方面，又不得不面对（工具）理性化的压力，担心无法获取更多的"物质条件"，无法进入上层社会，无法拥有他人眼中的"成功"。

当然，当代青年的思想也日益多元，不少人也力图挣脱父母过度理性的控制，追求更赋予感性与自由的生活。但不可否认，也有不少青年已经被过度的（工具）理性"异化"，臣服于父母的规划与设计，按照父母认为"最重要"的标准，如收入、地位等，选择"最优"的生活路径，并且乐在其中。

第二节 "奔跑"还是"虚度"：
青年人的温和反抗

一 "丧文化"：感觉自己被掏空

2013年11月，一部片名为《不求上进的玉子》日本电影上映，讲述了一名在东京大学毕业的女学生玉子回到家乡，与自己做着小本生意的父亲相依为命，成为终日懒散度日、百无聊赖"啃老族"的故事。玉子在家里的生活寡然无味，有人用九个"无"来形容她:人生"无可奈何",角色"无名小卒",命运"无所适从",改变"无济于事",挫败"无处不在",成功"无人问津",状态"无精打采",情绪"无所顾忌",灰暗"无孔不入"(澎湃新闻,2019-03-19)。

然而,从2016年开始,一股强劲的文化样态席卷了中国青年们的内心世界,而"不求上进"的玉子便是这一种青年文化的典型代表,这就是所谓的"丧文化"。

丧文化是以"废柴"①"葛优躺"② 等为代表形态,以"我差不多是个废人""漫无目的地颓废""感觉自己被掏空"等为代表语汇的一种在网络上、生活中表达或表现出的青年亚文化形态,主要表现了青年人在现实生活中因为生活、学习、事业、情感等的不顺而产生的消极状态。

"丧文化"通常带有比较多的颓废、悲观,甚至是绝望等情绪色彩,通过互联网的传播,大量的语言、文字或图画等"丧文化"的符号在青年人中广为流传。这样的符号形象虽然与每个时代所提倡的积极、健康、向上的主流精神相悖,但却在当时恰好与这个时代的很多青年人的生活现实产生了无缝对接。对于那些超时、超负荷工作,压力大、挣钱难的青年们,特别是那些传说的"996""007"来说,再大的劳动强度,仍然达不到自己内心或是社会对其的预想,感到悲观、失望,甚

---

① "废柴"起源于粤语,多数带有贬义,现常用作网络用语。其含义一种是指表面上看又废又没钱,但坚持自己梦想的青年人(以都市情景剧《废柴兄弟》中的许之一和张晓蛟为例);另一种指没有用到一无是处的地步。

② "葛优躺"是指演员葛优在1993年情景喜剧《我爱我家》第17、18集里面的剧照姿势。葛优在其中饰演了"二混子"季春生,去贾家蹭吃蹭喝。经过引申,"葛优躺"比喻自己"颓废"的现状。

时间焦虑感

至是颓废、绝望便是情理之中的事了。

2016年7月28日,上海彩虹室内合唱团演唱了一首叫作《感觉身体被掏空》的歌曲,一下子走红网络,并一举获得了亚洲新歌榜年度盛典的"年度最佳传播歌曲奖"(新浪网,2016-09-28)。这首歌用反讽和自嘲的笔触白描出了当时青年人在繁重压力下的生活样态,唱出了年轻人的心声,同时也唱出了"丧文化"的直接起因。虽然歌曲中用了不少夸张的表现形式,但"十八天都没有卸妆、月抛戴了两年半""肚子空空、画饼做梦、天天KPI""谁想要吃饭PPT是维他命"等歌词正是用唏嘘和夸张的手法揭示出了年轻人奋力打拼,因为繁重的工作而筋疲力尽,不仅得不到令人满意的结果,而且深深感受到自己在职场的渺小与无助的真实写照。

当青年人发现,无论自己如何努力,都不过是一个起早贪黑、工作辛苦却收入微薄的"打工人"的时候;当除了原来从事体力劳动的外来务工人员,到现在的办公室白领、IT界精英等"高端"人群都称自己为"打工人"的时候;当人们在职场打拼多年,发现可能无力改变自己的地位与生存状态的时候,也就是当青年人意识到自己没有什么机会"充分地利用时间,尽早进入社会上层"的时候,自然也就对自己的未来不抱有希望,在无数次的打击和无法改变的现状面前,形成"习得性无助"[①],也就是这里所说的颓废、绝望、生无可恋的

[①] "习得性无助"是美国心理学家塞利格曼1967年在研究动物时提出的概念。他用狗做了一项经典实验:起初把狗关在笼子里,只要蜂音器一响,就给以难受的电击,狗关在笼子里逃避不了电击。多次实验后,蜂音器一响,在给电击前,即使先把笼门打开,此时狗不但不会逃跑,反而在还没有受到电击前就先倒地开始呻吟和颤抖。本来可以主动地逃避却绝望地等待痛苦的来临,这就是习得性无助(Seligman, 1995)。

"丧"。

快速的社会变迁,让我们几乎找不到一条可以确保成功的现成路径。无论是在烈日下挥汗如雨的体力劳动者,还是在办公室里夜以继日的脑力劳动者,本质而言,很多人都是在完成所属领域内的底层工作或是基础工作,也都是每个行业中的"小人物"。所以不少人发现不仅很难有机会改变自己的人生境遇,获得世俗眼中的财富与地位,而且在辛苦打拼的过程中,原先自己的那些兴趣、爱好也慢慢远去,从而更加失去了意义与目标。而面对自己"无名小卒"的角色和"无处不在"的挫败,发现想改变的努力"无济于事",自然也就会对命运产生"无所适从"的混乱感觉,体验到人生的"无可奈何",最终形成"无精打采"的生活状态,让灰暗"无孔不入",这大概就是"丧"产生与发展的基本路径吧。

二 "佛系":可以、都行、没关系

正当"丧"还弥漫在网络世界里没有完全消散的时候,2017年底,另一个新兴的青年文化样态忽然之间开始通过互联网流行开来,并毫无争议地位列2018年的十大网络流行语当中,这就是"佛系"。

"佛系"既可以作为主语,来形容一种不以物喜、不以己悲,无欲无求、云淡风轻的生活态度;也可以作为定语,例如"佛系青年""佛系追星"等,来形容具有某些特定特点的人或行为。

"佛系"一词最早来源于2014年日本某杂志所提出的"佛

时间焦虑感

系男子"概念①,2017年11月,某网络脱口秀节目提出了"佛系追星"的说法(张萌,2018),随后通过微信公众号推文进入大众视野并成为流行语。②

与"丧"的颓废、绝望不同,"佛系"则更多是透露出一种心平气和的感觉。有时候"佛系"是一种淡定自若、泰然处之的状态,例如"佛系追星"就是不接机、不撕不吵、不控评、不拉踩的平淡追星方式,"佛系买家"就是不给差评,不晒图,即使东西不好也不急躁,大不了扔了以后不再在这家买的淡定心态;有时候"佛系"是一种面临紧张刺激时的自我放松、冷静应对的态度,例如面对挑战时要"稳住、别慌、问题不大、随心、随性、天注定"的自我调节,面对考试是"考过了是缘、挂了是命"的自我解嘲;有时候"佛系"又是一种对待不公、挫败时的无可奈何、放弃抗争、任由摆布的态度,例如"客户第一遍要改方案——可以,客户第二遍要改方案——都行……客户第十遍要改方案——可以,客户最后决定还是用第一遍的方案——没关系(佛系三连:都行、可以、没关系)"。

当我们将"佛系"的几种不同的含义梳理一下,可以发现尽管面对的事件不同,具体表现的行为也略有差异,但"佛系"本身作为一种人生态度,更像在曾经期待却没有结果、曾

---

① 该杂志将"佛系男子"描述为一种"男性新品种",他们将自己的兴趣爱好永远放在第一位,所有的事情都想按照自己喜欢的方式和节奏去做,嫌谈恋爱太麻烦,和女生在一起会感觉很累,就单纯喜欢自己一个人(人民网,2017-12-15)。

② 2017年11月21日,微信公众号"留通社"发布文章《胃垮了,头秃了,离婚了,90后又开始追求佛系生活了?》,同日,微信公众号"新世相"发文《第一批90后已经出家了》,使"佛系"一词进入大众视野,"佛系"文化亦被推向高潮(张萌,2018)。

经努力却无力改变之后,不得不看淡世间事物,以此来减少自己失望与挫败的淡然态度。也就是说,或许没有人一开始就是"佛系"的,是在现实的捶打之中开始选择了"佛系",这样可以让自己更轻松一点,情绪似乎也不太容易受到扰动。

三 人生为什么一定要"奔跑流汗"

2016年6月12日,根据同名漫画改编的日本电影《濑户内海》首次亮相上海电影节,全片75分钟基本上都是两个高中二年级的学生濑户小吉和内海想在每天下午放学后,相约来到河边海阔天空地闲聊。但正是这些琐碎的闲聊,唤起了许多人对自己青春的回忆。其中曾经是足球部一员的濑户小吉有一句非常经典的独白:"青春为什么一定要跑步流汗,为什么不能就在河边虚度呢?"

从"丧"到"佛系",再到当下的"躺平"[1]与"摆烂"[2],正是当下的青年人在充满焦虑与困惑的社会生活当中,发出的内心呐喊,"人生为什么一定要'奔跑流汗',难道就不能'虚度'吗",并以自己的独特方式反抗着生活中让他们焦虑与困惑的东西。

美国《大西洋月刊》曾经有过这样一段评述:"对于大部分的中国青年而言,在高速增长、急速前进的中国,成功的公

---

[1] "躺平"多指一种"不作为""不反抗""不努力"的生活态度,以此为生活理念的群体即"躺平族",面对各种压力选择"一躺了之"。其实,许多喊着"躺平"的年轻人,并未真正"躺平",他们只是在用自嘲的方式反抗当今巨大的生活压力、高度的"内卷"竞争。(曹玲娟,2021-12-08)

[2] "摆烂"指事情已经无法向好的方向发展,于是就干脆不再采取措施加以控制而是任由其往坏的方向继续发展下去。

式仍然未变：刻苦学习、努力赚钱、成为'房奴'、尽早结婚，最后生养子女。然后看着这个循环重复。但是越来越多的人发现这些目标难以实现，接受局外人的身份可能是最好的，也许是唯一的，生活下去的办法。"① 正如我们前文所论述的，工具理性的代际传承的过程中，父母们不断试图教会子女们要将"刻苦学习、努力赚钱、功成名就"作为自己人生的意义与目标。然而，当成长起来的子女们发现这样的努力与奋斗不仅让自己触碰不到自己的内心，感受不到兴趣与快乐，而且即使这样（工具）理性化的生活追求也很难真正实现、不断遭受挫败、无奈与失望的时候，青年人便开始了对自己人生意义的重新思考。

在中国社会快速的变迁之下，虽然一个又一个"创业奇迹"感召着人们寻找机会、努力奋斗，但转瞬即逝的先发优势让人们不得不无奈地陷入到积极进取却无法实现愿望的挫败与失望，以及落后掉队而被社会抛弃（即使是互联网媒体制造出的"幻觉"）的忧虑与恐慌当中。当人们能够（工具）理性地面对工作、面对学习、面对亲密关系的时候，却发现生活开始越发单调，人际关系也越发疏离，内心深处的失落、焦虑、担忧、恐惧得不到慰藉，更感受不到来自他人（甚至是父母）的真正关心与温暖，也无法体验到人生的意义与快乐。而面对社会现实的无力感，面对世界变化的不确定感，更加让人们强烈地感受到孤独与焦虑。于是，不少人就开始采用自我矮化或嘲讽的方式来实现自我保护。甘愿下层，甘愿做"废人"，就不

---

① 《声音（2012112）》（2012 年 12 月 6 日），2022 年 4 月 6 日，《南方周末》（http://www.infzm.com/contents/83727）。

会再承载他人的要求与期望；放低要求，不抱希望，自然也就不会有失望与丧气。

但更多的人开始发现了问题，人生为什么一定要"奔跑流汗"，难道就不能"虚度"吗？为什么只有财富、地位或是那些极具（工具）理性主义色彩的事物才是一个人成功的标志，才能作为人生的意义与目标？为什么自己真心喜欢、向往追求，或者是能够给自己带来真实快乐的兴趣与理想，却不能成为我们人生的意义与目标呢？

因此可以说，不论是"感觉被掏空"之后的"丧"和"佛系"，还是疲于"内卷"之后的"躺平"和"摆烂"，本质而言，都是人们对于世俗的一种反抗，反抗那些世俗、（工具）理性的"成功"标准，强烈呼唤一种多元而包容的价值取向。只不过，这样的反抗相较于"80后"乃至更早之前的子女们与其父母间的代际冲突更加温和——并不是一种直接的对抗，而更多地表现为一种不作为。

正如茅盾先生早在1922年《青年的疲倦》一文中的评述："理想与现实的冲突，各派思想的交流，都足以使青年感到精神上的苦闷。青年的感觉愈锐敏，情绪愈热烈，愿望愈高远，则苦闷愈甚。……但是他们何曾忘记了那些大问题。"（茅盾，1922）当青年人"敏锐地感觉"到生活被"去情感化"，当青年人"高远的愿望"与现实发生冲突的时候，就不得不承受焦虑与孤独这种"精神上的苦闷"。但最令人苦闷的，是对生活的目标感到困惑，对人生的意义产生焦虑。

第三节 人生意义的消解与重构

人要产生幸福感必须要有三个结构成分：需要的满足、情绪的愉悦和个人的自我觉知，而与幸福感有关的四种需要中有一种是与人生意义有关的需要，是指可以满足个人实现符合其认同的社会期许或主观建构的意义（陈昌凯等，2010）。[①]

一 人生意义：时间焦虑背后的迷茫

弗兰克尔（Frankl，1963）认为生命或人生的意义是个体对某一特定时间内，生命中目标的认识和追求，是在特定时间里感受到的特定意义。事实上，Frankl 最早提出了生命意义的概念，他用自己在奥斯威辛集中营的亲身经历告诉世人，在极其恶劣的生存条件下，生命的意义是能够让人坚持活下去，并且能够走出不一样人生道路的重要原因。此后更多学者在他的基础上提出了更多关于人生意义的概念和理论，例如鲍迈斯特（Baumeister，1991）就认为人生意义是对人存在的一种理解或连贯感，是生活中的一种使命感，以及通过追求和实现有价值的目标，伴随而来的一种成就感。而众多的研究发现，生命意义的感知不仅与个体心理和身体健康有关（Boyle，Buchman & Bennett，2010；Krause，2009；Shek，1992；Zika & Chamber-

---

[①] 另三种需要分别是与生理状态有关的需要（某种情境中有极大需求的生理状态瞬时得到满足）、与控制感有关的需要（个人感觉到自己有能力控制自己周围环境或生活状态）、与安全感有关的需要（个人在特定时刻对其所处环境安全或良好的认知，不仅包括自然物理环境的安全，还包含个人对人际交往环境的良好觉知）（陈昌凯，2010）。

lain, 1992），而且还是幸福感和个人成长中的重要成分（Compton, Smith, Cornish & Qualls, 1996；Ryff & Keyes, 1995）。当人们无法确认自己的生命意义时，就可能导致更多的孤独感（Harlow, Newcomb & Bentler, 1986）、更高的焦虑与抑郁（Padelford, 1974）、无助和自杀（Pearson & Sheffield, 1974；Shek, 1993）等消极结果。

当（工具）理性开始在社会生活的各个领域泛化，人们便慢慢习惯于将"量"等同于"质"，习惯于以某些量化的"成功"标准来衡量自己与他人。但快速的社会变迁又让人们恐慌地发现，瞬息万变的时代不仅让自己摸不到"成功"的门道，而且"成功"的机会似乎还在离我们越来越远。此时，人们必然会产生焦虑，想方设法尽快获得"成功"，这就是"时间焦虑感"，希望充分地利用时间，尽快获得更多的价值，让自己进入"成功"的阶层。不知不觉中，（工具）理性化的"成功"已然成为了我们人生的意义。

然而，绝大多数人都不可能一夜暴富、一鸣惊人，绝大多数人的成就都需要一个相当长的奋斗与积累的过程，绝大多数的"奇迹""人生赢家"不过是为了流量而生。可当人们慢慢认清这一切的时候，已经习惯于用（工具）理性化的方式来思考周围世界了，[1] 而过度"去情感化"的过程在让我们感受孤独、无助的同时，却并不知道如何可以获得慰藉。所以，当发现那些所谓的"成功"并不真实，或者并非我们真正想要的时

---

[1] 就像父母早就习惯于在孩子高兴地报出自己考试成绩的时候，一定要追问"最高分是多少"；当人们要说明一件东西有多好时，也早就习惯了用"据说值……钱"来佐证。

候，我们很自然地对自己的人生目标产生怀疑，对生命的意义产生困惑。我们对时间产生焦虑的背后，本质上是对人生意义的焦虑，不仅对当下自己的生命意义和什么才是有意义的生活感到混乱，而且对未来是否能够真正找到自己的生命意义也存在着担心与焦虑。

面对人生意义的困惑，有人选择暂时"随大流"，继续追求着（工具）理性化的"成功"，但却被不断变换的潮流带得晕头转向，不知道究竟选择哪一个目标才是"对"的，因此变得焦虑；有人选择保持自己的独立性，坚持追求自己想要的东西，却又被世俗的（工具）理性约束与规训，不知道应不应该坚持自己，因此依然焦虑；有人选择暂时放弃，至少远离自己现在并不想要的生活，但却不知道自己想要什么，而且越发担心自己未来找不到人生的意义，因此更加焦虑。

二 人生意义的两极性

过去的40多年，中国处于急速而剧烈的变迁之中，这不仅加速了中国社会中一切有形之物，更将中国人精神世界的发展极大地压缩了，从而使人们的内心体验凸显两极性的特征。

2017年，在我们对642名青年（其中290名男性、352名女性，平均年龄为29岁，均为非学生群体）的人生意义来源调查中，共得出7个人生意义的来源：成就与地位、享乐与财富、世俗的价值观、孩子、自主性、社会责任和宗教信仰（Chen、Zhang、Xu、Chen & Lin，2020）。它们分别展现了人们当下内心体验两极性特征的不同面向。

例如，进入21世纪以来，在这样的社会现实与媒介关注之下，人们的期望也随之急剧膨胀，希望可以用最短的时间，占有更多的财富，获得更大的成功，从而以最快的速度进入所谓的"精英阶层"。所以在这样的社会背景下，在生命意义来源调查中，成就与地位、享乐与财富顺理成章地成为生命意义的重要来源之一，这也反映出人们对成功、对财富、对地位的强烈渴望。然而，人们也依然保有着社会责任、养育子女等传统的价值观念。这正是在急速的社会变迁之下，中国人在传统与现代的两极性之间徘徊与彷徨的一个方面的表现。

两极性的另一个表现方面是"世俗价值观"与"自主性"的对立。"世俗价值观"是一组由"接受新信息，学习新知识""读书以提高修养""爱我和我爱的人""让父母过得幸福""亲情、友情、爱情"等，我们无法用一个确切名称来概括的维度（Chen、Zhang、Xu、Chen & Lin，2020）。仔细回忆一下我们从小受的教育，不难发现，读书养性、学习新知、赡养父母、人际关系等，这些其实都是在传统的中国文化中一直提倡与宣扬的主要内容。但它们却又纠缠在一起，难以分离独立。可见人们很可能并未将其细致区分，而仅仅是当作一种人生"应该"做的事情整体接受的。调查中的"自主性"指的是对生活的掌控程度，如能够自由做决定等（Chen、Zhang、Xu、Chen & Lin，2020）。而对自主与个体的尊重，一直作为一种现代性的体验影响着人们的思维与意识。所以2017年的调查中，我们可以看到人们对"自主性"的关注，希望能够拥有独立的时空、满足个体的自由等，这也更像是对上述世俗价值观的某种突破。

这种人们内心体验中的传统与现代、世俗与自主的两极性张力,通过人们对时间的焦虑得到进一步凸显:我们的时间焦虑是对充分利用时间的焦虑,而利用时间的目的是希望可以更快地获取更多的价值,更早地进入"精英阶层"。然而今天,我们却越来越怀疑这个"更多的价值"、这个"精英阶层"是不是真的就是我们人生的意义与目标。这不仅仅因为在今天的社会现实状况下,难以获得我们理想中(或是世俗媒介规训中)的价值与地位,更是因为即使我们达到了这样的标准,但那些"量化的成功"并不足以给我们带来心灵上的满足与抚慰。所以,当我们带着这样的疑惑面对所谓的"成功"、面对所谓的"失败"时,我们对自己人生的意义就会越发迷茫;反过来也是如此,那些现实中的"成功"与"失败"也会让我们愈加困惑。

这些迷茫与困惑在一般的社会现实中很难调和与消解,特别是在中国这样一个快速变迁的社会当中。所以这样的迷茫与困惑就孕育出了我们看到的两极冲突:一边感觉自己被掏空,一边仍在苦苦地努力;一边在奋斗前行,一边还高喊着要"佛系";一边宣布自己已经"躺平",一边却在默默"内卷"。

三 人生意义的消解与重构

在中国快速的社会变迁之中,传统与现代的颉颃、理想与现实的落差共存(周晓虹,2012b)。社会的变迁为个人的变革提供了"无限"的可能,但变迁中的个人却又常常无所适从;飞速的发展强烈激发了个人的期望,而不断提升的期望又倒过来让我们越来越不容易满足。

而这些冲突通常需要一个社会在较为漫长的时间里慢慢消

解与重构,但也有例外,当社会发生重大的变化或创伤性事件的时候,有时候会在一定时间内,通过人们对生命、对意义的态度调整,发生一定程度的变化。

当重大的变化或创伤性事件发生后,对于遭受了物质或精神变化,或者创伤的当事人来说,很多意义性的存在都瞬间毁灭和重新构建,生活当中原本很细微、很模糊的成分,都在这种强烈对比的背景下凸显出来,从而重新获得定位。正如泰德奇和卡尔霍恩所描述的:"创伤事件震撼或毁坏了人体原先的重要目标和世界观,个体面临着巨大的挑战,需要形成更高级的目标与信念,产生新的生活叙事,并管理自己的痛苦情绪。"(Tedeschi & Calhoun,2004)尤其是毁灭性的灾难使人们面临一切归零的背景,而人们对这个空白的背景是无法接受和认同的,因此,个人就会迫使自己对这个断裂性的"空白状态"进行重新的意义审视与构建。

从瞬间情绪体验上看,这类事件的发生给当事人带来的是较大的消极情绪和体验,是几乎不可能有积极体验的。对没有亲身经历,但耳闻目睹事件的非当事人来说,也是一种巨大的冲击,使他们产生消极的情绪和体验。然而无论是亲身经历者,还是通过其他渠道了解的间接经历者,这样的消极情绪除了可能带来负性的心理障碍,也可能会引发个人反复的沉思(rumination),并尝试可能减轻痛苦的行为。假如个人的应对成功了(减轻了痛苦情绪等),那么个人的沉思,就会由原先自动的、以消极事件为主,慢慢转变得更有意义,开始对创伤及个人生活发生的影响进行沉思。这样的沉思继续深入,就会引起个人认知图式的改变,生活叙事得到发展,最终达到个人的成长（Tedeschi & Calhoun，2004）。

在2008年"5·12"汶川地震之后，就有研究发现，与非灾区相比，处在灾区的民众持有更高的公正观与更平和的情感状态，男性尤其如此（吴胜涛等，2009）；在灾难中受灾越严重的学生，他们的积极心理品质表现得越好（张静等，2009）；而震后灾区老年人的主观幸福感，也有随时间延长而提高的趋势（李海峰等，2009）。

重大创伤事件为个人带来消极情绪体验的同时，也促使其开始从认知层面重构自己的生活意义和生命价值，这就是一个意义发现（benefit finding）的过程，是个人在探寻创伤或灾难等消极生活事件中，对个人、社会、心理或精神上的积极意义，并从认知和行为上，对其做出一种应对的过程（Davis, Nolen - Hoeksema & Larson，1998；Kinsinger, Penedo, et al., 2006；Tennen & Affleck，2002）。

在本书的写作过程中，恰逢2020年新冠肺炎（COVID - 19）疫情开始在全球肆虐。作为一个全球性的重大创伤事件，COVID - 19在给全人类带来巨大损害的同时，似乎也给了我们一个机会，看到了人们在重大创伤性事件面前，对自己人生意义的重新沉思（rumination）与意义发现（benefit finding）的过程。

四 COVID - 19对人生意义的重构

重大创伤性事件中的巨大损失，也在改变着人们的视角，积极地再评价扮演着这样一个正向重构的重要角色。在面对丧失，并且有可能是持续的丧失时，个人将认识到生活的珍贵性。创伤经历者在创伤后会对生活意义进行重新审视（汪亚珉，2009），此时个人会更加珍视所拥有的东西，容易产生满足感，可能一个微小的获得性体验就能满足其需要。因此，重大事件之前大众向前看的视角，即关注于自己所缺少的、想要得到的，转换成了向后看的视角，即关注已经拥有的、没有被完全毁灭的。在认识到生活价值的同时，个人也通过新的选择和诺言变得积极起来，这便创造了生活的新意义（张倩、郑涌，2009）。鲍尔等人的研究（1998）就发现，经历了丧失的男性，在对死亡进行了积极沉思后，其在价值排序上发生积极转变的可能性大大提高（Bower, Kemeny, Taylor, Fahey, 1998）。

那么 COVID-19 疫情会对我们的生活和人生意义产生什么样的影响呢？2020 年 3 月底至 4 月初，在中国受 COVID-19 高度影响期间，我们通过微信、QQ 等渠道发布了与 2017 年研究中相同的《中国人生命意义来源原始量表》（Chen、Zhang、Xu、Chen & Lin，2020）。最后回收有效的青年问卷 1767 份（561 名男生、1206 名女性，年龄 16—40 岁之间，平均年龄为 27.64 岁，SD = 9.879；其中学生 875 人，占 49.5%）。

经过数据统计，我们得到了 8 个人生意义的来源：社会责任、家庭生活（孩子）[①]、简约生活、生活经历、自主性、财富与地位、身体健康、宗教信仰。与 2017 年时相比，2020 年在 COVID-19 疫情的影响下，人们的生命意义来源发生了一些变

[①] 2020 年人生意义调查中的"家庭生活"与 2017 年的"孩子"基本相同，主要都是关于让孩子健康快乐成长的内容，只是 2020 年多了一条——"有和谐美满的家庭"，因此可以认为两者意义基本一致。

化。2017年那个由多个人生"应该"的事情纠缠在一起的"世俗的价值观"在2020年消失了，而2020年多出了三个人生意义——"身体健康"、"生活经历"①、"简约生活"②。进一步的统计发现，与COVID-19疫情发生之前相比，人们对社会责任、自主性、简约生活、生活经历四个重要人生意义的重视程度有了显著上升。

2020年初，中国投入了巨大的人员与物资抗击COVID-19疫情之时，无数人为此做着努力，甚至付出巨大的牺牲。在全社会作为同一个巨大的组织参与抗疫的情况下，人们耳濡目染，甚至是自己投身其中之时，对社会的组织认同会大幅提升，社会责任在人们心目中的位置自然也大大增强。之前就有研究表明，在创伤后人们会更多转向利他服务（何贤文、许莺珠，2007），表现出更多的亲社会行为。

同时，在经历创伤后，我们一方面看重与他人的关系，另一方面也希望变得"弹性与自由"、可以轻松地"做自己"（Holland、Currier & Neimeyer，2006）。COVID-19的高传染性，更是让人们不得不保持一定的"社交距离"，不能像经历其他创伤事件那样彼此亲近、相互支持。由于绝大多数人被限制留在家中，无法正常外出活动，自然会产生更多对自由的渴望，渴望着能够有自己独立的时间与空间，不受干扰。这也是疫情下青年人渴望恢复控制与秩序的一种表现。

也因此，相对简单的，个人更容易掌控的生命意义，更多

---

① "生活经历"主要指积极地接受和体验人生当中的各种经历与感受，主要包含"观察和感受人生百态""尝试新事物"等内容。

② "简约生活"主要指过与自然和谐相处，简单、有趣的生活，主要包含"过简单的生活""生活平淡却又不乏味"等内容。

地进入青年人的视野。于是在疫情之下，青年更多将过简单、有趣的生活，并与自然和谐相处作为生活的目标。同样，青年人也更愿意采取接受和欣赏的心态，去面对人生当中的各种经历与感受，这表现在对"生活经历"的看重上。而让人生的意义回归"简约生活"与"生活经历"，似乎正是人们用以消解、调和人与自然、人与社会之间矛盾冲突的一种方法。无论是简单不乏味的"简约生活"，还是观察与感受人生百态的"生活经历"，都不是被动地接受一切，而是自发地跟随自己真实的内心，顺其自然地获得自由，从而获得人与自然的终极和谐与自由。

在2020年这一次面对COVID-19疫情的奋勇抗击中，我们似乎没有看到2012年面对"末日传说"时的那种消极与避世，好像没有了2016年开始层出不穷的丧气与颓废，更多的是一种以体验为导向的生活态度，而不再像之前以既定目标为导向的人生态度。

《中国青年报》在2020年4月对2006名中国受访者的调查也发现："66.5%的受访者在疫情期间养成了良好的卫生习惯，48.6%的受访者表示消费更理性了，42.3%的受访者表示认识到了工作对自己的意义，42.0%的受访者感受到了亲友的重要性，39.6%的受访者觉得平淡的生活最幸福，37.6%的受访者更向往、珍惜大自然的美好，35.5%的受访者加强了独立生活能力，31.6%的受访者提高了自学能力和自制力。"（王品芝，2020-04-23）

不得不说，COVID-19疫情虽给全世界带来巨大的灾难与创伤，但它也具有一定的"积极"影响。它让身处其中的人们开始思考自己的人生，探寻生命的意义，重新将自己目标与期望进行了排序。我们愿意暂时抛下那些让我们"欲罢不能"的世俗追求，更多看到了那些可能被我们忽略的，其实反而更为广阔的世界和更为丰富的价值。在这样的一个时刻，或是一段时间里，我们可能不再为时间不够用而焦虑，不再为那些达不到"量化成功"而苦恼，因为我们对人生的困惑似乎有了答案，我们好像找到了自己人生的真正意义。

然而，我们也必须承认，即使是COVID－19疫情这样重大事件给我们精神世界带来的改变可能依然是短暂的，因为渗透在一些人思想里过度的（工具）理性意识并没有发生根本的转变，在我们感受到人生意义的短暂绚丽之后，他们还是要回到现实的"量化竞争"当中，仍旧要面对那些让自己或他人心心念念的"成功模板"。

看看那些屡禁不止的商业化校外辅导班，看看自疫情以来不降反升的青少年心理危机[①]，我们便能知晓去情感化的、（工具）理性化的世界的顽固之处。

[①] 据《中国卫生健康统计年鉴》显示，2018—2020年，5—14岁城市儿童每10万人的自杀率分别是1.07、1.25、1.67，农村儿童则分别是1.11、1.09、1.57；15—24岁城市青少年每10万人的自杀率分别是3.50、5.71、6.38，农村青少年则分别是4.76、6.54、6.89。儿童青少年的自杀率基本逐年上升，其中尤以城市青少年增长迅猛。

结　语
"漂"向何方？

曼海姆（Mannheim，1936：188）说："只有当我们试图根据群体的希望、渴望和目的去理解它的时间观念时，才能够清楚地把握群体最深层次的心智结构。"

在我们的实证研究中，当下中国的青年群体希望在自己34岁的时候就可以达到事业的成功，同样在这个年龄，可以获得自己最理想的经济收入。而这个年龄，意味着一个本科毕业就参加工作的人，仅仅工作12年就要达到自己人生的最高峰。同样，这个年龄，距离现在通常定义的退休，还有大约26年。

这样一个在传统中国社会无法想象的年龄（时间）期望，便是今天在中国社会中不断蔓延的时间焦虑感的真实写照。

一　稀缺：时间的现代性体验

在现代化社会中，借助于技术的迅速革新与扩散，蕴含在人们社会时间当中的价值被极大提升了。面对富含着信息、情感价值，以及象征意义的社会时间，时间作为一种特殊的资源，开始备受人们的重视。特别是当时间与金钱之间画上等号之后，时间便被彻底地商品化了。时间像货币一样，带有绝对、客观、均质的特性，于是时间这种商品，像货币一样成了可以与其他商品进行交换的一般等价物。在现代性（工具）理性化的背景之下，人们如饥似渴地追求时间，因为时间就是金钱，只有占有更多的时间，才能换取或实现更大的（金钱）价值。

当现代社会里可用于时间"消费"的选择越来越多之时，时间的"机会成本"也就随之越来越大，人们对于自身时间的稀缺性感到焦虑，对时间的需求也变得前所未有的饥渴。人们期望拥有更多的时间，可以用来完成更多的事情，因此更加着迷于技术，借以充分"开发和利用"时间。

这就是蕴含越来越多附加价值的现代时间，给予人们的"现代性体验"。

二 焦虑：时间的中国体验

对于正处于现代化进程中的中国社会，同样面临着时间商品化，以及随之而来的时间稀缺性。然而，在当下急速变迁的中国社会，对于时间的渴望更增添了一种消极的情感色彩。

当下中国社会变迁的规模之大、范围之广、幅度之深、速度之快，都是史无前例的。将西方世界一百多年甚至是数百年的变迁，压缩在中国短短数十年之中，必然没有既定的道路可循，没有确定的经验可借鉴。而在这样一个剧烈社会变迁的背景之下，人们难免焦虑与担忧，希望可以找到确定的目标与价值，让心灵可以有所依托。

与此同时，国家在经验与教训的基础上，选择将大力发展经济作为合法性恢复与重构的重要方向。在绩效合法性资源的指引下,在急速的社会变迁中略显迷惘的人们一下子找到方向,跟随着"效率优先"的原则,珍惜时间、努力向前,逐渐沉浸于"现代性体验"之中,同时也让"量"代替"质"的(工具)理性主义思想深入人心。

但正是由于社会变迁的速度过快,当人们刚刚开始适应了现代性的节奏,准备努力实现自身价值的时候,一些新的变化迎面而来,特别是当社会福利与保障尝试市场化改革之后,失去了底牌的人们重新手足无措起来。人们一方面担心还会有新的变化让自己无法适应,一方面更担心在社会保障不足的情况下,被抛到社会结构之外,在社会底层中痛苦挣扎。于是伴随着巨大的焦虑与担忧,人们渴望进入社会的精英阶层,以此来抵御可能来临的风险与动荡。

这便形成了一种具有中国特色的时间焦虑感,不仅仅希望占有更多的时间,获得更多的价值,而且希望这个过程越快越好,达到成功、成为精英的时间越短越好,以免太慢而最终被社会淘汰。

三 漂:两极共存的中国体验

在剧烈变迁的社会中,在对自己的未来充满担忧的背景下,中国人认为只有进入社会上层才能找到一个相对安全的避风港。那么如何进入社会上层呢?深深植根于人们心中的"量"代替"质"的(工具)理性价值观,帮助人们找到了一种方式——占有更多的财富,就可以成为精英。"时间就是金钱"的现代性时间观,提示人们珍惜时间,努力赚钱,这是唯一可行的方式,也成为左右人们思考的理性观念。

于是,"人们则把时间本身看成了一种凭借其绝对数量可以为所欲为的权力,似乎只要有足够的时间,一切皆有可能。首要的是赢得时间,从过去汲取资源,奋起直追"(诺沃特尼,1994/2011:32)。

然而正如工具理性无法取代价值理性一样,当人们不断追求金钱的数字,渴望将时间转化为更多财富的时候,却发现最终获得的,可能只是银行卡上的一堆数字或者只是包裹着身体的一些奢侈符号而已。自然,这些东西并不能给人们带来真正的心灵慰藉,人们依然漂在茫茫的物质之海上,随波逐流,却无所依靠。

既然这样的方式并不能停止中国人精神上的"漂",却又为何如同一道无法打破的魔咒,总是一再出现呢?

从某种意义上来说,改革开放之前,"中国人民的精神世界始终没有走出传统的束缚和制度性的压抑"(周晓虹,2012d),而改革开放40多年来,中国社会发生的剧烈变迁与转型,不仅使中国在政治、经济、文化、教育等各个领域取得了高速而巨大的发展,同时也帮助人们摆脱了束缚与压抑,逐步实现了思想的解放与人性的自由。

恰恰由于中国用40年走完了发达国家上百年才走完的现代化道路,迅速而剧烈的变迁,不仅加速了中国社会中一切有形之物,更将中国人精神世界的发展极大地压缩了,从而使中国人内心体验的两极性越加凸显。传统与现代的颉颃、理想与现实的落差、城市与乡村的对峙、积极与消极的共存,以及东方与西方的冲突(周晓虹,2012b),这种强烈的两极性,甚至

结语 "漂"向何方?

带有巨大的重叠性,既是中国社会剧烈变迁的直接结果,也是中国人精神世界的鲜明写照。于是,中国人在二元极性之间徘徊与彷徨,自然也就飘忽不定、难安其生。

中国社会变迁带来的巨大积极意义有目共睹,而时间焦虑感也几乎是所有社会共有的"现代性体验"。但将两者结合起来进行分析与探讨,就可以看到中国迅速而剧烈的社会变迁,给"现代性体验"中的时间焦虑感所赋予的中国特色,从而更容易理解中国人内心"漂"在两极性之间的"中国体验"。

而中国人对时间如此焦虑的背后,隐藏着一个更大更深的焦虑——人生的意义。一切太快了,一切又总在变;一切似乎都想要,又不知道哪一个更好;一切好像都应该比较一下,却不清楚除了数个数(量化竞争)之外还有什么方法……所以我们常常不清楚自己内心真正期待的人生目标和意义是什么,或者这个目标和意义总是在跟随着某些东西在不停地变换。

从"丧"到"佛系",再到如今的"躺平",恰是当下的青年人在充满焦虑与困惑的社会生活当中,以自己温和而独特的方式对过度追求财富与地位(工具理性化目标)这种单一人生意义的反抗与探索。尽量在 COVID-19 疫情这样重大的社会变化面前,人们的两极性冲突暂时得到了消解,人生意义得以重构,但对人生的疑惑与焦虑,恐怕并不是一场疫情就可以改变的。

或许要等到社会变迁基本稳定时,才不再会有迅速而剧烈的变化让人们应接不暇。

或许要等到价值理性与工具理性再次达到平衡时,人们才能够实现精神世界的安定与成熟。

或许社会变迁的速度逐渐放缓，程度逐渐降低时，才能让所有中国人有充分的时间与空间去适应、去体验，最终寻找到自己心灵的依托。

到那时，中国人内心世界的两极性才会逐渐消逝，精神上不再"漂"了，生命才更有意义！

而这，或许就是费孝通先生所说的"安其所，遂其生"的美好社会。

参考文献

阿尔文·托夫勒:《第三次浪潮》,黄明坚译,中信出版社 2006 年版。

阿尔文·托夫勒、海蒂·托夫勒:《财富的革命》,吴文忠、刘微译,中信出版社 2006 年版。

阿尔文·托夫勒、海蒂·托夫勒:《再造新文明》,白裕承译,中信出版社 2006 年版。

阿尔文·托夫勒:《未来的冲击》,蔡伸章译,中信出版社 2006 年版。

芭芭拉·亚当:《时间与社会理论》,金梦兰译,北京师范大学出版社 2009 年版。

曹慧中:《为谁辛苦为谁忙——讲述父母相亲会背后的故事》,《青年探索》2007 年第 2 期。

曹玲娟:《〈咬文嚼字〉发布 2021 十大流行语:赶考、破防等入选》,2021 年 12 月 8 日,https：//wap.peopleapp.com/article/6390552/6277149。

陈昌凯:《从"中国式相亲"看理性的焦虑与代际传承》,《中国青年研究》2017 年第 11 期。

陈昌凯:《时间维度下的社会心态与情感重建》,《探索与争鸣》2016年第11期。

陈昌凯、肖心月、张保军、黄皓明：《灾难性事件对幸福感的"积极"影响》，《心理科学进展》2010年第7期。

陈那波：《海外关于中国市场转型的论争——15年文献述评》，《社会学研究》2006年第5期。

成伯清：《"中国体验"的意义和价值》，《学习与探索》2012年第3期。

崔志梅：《主动忙碌与幸福感知——基于青年群体的案例研究》，《中国青年研究》2021年第3期。

戴维·伊斯顿：《政治生活的系统分析》，王浦劬译，华夏出版社1999年版。

邓小平：《国际形势和经济问题》，载《邓小平文选》第3卷，人民出版社1993年版。

邓小平：《目前的形势和任务》，载《邓小平文选》第2卷，人民出版社1994年版。

邓小平：《社会之必须摆脱贫穷》，载《邓小平文选》第3卷，人民出版社1993年版。

邓小平：《思想更解放一些，改革的步子更快一些》，载《邓小平文选》第3卷，人民出版社1993年版。

邓小平：《我们干的事业是全新的事业》，载《邓小平文选》第3卷，人民出版社1993年版。

邓小平：《一心一意搞建设》，载《邓小平文选》第3卷，人民出版社1993年版。

邓小平：《用先进技术和管理方法改造企业》，载《邓小平文选》第2卷，人民出版社1994年版。

参考文献

邓小平：《政治上发展民主，经济上实行改革》，载《邓小平文选》第 3 卷，人民出版社 1993 年版。

第一财经日报：《波士顿咨询公司全球财富报告：中国造富能力激增》，2012 年 6 月 5 日，http：//www.takungpao.com/money/content/2012 - 06/05/content_358554.htm。

《调查显示：2018 年美国收入差距加大，基尼系数创 50 年新高》，2019 年 9 月 27 日，中国新闻网（https：//baijiahao.baidu.com/s？id = 1645778406773947966&wfr = spider&for = pc）。

杜海涛：《他们为啥感到焦虑？》，《人民日报》2011 年 8 月 4 日第 18 版。

《发改委专家建议按家庭征个税》，2010 年 8 月 24 日，新京报（http：//epaper.bjnews.com.cn/html/2010 - 08/24/content_140303.htm？div = -1）。

房爱卿、范剑平、朱小良：《我国消费需求发展趋势和消费政策研究》，中国经济出版社 2006 年版。

费正清、罗德里克·麦克法夸尔：《剑桥中华人民共和国史：1966—1982》，王建朗等译，陶文钊等校，上海人民出版社 1990 年版。

《福特创立汽车装配流水线，10 秒钟诞生一部汽车》，2003 年 6 月 17 日，新浪网（https：//news.sina.com.cn/w/2003 - 06 - 17/1723228703s.shtml）。

《〈感觉身体被掏空〉获最佳传播歌曲》，2016 年 9 月 27 日，新浪网（http：//ent.sina.com.cn/y/yneidi/2016 - 09 - 27/doc - ifxwevmc5686872.shtml）。

汉斯·诺贝特·菲根：《马克斯·韦伯》，王容芬译，上海三联书店1998年版。

郝宇青：《执政合法性资源的再生产——中国共产党的重要课题》，《探索》2007年第5期。

何贤文、许莺珠：《生命意义的再建构——以丧子女父母为例》，《生死学研究》2007年第6期。

赫伯特·马尔库塞：《单向度的人：发达工业社会意识形态研究》，刘继译，上海译文出版社1989年版。

赫尔嘉·诺沃特尼：《时间：现代与后现代经验》，金梦兰、张网成译，北京师范大学出版社2011年版。

亨廷顿：《第三波：20世纪后期民主化浪潮》，刘军宁译，上海三联书店1998年版。

侯杰泰、温忠麟、成子娟：《结构方程模型及其应用》，教育科学出版社2004年版。

胡润百富：《2021意才·胡润财富报告》，2022年4月14日，https：//www.hurun.net/zh－CN/Reports/Detail？num＝X95HRRMHF12U。

《快递业乱象：申通暴力分拣 顺丰私卖无主邮件》，2012年12月25日，网易新闻（http：//money.163.com/12/1225/05/8JI0DVT500252603.html）。

C.莱特·米尔斯：《白领：美国的中产阶级》，周晓虹译，南京大学出版社2006年版。

赖祐萱：《外卖骑手，困在系统里》，2020年9月8日，https：//baijiahao.baidu.com/s？id＝1677231323622016633&wfr＝spider&for＝pc。

李海峰、况伟宏、杨惠琴、傅春胜、陈天勇、韩布新：《四川老年人灾后主观幸福感状况》，《中国老年学杂志》2009年第9期。

李通屏：《中国消费制度变迁研究》，经济科学出版社2005年版。

李振城：《毛泽东指明的现代化发展道路——纪念毛泽东诞辰112周年》，2005年12月26日，http：//www.mzdbl.cn/gushi/jingji/xiandaihua.html。

林毅夫、蔡昉、李周：《中国的奇迹：发展战略与经济改革（增订版）》，格致出版社2012年版。

刘钝、苏淳：《博学的绅士——弗朗西斯·高尔顿》，《自然辩证法通讯》1988年第6期。

刘宏杰：《中国税收收入与国内生产总值之间的经验测度——基于VAR模型的经济计量分析（1978—2007）》，《上海财经大学学报》2009年第1期。

刘文纲：《我国中等收入阶层需求分析——兼论企业营销变革》，《北京工商大学学报》（社会科学版）2004年第1期。

陆娅楠：《2019年我国GDP近百万亿元，增长6.1%——人均1万美元，了不起》，《人民日报》2020年1月18日第4版。

路爱林：《邓小平与中国共产党执政合法性资源建设》，《实事求是》2007年第2期。

马广海：《贫富差距悬殊也是一种中国体验》，《江苏行政学院学报》2012年第5期。

马克思：《马克思致恩格斯（4月9日）》，载《马克思恩格斯全集》第30卷，人民出版社1975年版。

马克思:《资本论》第 1 卷,人民出版社 1975 年版。

马克斯·韦伯:《经济与社会》第 1 卷,阎克文译,人民出版社 2010 年版。

马克斯·韦伯:《新教伦理与资本主义精神》,阎克文译,上海人民出版社 2010 年版。

茅盾:《青年的疲倦》,《小说月报》1922 年第 8 期。

米歇尔·博德:《资本主义史:1500—1980》,吴艾美等译,东方出版社 1986 年版。

《摩拜创始人套现 15 亿:你的同龄人,正在抛弃你》,2018 年 4 月 8 日,中国青年网(https://baijiahao.baidu.com/s?id=1597137756222105574&wfr=spider&for=pc)。

南方都市报:《城市上班平均花费时间排行榜》,2012 年 11 月 2 日,http://www.chinacity.org.cn/csph/csph/95100.html。

《60 年变迁:广州人均居住面积增十倍》,2009 年 8 月 24 日,中国新闻网(https://www.chinanews.com.cn/estate/news/2009/08-24/1830937.shtml)。

聂伟、风笑天:《996 在职青年的超时工作及社会心理后果研究——基于 CLDS 数据的实证分析》,《中国青年研究》2020 年第 5 期。

彭聃龄:《普通心理学(修订版)》,北京师范大学出版社 2004 年版。

澎湃新闻:《〈阳台上〉:一个时代零余者的自救》,2019 年 3 月 19 日,https://baijiahao.baidu.com/s?id=1628400639201973455&wfr=spider&for=pc。

蒲济生、侯秋月:《卢卡奇物化理论综述》,《中国西部科技》

2007年第8期。

乔治·里茨尔:《社会的麦当劳化:对变化中的当代社会生活特征的研究》,顾建光译,上海译文出版社1999年版。

《〈2018全球财富报告〉:中国反超日本,位居第二》,2018,中商情报网(https://baijiahao.baidu.com/s?id=1614859155506903539&wfr=spider&for=pc)。

让·鲍德里亚:《消费社会》,刘成富、全志钢译,南京大学出版社2008年版。

让·马克·夸克:《合法性与政治》,佟心平、王远飞译,中央编译出版社2002年版。

任美娜、刘林平:《"在学术界失眠":行政逻辑和高校青年教师的时间压力》,《中国青年研究》2021年第8期。

《日本杂志介绍最近流行的男性新品种——"佛系男子"》,2014年2月13日,人民网(http://japan.people.com.cn/n/2014/0213/c35467-24344982.html)。

沈良:《时间财富》,中国经济出版社2012年版。

盛玉雷:《没有谁可以轻言被抛弃》,《人民日报》2018年4月11日第9版。

孙立平:《博弈:断裂社会的利益冲突与和谐》,社会科学文献出版社2006年版。

孙立平:《断裂:20世纪90年代以来的中国社会》,社会科学文献出版社2003年版。

孙立平:《社会结构定型与精英寡头统治的初步凸现》,《新远见》2008年第11期。

孙立平:《失衡:断裂社会的运作逻辑》,社会科学文献出版社

2004年版。

孙沛东:《相亲角与"白发相亲"——以知青父母的集体性焦虑为视角》,《青年研究》2013年第6期。

孙中伟、黄婧玮:《加班依赖体制:再探青年农民工过度加班问题》,《中国青年研究》2021年第8期。

《2017泰康高净值人群医养白皮书》,2020年7月26日,胡润百富,https://www.hurun.net/zh-CN/Reports/Detail?num=30EDC0140C9D。

F. W. 泰勒:《科学管理原理》,胡隆昶译,中国社会科学出版社1984年版。

滕晗:《宁吉喆谈贫富差距情况:近十几年我国基尼系数总体呈波动下降态势》,2021年9月28日,https://baijiahao.baidu.com/s?id=1712119019544082116&wfr=spider&for=pc。

汪亚珉:《创伤后成长:灾难与进步相伴而行》,《首都师范大学学报》(社会科学版)2009年第4期。

王冲:《波士顿咨询公司发布〈2006全球财富报告〉》,《中国青年报》2006年10月18日。

王宁:《消费制度、劳动激励与合法性资源——围绕城镇职工消费生活与劳动动机的制度安排及转型逻辑》,《社会学研究》2007年第3期。

王品芝:《疫情给你带来的最大改变是什么》,《中国青年报》2020年4月23日第10版。

乌尔里希·贝克:《风险社会》,何博闻译,译林出版社2004年版。

吴胜涛、王力、周明洁、王文忠、张建新:《灾区民众的公正观与幸福感及其与非灾区的比较》，《心理科学进展》2009年第 3 期。

吴忠民：《评"效率优先，兼顾公平"》，载郑杭生、杨雅彬主编《中国社会结构变化趋势研究》，中国人民大学出版社 2004 年版。

西摩·马丁·李普塞特：《政治人：政治的社会基础》，张绍宗译，上海人民出版社 1997 年版。

《央视曝申通暴力分拣包裹 顺丰私卖无主邮件》，2012 年 12 月 26 日，映象网（http：//finance.hnr.cn/jdt/201212/t20121225_276036.html）。

阳海音：《论马尔库塞对科学技术合理性的批判》，《学理论》2010 年第 1 期。

杨继绳：《邓小平时代：中国改革开放二十年纪实》上，中央编译出版社 1998 年版。

叶初升、李承璋：《内生于中国经济发展大逻辑的"双循环"》，《兰州大学学报》（社会科学版）2021 年第 1 期。

尤尔根·哈贝马斯：《交往与社会进化》，张博树译，重庆出版社 1989 年版。

虞维华、张洪根：《社会转型时期的合法性研究》，中国科学技术出版社 2004 年版。

约翰·哈萨德：《时间社会学》，朱红文译，北京师范大学出版社 2009 年版。

约瑟夫·凯米莱里、吉米·福尔克：《主权的终结：日趋"缩小"和"碎片化"的世界政治》，李东燕译，浙江人民出版社 2001 年版。

张伯源、梁煌:《A 型行为模式及其评估方式(综述)》,《外国心理学》1984 年第 3 期。

张伯源:《心血管病人的心身反应特点的研究(Ⅱ)——对冠心病人的行为类型特征的探讨》,《心理学报》1985 年第 3 期。

张静、张冲、官群:《四川地震灾区中小学生积极心理品质调查研究》,《中国特殊教育》2009 年第 12 期。

张萌:《亚文化谱系中的"佛系"网络流行语研究》,《中国青年研究》2018 年第 8 期。

张倩、郑涌:《创伤后成长:5·12 地震创伤的新视角》,《心理科学进展》2009 年第 3 期。

张潇爽:《中国人的精神漂泊何时终结——访南京大学社会学院院长周晓虹》,《人民论坛》2013 年第 9 期。

招商银行、贝本公司:《2019 中国私人财富报告》,2019 年 6 月 5 日,http://www.cmbchina.com/privatebank/PrivateBankInfo.aspx? guid = bdeb435b - cc83 - 4b54 - b92a - 7eab597ecbf7。

赵有福、田根生:《京郊农村人民公社化运动初探》,《北京党史》2006 年第 2 期。

《中国超高净值人群需求调研报告 2014 - 2015》,2016 年 4 月 26 日,胡润百富,https://www.hurun.net/zh - CN/Reports/IndexAllReports? page = 2。

中国城市规划设计研究院:《全国主要城市通勤监测报告——通勤时耗增刊》,2020 年,https://www.sohu.com/a/436978161_100011329。

《中国高净值人群养生白皮书 2014 财富报告》,2016 年 4 月 26

日，胡润百富，https://www.hurun.net/zh-CN/Reports/IndexAllReports?page=2http://wenku.baidu.com/view/540cef02f78a6529657d5305.html。

中国工业和信息化部：《2020年软件和信息技术服务业统计公报》，2021，https://www.miit.gov.cn/gxsj/tjfx/rjy/art/2021/art_f6e61b9ffc494c099ea89faecb47acd2.html。

《中国官方首次公布2003至2012年基尼系数》，2013年1月18日，新华网（http://news.21cn.com/hot/cn/2013/01/18/14444679.shtml）。

中国互联网络信息中心：《第47次中国互联网络发展状况统计报告》，2021年2月3日，http://www.cnnic.net.cn/hlwfzyj/hlwxzbg/hlwtjbg/202102/P020210203334633480104.pdf。

中国互联网络信息中心：《第49次中国互联网络发展状况统计报告》，2022年2月25日，http://www.cnnic.net.cn/hlwfzyj/hlwxzbg/hlwtjbg/202202/P020220407403488048001.pdf。

中国互联网络信息中心：《第40次中国互联网络发展状况统计报告》，2017年8月4日，http://www.cnnic.net.cn/hlwfzyj/hlwxzbg/hlwtjbg/201708/P020170807351923262153.pdf。

中国互联网络信息中心：《2016年中国社交应用用户行为研究报告》，2017年12月27日，http://www.cnnic.net.cn/hlwfzyj/hlwxzbg/sqbg/201712/P020180103485975797840.pdf。

中国互联网络信息中心：《中国手机网民上网行为研究报告》，2012年11月15日，http://www.cnnic.net.cn/hlwfzyj/hlwxzbg/ydhlwbg/201211/P020121116518463145828.pdf。

中国社会科学院语言研究所词典编辑室：《现代汉语词典（第

7版)》，商务印书馆2016年版。

周天勇：《三十年前我们为什么要选择改革开放》，《学习时报》2008年8月25日第4版。

周晓虹：《西方社会学历史与体系》第1卷·经典贡献，上海人民出版社2002年版。

周晓虹：《"中国经验"与"中国体验"》，《学习与探索》2012年第3期。

周晓虹：《中国体验的现实性与独特性》，《江苏行政学院学报》2012年第5期。

周晓虹：《"中国体验"两极化震荡国人心灵》，《人民论坛》2012年第24期。

周晓虹：《中国体验：社会变迁的观景之窗》，《探索与争鸣》2012年第2期。

周晓虹：《中国中产阶层调查》，社会科学文献出版社2005年版。

朱隽：《钱多了，焦虑就没有了吗？》，《人民日报》2011年8月18日第18版。

庄家炽、韩心茹：《精细化管理与金融从业人员加班问题研究》，《中国青年研究》2021年第8期。

Allen, V., 1975, Social Analysis, London: Longmans.

Aguiar, M., E. Hurst, 2007, "Measuring Tends in Leisure: The Allocation of Time over Five Decades", *Quarterly Journal of Economics*, Vol. 122, pp. 969 – 1006.

Bargh, J. A., K. Y. A. McKenna, 2004, "The Internet and Social

Life", *Annual Review of Psychology*, Vol. 55, pp. 573 – 590.

Baumeister, R. F., 1991, *Meanings of Life*, New York: Guilford Press.

Berger, C. R., R. J. Calabrese, 1975, "Some Explorations in Initial Interaction and Beyond: Toward a Developmental Theory of Interpersonal Communication", *Human Communication Research*, Vol. 1, No. 2, pp. 99 – 112.

Bower J. E., M. E. Kemeny, S. E. Taylor, J. L. Fahey, 1998, "Cognitive Processing, Discovery of Meaning, CD – 4 Decline, and AIDS Related Mortality among Bereaved HIV Seropositive Gay Men", *Journal of Consulting and Clinical Psychology*, Vol. 66, pp. 979 – 986.

Bowman, L. L., L. E. Levine, B. M. Waite, M. Gendron, 2010, "Can Students Really Multitask? An Experimental Study of Instant Messaging While Reading", *Computers & Education*, Vol. 54, pp. 927 – 931.

Boyle, P. A., A. S. Buchman, D. A. Bennett, 2010, "Purpose in Life Is Associated With a Reduced Risk of Incident Disability among Community – Dwelling Older Persons", *The American Journal of Geriatric Psychiatry*, Vol. 18, No. 12, pp. 1093 – 1102.

Brenner, V., 1997, "Psychology of Computer Use: XLVII Parameters of Internet Use, Abuse, and Addiction: The First 90 Days of the Internet Usage Survey", *Psychological Reports*, Vol. 80, No. 1, pp. 879 – 882.

Burke, R. J., T. Weir, R. E. DuWors, 1979, "Type A Behavior of

Administrators and Wives' Report of Marital Satisfaction and Well - Being", *Journal of Applied Psychology*, Vol. 64, pp. 57 - 65.

Burke, R. J., T. Weir, 1980, "The Type A Experience: Occupational and Life Demands, Satisfaction and Well - Being", *Journal of Human Stress*, Vol. 6, pp. 28 - 38.

Burke, R. J., 1984, "Beliefs and Fears Underlying Type A Behavior: Correlates of Time Urgency and Hostility", *The Journal of General Psychology*, Vol. 112, No. 2, pp. 133 - 145.

Burnam, M. A., J. W. Pennebaker & D. C. Glass, 1975, "Time Consciousness, Achievement Striving, and the Type a Coronary Prone Behavior Pattern", *Journal of Abnormal Psychology*, Vol. 84, pp. 76 - 79.

Caplan, R. D., S. Cobb, J. R. P. French, et al., 1975, *Job Demands and Worker Health*, Washington D. C. : National Institute of Occupational Safety and Health Research.

Chen, C., Zhang Y., Xu A., Chen X., Lin J., 2020, "Reconstruction of Meaning in Life: Meaning Made During the Pandemic of COVID - 19", *International Journal of Mental Health Promotion*, Vol. 22, No. 3, pp. 173 - 184.

Chesney, M., R. H. Rosenman, 1980, "Type A Behavior in the Work Setting", in C. L. Cooper, R. Payne (eds.), *Current Concerns in Occupational Stress*, New York: John Wiley, pp. 189 - 212.

Compton, W. C., M. L. Smith, K. A. Cornish, D. L. Qualls, 1996, "Factor Structure of Mental Health Measures", *Journal of Personality and Social Psychology, Vol. 71, pp. 406 – 413.

Cooper, C. L., J. Marshall, 1976, "Occupational Sources of Stress: A Review of the Literature Relating to Coronary Heart Disease and Mental Ill Health", Journal of Occupational Psychology, Vol. 49, pp. 11 – 28.

Credit Suisse Research Institute, 2021, Global Wealth Report 2021, http://www.199it.com/archives/1267128.html.

Dai, X., K. Wertenbroch, C. M. Brendl, 2008, "The Value Heuristic in Judgments of Relative Frequency", Psychological Science, Vol. 19, pp. 18 – 19.

Davis, C. G., S. Nolen – Hoeksema, J. Larson, 1998, "Making Sense of Loss and Benefiting from the Experience: Two Const Ruals of Meaning", Journal of Personality and Social Psychology, Vol. 75, pp. 561 – 574.

Dequech, D., 2004, "Uncertainty: Individuals, Institutions and Technology", Cambridge Journal of Economics, Vol. 28, No. 3, pp. 365 – 378.

DeVoe, S. E., J. Pfeffer, 2007, "Hourly Payment and Volunteering: The Effect of Organizational Practices on Decisions about Time Use", The Academy of Management Journal, Vol. 50, No. 4, pp. 783 – 798.

DeVoe, S. E., J. Pfeffer, 2011, "Time is Tight: How Higher Economic Value of Time Increases Feelings of Time Pressure", Journal of Applied Psychology, Vol. 96, No. 4, pp. 665 – 676.

Donath, J., D. Boyd, 2004, "Public Displays of Connection", BT Technology Journal, Vol. 22, pp. 71 – 82.

Durkheim, E. , 1947, *The Elementary Forms of Religious Life*, Glencoe: Free Press.

Edwards, J. R. , A. J. Baglioni, C. L. Cooper, 1990, "Examining Relationships Among Self - Report Measures of Type A Behavior Pattern: The Effects of Dimensionality, Measurement Error, and Differences in Underlying Constructs", *Journal of Applied Psychology*, Vol. 75, pp. 440 - 454.

Ezoe, A. , M. Toda, K. Yoshimura, A. Naritomi, R. Den, K. Morimoto, 2009, "Relationships of Personality and Lifestyle with Mobile Phone Dependence among Female Nursing Students", *Social Behavior and Personality*, Vol. 37, No. 2, pp. 231 - 238.

Farhoomand, A. F. , D. H. Drury, 2002, "Managerial Information Overload", *Communication of The ACM*, Vol. 45, No. 10, pp. 127 - 131.

Field, R. M. , 1983, "Slow Growth of Labour Productivity in Chinese Industry, 1952 - 1981", *China Quarterly*, Vol. 96, pp. 641 - 664.

Frankl, V. E. , 1963, *Man's Search for Meaning*, NewYork: Washington Square Press.

Fried, C. B. , 2008, "In - Class Laptop Use and Its Effects on Student Learning", *Computers & Education*, Vol. 50, No. 3, pp. 906 - 914.

Friedman, M. , R. H. Rosenman, 1959, "Association of Specific Overt Behavior Problem with Blood and Cardiovascular Findings", *Journal of American Medical Association*, Vol. 169, pp. 1286 - 1296.

Friedman, M., R. H. Rosenman, 1974, *Type A Behavior and Your Heart*, New York: Knopf.

Friedman, M., 1979, "The Modification of Type A Behavior in Post - Infarction Patients", *American Health Journal*, Vol. 97, pp. 551 -560.

Friedman, T. L., 2006, "The Age of Interruption", *The New York Times*, July 5, A17.

Giddens, A., 1981, *A Contemporary Critique of Historical Materialism: Power, Property and the State*, London: Macmillan.

Glass, D. C., 1977, *Behavior Patterns, Stress, and Coronary Disease*, Hillsdale: Erlbaum.

Goodin, R. B., J. M. Rice, M. Bittman, et al., 2005, "The Time - Pressure Illusion: Discretionary Time vs Free Time", *Social Indicators Research*, Vol. 73, pp. 43 -70.

Gulian, E., G. Matthews, A. I. Glendon, D. R. Davies, L. Debney, 1990, "The Stress of Driving: A Diary Study", *Work and Stress*, Vol. 4, pp. 7 -16.

Gupta, N., T. A. Beehr, 1979, "Job Stress and Employee Behaviors", *Organizational Behavior and Human Performance*, Vol. 23, pp. 373 -387.

Haisley, E., R. Mostafa, G. Lowenstein, 2008, "Subjective Relative Income and Lottery Ticket Purchases", *Journal of Behavioral Decision Making*, Vol. 21, pp. 283 -295.

Hamermesh, D. S., J. Lee, 2007, "Stressed out on Four Continents: Time Crunch or Yuppie Kvetch?", *Review of Economics* and Statistics, Vol. 89, pp. 374 – 383.

Harlow, L. L., M. D. Newcomb, P. M. Bentler, 1986, "Depression, Self – Derogation, Substance Use, and Suicide Ideation: Lack of Purpose in Life as a Mediational Factor", Journal of Clinical Psychology, Vol. 42, pp. 5 – 21.

Haynes, S. G., S. Levine, N. Scotch, et al., 1978, "The Relationship of Psychosocial Factors to Coronary Heart Disease in the Framingham Study: I. Methods and Risk Factors", American Journal of Epidemiology, Vol. 107, pp. 362 – 383.

Haynes, S. G., M. Feinleib. W. B. Kannel, 1980, "The Relationships Of Psychosocial Factors to Coronary Heart Disease in the Framinpham Study III. Eight Year Incident of Coronary Heart Disease", American Journal of Epidemiology, Vol. 3, pp. 37 – 58.

Hemp, P., 2009, "Death by Information Overloading", Harvard Business Review, http: //hbr. harvardbusiness. org/2009/09/death – by – information – overload/ar/pr.

Hendrix, W. H., N. K. Ovalle, G. Troxler, 1985, "Behavioral and Physiological Consequences of Stress and Its Antecedent Factors", Journal of Applied Psychology, Vol. 70, pp. 188 – 201.

Hillstrom, A. P., Chai Y. C., 2006, "Factors that Guide or Disrupt Attentive Visual Processing", Computers in Human Behavior, Vol. 22, pp. 648 – 656.

Holland, J. M., J. M. Currier, R. A. Neimeyer, 2006, "Meaning Reconstruction in the First Two Years of Bereavement: The Role of Sense – Making and Benefit – Finding", Journal of Death and

Dying, Vol. 53, No. 3, pp. 175 – 191.

House, J. S., A. J. McMichael, J. A. Wells, et al., 1979, "Occupational Stress and Health Among Factory Workers", *Journal of Health and Social Behavior*, Vol. 20, pp. 139 – 160.

House, J. S., 1980, *Work Stress and Social Support*, Reading, MA: Addison – Wesley.

Howard, J. H., D. A. Cunningham, P. A. Rechnitzer, 1977, "Work Problems Associated with Type A Behavior: A Managerial Sample", *Human Relations*, Vol. 30, pp. 825 – 836.

Ivancevich, J. M., M. T. Matteson, 1980, "Optimizing Human Resources: A Case for Preventative Health and Stress Management", *Organizational Dynamics*, Vol. 9, pp. 4 – 25.

Jarmon, A. L., 2008, "Multitasking Helpful or Harmful? Multitasking Has Been Shown to Slow Learning and Reduce Efficiency. How Does Laptop Usage in Class Affect Your Learning, and that of Your Classmates?", *Student Lawyer*, Vol. 36, No. 8, p. 31.

Jenkins, C. D., S. J. Zyzanski, R. H. Rosenman, 1971, "Progress Toward Validation of a Computer – Scored Test for the Type A Coronary – Prone Behavior Pattern", *Psychosomatic Medicine*, Vol. 33, pp. 193 – 202.

Jenkins, C. D., S. J. Zyzanski, R. H. Rosenman, 1979, *Jenkins Activity Survey manual* (Form C), New York: Psychological Corp.

Kahneman, D., A. B. Krueger, D. Schkade, N. Schwarz, A. A. Stone,

2006, "Would You Be Happier if You Were Richer? A Focusing Illusion", *Science*, Vol. 312, pp. 1908 – 1910.

Kamal, A. M. , J. Burkell, 2011, "Addressing Uncertainty: When Information Is not Enough", *Canadian Journal of Information and Library Science*, Vol. 35, No. 4, pp. 384 – 396.

Kiesler, S. , J. Siegel, T. W. McGuire, 1984, "Social Psychological Aspects of Computer – Mediated Communication", *American Psychologist*, Vol. 39, No. 10, pp. 1123 – 1134.

King, L. A. , J. A. Hicks, J. Abdelkhalik, 2009, "Death, Life, Scarcity, And Value: An Alternative Perspective on the Meaning of Death", *Psychological Science*, Vol. 20, pp. 1459 – 1462.

Kinsinger, D. , F. Penedo, M. Antoni, J. Dahn, S. Lechner, N. Schneiderman, 2006, "Psychosocial and Sociodemographic Correlates of Benefit – Finding in Men Treated for Localized Prostate Cancer", *Psycho Oncology*, Vol. 15, pp. 954 – 961.

Kluger, A. N. , 1998, "Commute Variability and Strain", *Journal of Organizational Behavior*, Vol. 19, pp. 147 – 165.

Korman, A. K. , R. Korman, 1980, *Career Success and Personal Failure*, Englewood Cliffs: Prentice – Hall.

Koslowsky, M. , M. Krausz, 1993, "On the Relationship Between Commuting, Stress Symptoms, and Attitudinal Measures: A LISREL Application", *Journal of Applied Behavioral Science*, Vol. 29, pp. 485 – 493.

Kristensen, T. S. , 1996, "Job Stress and Cardiovascular Disease: A Theoretic Critical Review", *Journal of Occupational Health*

Psychology, No. 1, pp. 246 – 260.

Kraut, R., V. Lundmark, M. Patterson, S. Kiesler, T. Mukopadhyay, W. Scherlis, 1998, "Internet Paradox: A Social Technology that Reduces Social Involvement and Psychological Well – Being?", *American Psychologist*, Vol. 53, No. 9, pp. 1017 – 1031.

Krause, N., 2009, "Meaning in Life and Mortality", *Journals of Gerontology*, Vol. 64B, No. 4, pp. 517 – 527.

Lakoff, G., M. Johnson, 1980, *Metaphors We Live By*, Chicago: Chicago University Press.

Landy, F. J., H. Rastegary, J. Thayer, et al., 1991, "Time Urgency: The Construct and Its Measurement", *Journal of Applied Psychology*, Vol. 76, pp. 644 – 657.

Latack, J. C., 1986, "Coping with Job Stress: Measures and Future Directions for Scale Development", *Journal of Applied Psychology*, Vol. 71, pp. 377 – 385.

Levine, R. V., E. Wolff, 1985, "Social Time: The Heartbeat of Culture, To Understand a Society, You Must Learn Its Sense of Time", *Psychology Today*, Vol. XX, pp. 29 – 35.

Levine, L. E., B. M. Waite, L. L. Bowman, 2007, "Electronic Media Use and Distractibility for Academic Reading in College Youth", *Cyber Psychology & Behavior*, Vol. 10, No. 4, pp. 560 – 566.

Lucas, J. L., R. B. Heady, 2002, "Flextime Commuters and Their Driver Stress, Feelings of Time Urgency, and Commute

Satisfaction", *Journal of Business and Psychology*, Vol. 16, No. 4, pp. 565 – 571.

Lui, K. F. H., Wong A. C. – N., 2012, "Does Media Multitasking Always Hurt? A Positive Correlation Between Multi Tasking and Multi Sensory Integration", *Psychological Bulletin Review*, Vol. 12.

Manago, A. M., T. Taylor, P. M. Greenfield, 2012, "Me and My 400 Friends: The Anatomy of College Students' Facebook Networks, Their Communication Patterns, and Well – Being", *Developmental Psychology*, Vol. 48, No. 2, pp. 369 – 380.

Mannheim, K., 1936, *Ideology and Utopia*, New York: Harcourt, Brace & World.

Matusik, S. F., A. E. Mickel, 2011, "Embracing or Embattled by Converged Mobile Devices? Users' Experiences With a Contemporary Connectivity Technology", *Human Relations*, Vol. 64, No. 8, pp. 1001 – 1030.

Mazmanian, M., J. Yates, W. J. Orlikowski, 2006, "Ubiquitous Email: Individual Experiences and Organizational Consequences of Blackberry Use", *Academy of Management Proceedings*, Vol. 66.

McQuillen, J. S., 2003, "The Influence of Technology on The Initiation of Interpersonal Relationships", *Psychology and Behavioral Sciences Collection*, Vo. 123, No. 3, pp. 616 – 623.

Menzies, H., 2005, *No Time: Stress and the Crisis of Modern Life*, Vancouver: Douglas and McIntrye.

Moody, E. J., 2001, "Internet Use and Its Relationship to Loneliness", *Cyber Psychology & Behavior*, Vol. 4, No. 3, pp. 393 – 401.

Mumford, L., 1934, *Technics and Civilization*, New York: Harcourt, Brace & World.

Nelson, L. D., E. L. Morrison, 2005, "The Symptoms of Resource Scarcity: Judgments of Food and Finances Influence Preferences for Potential Partners", *Psychological Science*, Vol. 16, pp. 167 – 173.

Nowotny, H., 1976, "Time Structuring and Time Measurement", in J. T. Fraser, N. Lawrence (eds.), *The Study of Time*, Vol. 2, New York: Springer – Verlag.

Novaco, R. W., D. Stokols, L. Milanesi, 1990, "Objective and Subjective Dimensions of Travel Impedance as Determinants of Commuting Stress", *American Journal of Community Psychology*, Vol. 18, pp. 231 – 257.

O'Reilly, C. A., 1980, "Individuals and Information Overload in Organizations: Is More Necessarily Better?", *The Academy of Management Journal*, Vol. 23, No. 4, pp. 684 – 696.

Orlikowski, W. J., 2007, "Sociomaterial Practices: Exploring Technology at Work", *Organization Science*, Vol. 28, No. 9, pp. 1435 – 1448.

Padelford, B. L., 1974, "Relationship Between Drug Involvement and Purpose in Life", *Journal of Clinical Psychology*, Vol. 30, pp. 303 – 305.

Parker, D. F., T. A. DeCotiis, 1983, "Organizational Determinants of Job Stress", *Organizational Behavior and Human Performance*, Vol. 32, pp. 160 – 177.

Pearson, P. R., B. F. Sheffield, 1974, "Purpose – in – Life and the Eysenck Personality Inventory", *Journal of Clinical Psychology*, Vol. 30, pp. 562 – 564.

Peterson, Christopher, Steven F. Maier, Martin E. P. Seligman, 1995, *Learned Helplessness: A Theory for the Age of Personal Control*, New York : Oxford University Press.

Price, V. A., 1980, "Type A Behavior: A Cognitive Social Learning Model", Unpublished doctoral dissertation, Stanford University.

Price, V. A., 1983, *Type A Behavior Pattern: A Model for Research and Practice*, New York: Academic Press.

Pronovost, G., 1986, "Time in Sociological and Historical Perspective", *International Social Science Journal*, Vol. 107, pp. 5 – 18.

Reid, D. J., F. J. M. Reid, 2007, "Text or Talk? Social Anxiety, Loneliness, and Divergent Preferences for Cell Phone Use", *Cyber Psychology & Behavior*, Vol. 10, No. 3, pp. 424 – 435.

Reid, F. J. M., D. J. Reid, 2010, "The Expressive and Conversational Affordances of Mobile Messaging", *Behaviour & Information Technology*, Vol. 29, No. 1, pp. 3 – 22.

Restegary, H., F. Landy, 1993, "The Interaction among Time Urgency, Uncertainty, and Time Pressure", in O. Svenson, A. J.

Maule (eds.) , *Time Pressure and Stress in Human Judgment and Decision Making*, New York: Plenum Press, pp. 217 – 235.

Rice, R. E. , G. Love, 1987, "Electronic Emotion: Socioemotional Content in a Computer – Mediated Communication Network", *Communication Research*, Vol. 14, No. 1, pp. 85 – 108.

Robinson, J. P. , G. Godbey, 1997, *Time for Life: The Surprising Ways Americans Use Their Time*, University Park: Pennsylvania State University Press.

Rogers, R. D. , S. Monsell, 1995, "Costs of a Predictable Switch Between Simple Cognitive Tasks", *Journal of Experimental Psychology: General*, Vo. 124, pp. 207 – 231.

Rosenman, R. H. , R. J. Brand, C. D. Jenkins, et al. , 1975, "Coronary Heart Disease in the Western Collaborative Group Study: Final Follow – Up Experience of 8 1/2 Years", *Journal of the American Medical Association*, Vol. 233, pp. 872 – 877.

Rubin, Z. , A. Peplau, 1973, "Belief in a Just World And Reactions To Another's Lot: A Study of Participants in the National Draft Lottery", *Journal of Social Issues*, Vol. 29, pp. 73 – 91.

Ryff, C. D. , C. L. M. Keyes, 1995, "The Structure of Psychological Well – Being Revisited", *Journal of Personality and Social Psychology*, Vol. 69, pp. 719 – 727.

Schor, J. , 1991, *The Overworked American*, New York: Basic Books.

Schriber, J. B. , B. A. Gutek, 1987, "Some Time Dimensions of Work: Measurement of an Underlying Aspect of Organization Culture", *Journal of Applied Psychology*, Vol. 72, pp. 642 – 650.

Schutz, A., T. Luckmann, 1973, *The Structures of the Life - World*, London: Heinemann.

Schwarz, N., G. L. Clore, 1983, "Mood, Misattribution, and Judgments of Well - Being: Informative and Directive Functions of Affective States", *Journal of Personality and Social Psychology*, Vol. 45, pp. 513 - 523.

Schwarz, N., 1999, "Self Reports: How the Questions Shape the Answers", *American Psychologist*, Vol. 54, pp. 93 - 105.

Shek, D. T., 1992, "Meaning in Life and Psychological Well - Being: An Empirical Study Using the Chinese Version of the Purpose in Life Questionnaire", *The Journal of Genetic Psychology*, Vol. 153, pp. 185 - 200.

Shek, D. T., 1993, "Measurement of Pessimism in Chinese Adolescents: The Chinese Hopelessness Scale", *Social Behavior and Personality: An international Journal*, Vol. 21, pp. 107 - 119.

Sorokin, P. A., 1937, *Social and Cultural Dynamics*, Vol. 2, New York: American Books.

Sorokin, P. A., R. K. Merton, 1937, "Social Time: A Methodological and Functional Analysis", *American Journal of Sociology*, Vol. 42, pp. 615 - 629.

Spence, J. T., R. L. Helmreich, R. S. Pred, 1987, "Impatience Versus Achievement Striving in the Type A Pattern: Differential Effects on Students' Health and Academic Achievement", *Journal of Applied Psychology*, Vol. 72, pp. 522 - 528.

Strayer, D. L., W. A. Johnston, 2001, "Driven to Distraction: Dual -

Task Studies of Simulated Driving and Conversing on a Cellular Telephone", *Psychological Science*, Vol. 12, No. 6, pp. 462 – 466.

Strayer, D. L. , J. M. Watson, F. A. Drews, 2011, "Cognitive Distraction While Multitasking in the Automobile", in Brian Ross (ed.), *The Psychology of Learning and Motivation*, Vol. 54, Burlingtion: Academic Press, pp. 29 – 58.

Tedeschi, R. G. , L. G. Calhoun, 2004, "Posttraumatic Growth: Conceptual Foundations and Empirical Evidence", *Psychological Inquiry*, Vol. 15, pp. 1 – 18.

Tennen H. , G. Affleck, 2002, "Benefit – Finding and Benefit – Reminding", in C. R. Snyder , S. J. Lopez (eds.), *The Handbook of Positive Psychology*, New York: Oxford University Press, pp. 584 – 594.

Thompson, E. P. , 1967, "Time, Work – Discipline and Industrial Capitalism", *Past and Present*, Vol. 38, pp. 56 – 97.

Toda, M. , K. Monden, K. Kubo, K. Morimoto, 2006, "Mobile Phone Dependence and Health – Related Lifestyle of University Students", *Social Behavior and Personality*, Vol. 34, pp. 1277 – 1284.

Walder, A. G. , 1986, *Communist Neo – Traditionalism*, Berkeley: University of California Press.

Walsh, S. P. , K. M. White, 2006, "Ring, Ring, Why Did I Make That Call? Beliefs Underlying Australian University Students' Mobile Phone Use", *Youth Studies Australia*, Vol. 25, No. 3, pp. 49

-57.

Walsh, S. P., K. M. White, R. M. Young, 2008, "Over-Connected? A Qualitative Exploration of the Relationship Between Australian Youth and Their Mobile Phones", *Journal of Adolescence*, Vol. 31, pp. 77-92.

Walsh, S. P., K. M. White, R. M. Young, 2010, "Needing to Connect: The Effect of Self and Others on Young People's Involvement with Their Mobile Phones", *Australian Journal of Psychology*, Vol. 62, No. 4, pp. 194-203.

Wright, L., 1988, "The Type A Behavior Pattern and Coronary Artery Disease", *American Psychologist*, Vol. 43, pp. 2-14.

Wright, L., S. McCurdy, G. Rogoll, 1992, "The Tupa Scale: A Self-Report Measure for the Type A Subcomponent of Time Urgency and Perpetual Activation", *Psychological Assessment*, Vol. 4, pp. 352-356.

Young, M., 1988, *The Metronomic Society: Natural Rhythms and Human Timetables*, London: Thames and Hudson.

Zika, S., K. Chamberlain, 1992, "On the Relation Between Meaning in Life and Psychological Well-Being", *British Journal of Psychology*, Vol. 83, pp. 133-145.

附录　中国人时间焦虑感量表

您好！非常感谢您愿意用宝贵的时间来完成这份问卷！

这是一份关于生活多个方面的调查问卷，与智力、能力无关，不用写姓名，答案也无对错、好坏之分，所以您不要有什么顾虑，不用在每道题目上思考太多，只需根据您的实际情况回答即可。您所填写的信息，仅作为研究分析使用，并且我们会严格保密！

	请根据下面每句话与您自己的符合程度，在右边对应的数字上打"√"。如无特殊说明，1 表示"完全不符合"，2 表示"比较不符合"，3 表示"介于中间"，4 表示"比较符合"，5 表示"完全符合"。每道题只可以选择一个答案，请不要多选或漏答。	完全不符合	比较不符合	介于中间	比较符合	完全符合
1.	即使没有什么要紧的事，我走路也很快。	1	2	3	4	5
2.	我经常感到应该做的事太多，有压力。	1	2	3	4	5
3.	我自己决定的事，别人很难让我改变主意。	1	2	3	4	5
4.	当我正在做事，谁要是打扰我，不管其有意或无意，我总是会感到恼火。	1	2	3	4	5

时间焦虑感

续表

		完全不符合	比较不符合	介于中间	比较符合	完全符合
	请根据下面每句话与您自己的符合程度,在右边对应的数字上打"√"。如无特殊说明,1表示"完全不符合",2表示"比较不符合",3表示"介于中间",4表示"比较符合",5表示"完全符合"。每道题只可以选择一个答案,请不要多选或漏答。					
5.	即使跟别人合作,我也总想单独完成一些更重要的部分。	1	2	3	4	5
6.	对自己熟悉的事情,我总希望自己能越做越快。	1	2	3	4	5
7.	我觉得自己是一个无忧无虑、悠闲自在的人。	1	2	3	4	5
8.	尽管时间很宽裕,我吃饭也很快。	1	2	3	4	5
9.	我非常害怕一些突发的事件会打乱自己原有的计划安排。	1	2	3	4	5
10.	上班、上课或赴约会时,我从来不迟到。	是	否			
11.	无论做什么事,即使比别人差,我也无所谓。	1	2	3	4	5
12.	做什么事我都不着急,着急也没有用,不着急也误不了事。	1	2	3	4	5
13.	听到别人发表不正确的见解,我总想立即就去纠正他。	1	2	3	4	5
14.	我发觉自己常常无法在自己设定的时间内完成任务。	1	2	3	4	5
15.	无论做什么事,我都比别人快一些。	1	2	3	4	5
16.	我总觉得我有能力把一切事情办好。	1	2	3	4	5
17.	如果有可能,我希望去任何地方都可以坐汽车,这样会比较快。	1	2	3	4	5
18.	聊天时,我也总是急于说出自己的想法,甚至打断别人的话。	1	2	3	4	5
19.	人们认为我是个安静、沉着、有耐性的人。	1	2	3	4	5
20.	我从来没想过要按自己的想法做事。	是	否			

续表

	请根据下面每句话与您自己的符合程度，在右边对应的数字上打"√"。如无特殊说明，1表示"完全不符合"，2表示"比较不符合"，3表示"介于中间"，4表示"比较符合"，5表示"完全符合"。每道题只可以选择一个答案，请不要多选或漏答。	完全不符合	比较不符合	介于中间	比较符合	完全符合
21.	我觉得在我认识的人之中值得我信任和佩服的人实在不多。	1	2	3	4	5
22.	听人讲话或报告如讲得不好，我就非常着急，总想还不如我来讲呢！	1	2	3	4	5
23.	人们认为我是一个干脆、利落、高效率的人。	1	2	3	4	5
24.	我常常为工作没做完一天又过去了而感到忧虑。	1	2	3	4	5
25.	很多事情如果由我来负责，情况要比现在好得多。	1	2	3	4	5
26.	我常常感到自己能力不够，所以在做事遇到不顺利时就想放弃不干了。	1	2	3	4	5
27.	如果犯了错误，不管大小，我全都主动承认。	是	否			
28.	别人托我办的事，只要答应了，我从不拖延。	1	2	3	4	5
29.	人们都说我很有耐性，干什么事都不着急。	1	2	3	4	5
30.	外出乘车、船或跟人约定时间办事时，我很少迟到。	1	2	3	4	5
31.	许多事本来可以大家分担，可我喜欢一个人去干。	1	2	3	4	5
32.	我觉得别人对我的话理解太慢，甚至理解不了我的意思似的。	1	2	3	4	5
33.	跟人约定时间办事时，如果对方耽误了，我就会很恼火。	1	2	3	4	5
34.	大家说我是个很忙的人，是他们所知道的最忙的人之一。	1	2	3	4	5
35.	我喜欢看网络电视或互动电视，因为可以快进跳过不喜欢的内容。	1	2	3	4	5
36.	偶尔我也会说一两句假话。	是	否			

时间焦虑感

续表

		完全不符合	比较不符合	介于中间	比较符合	完全符合
	请根据下面每句话与您自己的符合程度，在右边对应的数字上打"√"。如无特殊说明，1表示"完全不符合"，2表示"比较不符合"，3表示"介于中间"，4表示"比较符合"，5表示"完全符合"。每道题只可以选择一个答案，请不要多选或漏答。					
37.	在一次约会时，我往往已经想着赴下一个约了。	1	2	3	4	5
38.	我会把几个活动安排得很紧凑，因为不想浪费时间。	1	2	3	4	5
39.	我会对节奏缓慢、做事随意的人不耐烦。	1	2	3	4	5
40.	我觉得坐着不动什么都不干很困难。	1	2	3	4	5
41.	在我和别人会面时，我会让他/她知道我还有事，或者让他/她意识到我是很忙的人，这样会谈就可以更干脆利落些。	1	2	3	4	5
42.	我必须随身携带着有时间显示功能的物品（例如手表、手机等）。	1	2	3	4	5
43.	我在学校的时候，曾同时在多个社团或学生组织中担任工作。	1	2	3	4	5
44.	有时我真想骂人。	是	否			
45.	我爬楼梯时会一次跨两级台阶。	1	2	3	4	5
46.	我会等到最后一分钟才出发，因此必须走得很快以避免迟到。	1	2	3	4	5
47.	坐下来花很长时间吃饭对我来说很难。	1	2	3	4	5
48.	堵车时，我就变道，而不是待在原车道慢慢等待。	1	2	3	4	5
49.	我感到我正在落后或者事情总是越积越多。	1	2	3	4	5
50.	我会把琐碎的事情安排得很有条理，以便能在最短的时间里完成。	1	2	3	4	5
51.	当其他人跑题时，我会把话题带回到中心议题上。	1	2	3	4	5
52.	当要把东西挑出来的时候，我能很快完成。	1	2	3	4	5

附录　中国人时间焦虑感量表

续表

	请根据下面每句话与您自己的符合程度,在右边对应的数字上打"√"。如无特殊说明,1 表示"完全不符合",2 表示"比较不符合",3 表示"介于中间",4 表示"比较符合",5 表示"完全符合"。每道题只可以选择一个答案,请不要多选或漏答。	完全不符合	比较不符合	介于中间	比较符合	完全符合
53.	我通常一天都安排得满满当当的。	1	2	3	4	5
54.	有时我也会说人家的闲话。	是	否			
55.	某些工作真正所需的时间比我预计的要长。	1	2	3	4	5
56.	我工作比较慢而且深思熟虑。	1	2	3	4	5
57.	我和团队一起行动时,我会在前面带领大家而不是等别人来决定怎么做。	1	2	3	4	5
58.	在截止时间到来之前,我会早早就开始准备,这样会比较轻松。	1	2	3	4	5
59.	饭后坐着聊天对我来说很难。	1	2	3	4	5
60.	我希望每一个路口的红绿灯都有倒计时显示。	1	2	3	4	5
61.	手机对我特别重要,因为我要用它来打发许多需要等待的无聊时间。	1	2	3	4	5
62.	我发觉自动门开得太慢了,所以我总是需要放慢脚步才不会撞上去。	1	2	3	4	5
63.	我同时有很多事情要做。	1	2	3	4	5
64.	如果开车,碰到黄灯我会赶紧冲过去;等待绿灯时,我会慢慢往前移动。	1	2	3	4	5
65.	在等公交、坐地铁、银行排队时,如果我不看点什么或做点什么有意义的事情,我会非常焦躁。	1	2	3	4	5
66.	我每天工作时间远远超过 8 个小时。	1	2	3	4	5
67.	有时我会想到一些说不出口的坏念头。	是	否			
68.	我常会设置最后期限。	1	2	3	4	5
69.	如果开会我到早了需要等待,我会变得不耐烦。	1	2	3	4	5

时间焦虑感

续表

		完全不符合	比较不符合	介于中间	比较符合	完全符合
	请根据下面每句话与您自己的符合程度,在右边对应的数字上打"√"。如无特殊说明,1 表示"完全不符合",2 表示"比较不符合",3 表示"介于中间",4 表示"比较符合",5 表示"完全符合"。每道题只可以选择一个答案,请不要多选或漏答。					
70.	相对于功能单一的生活用品(例如沐浴露),我通常更青睐多合一的产品。	1	2	3	4	5
71.	我常觉得时间很紧迫。	1	2	3	4	5
72.	我吃东西比别人慢。	1	2	3	4	5
73.	我总想要出类拔萃。	1	2	3	4	5
74.	我说话很快。	1	2	3	4	5
75.	我常常焦躁不安。	1	2	3	4	5
76.	无论我做什么总是有好运。	是	否			
77.	我总是有雄心壮志并且坚持不懈。	1	2	3	4	5
78.	当我必须坐着不动时,我会玩个东西(比如铅笔),活动手指,磨磨牙齿,反正就是不能完全不动。	1	2	3	4	5
79.	我做任何事都全力以赴。	1	2	3	4	5
80.	看电视时一遇到广告我就换台,即使可能会错过下一集的开头。	1	2	3	4	5
81.	即使有人冤枉了我,我也能够忍受。	1	2	3	4	5
82.	我说话很大声。	1	2	3	4	5
83.	我通常都能在规定时间内完成自己的目标。	1	2	3	4	5
84.	我喜欢我认识的每一个人。	是	否			
85.	我会提前为活动准备,这样我就不会浪费时间,也不会因为忘了东西而不得不回去拿。	1	2	3	4	5
86.	我个人的时间一般不会安排得很满,所以不担心突发的事情占用时间。	1	2	3	4	5

续表

	请根据下面每句话与您自己的符合程度，在右边对应的数字上打"√"。如无特殊说明，1表示"完全不符合"，2表示"比较不符合"，3表示"介于中间"，4表示"比较符合"，5表示"完全符合"。 每道题只可以选择一个答案，请不要多选或漏答。	完全不符合	比较不符合	介于中间	比较符合	完全符合
87.	假如让我制订自己的工作或学习计划的话，我通常会将每个小时都细分为许多部分。	1	2	3	4	5
88.	我每天除了日常的学习、工作和社会活动外，还有很多空余时间。	1	2	3	4	5
89.	我觉得定计划时，只要大概确定需要完成的进度就行了，没必要要太精细。	1	2	3	4	5
90.	我觉得在日常生活中，并不一定总要知道确切的时间。	1	2	3	4	5
91.	我有时会把今天该做的事拖到明天去做。	是	否			
92.	我说话比较慢并且深思熟虑。	1	2	3	4	5
93.	我常常在截止期限之前一点时间才开始动手，这样就不会浪费之前的时间了。	1	2	3	4	5
94.	越是自己熟练的事情，我越会享受其中的乐趣，不用着急做完。	1	2	3	4	5

问卷全部结束，再次感谢您的参与！
祝您生活愉快！